Unvereinbare Welten
Studien zum Perspektive-Begriff

STEFAN BLESSIN
ist Professor für deutsche Sprache und Literatur an der Universität Hamburg. Er hat Bücher über Goethe und Horst Janssen verfasst. Über die Fächergrenze hinausgehende Fragen hat er weiterverfolgt und ins Grundsätzliche gezogen.

Stefan Blessin

Unvereinbare Welten
Studien zum Perspektive-Begriff

2014

Abbildung auf dem Schutzumschlag:
Horst Janssen: *andere reisen, 1979* –
In: Horst Janssen: Die Kunst der Zeichnung.
Sammlung Stefan Blessin: „... ein witziger Provokateur".
Isensee. Oldenburg, 2003 – S. 69.

© VG Bild-Kunst

Bibliografische Information der Deutschen Nationalbibliothek:
Die Deutsche Nationalbibliothek verzeichnet diese Publikation
in der Deutschen Nationalbibliografie; detaillierte Daten sind im
Internet über www.dnb.de abrufbar.

© 2014 bei Stefan Blessin
Herstellung und Verlag:
BoD – Books on Demand, Norderstedt

ISBN 978-3-7357-2742-8

Inhaltsverzeichnis

Erste Vorbemerkung 6

Zweite Vorbemerkung 7

Einleitung 8

I.1 Folgerungen aus dem Perspektive-Begriff 18

I.2 Gegenseitigkeit als System fortgesetzten Symmetriebruchs ... 24

I.3 Ein quasi empirischer Nachweis 32

I.4 Intensität – Erfahrung und Herkunft 41

I.5 Perspektivierung der Bilder: Welle und Teilchen 49

I.6 Unvereinbare Konzeptualisierungen von Welt 56

I.7 Auf Leibniz' Spuren 61

I.8 Perspektive bei Goethe und Jean Paul 76

I.9 In der Wiener Moderne 82

I.10 Wozu die Perspektive gut ist 89

I.11 Zu einer Theorie der Unvereinbarkeit 95

I.12 Fazit 111

II. Kant und die Perspektive 117

Rückblick auf Goethe 145

Ausblick auf Janssen 148

Zitierte Schriften 150

Erste Vorbemerkung

Als Kinder haben wir mit einem Gedanken gespielt, der uns einen Schauer über den Rücken gejagt hat: „Und wenn du nun als eine Fliege geboren worden wärst?"

Nicht auszudenken, was das heißen würde. Die Fliege, die du eben auf der Fensterscheibe platt gedrückt hast, hättest du selbst sein können: ein wehrloses Ding, das im Flug nicht zu erhaschen ist, aber in die Falle geht, wenn es auf Glas stößt. Das ist der Rollentausch, der aus dem Täter das Opfer macht und dich eine Ungerechtigkeit fühlen lässt, die ins Bodenlose führt.

Du hättest dich aber auch mit der Fliege verbünden können, die sich auf den sabbernden Lippen von deinem Onkel Fritz niederlässt, der deshalb nicht zum Schlafen kommt. Wenn dieser Onkel dir bei Strafe verboten hat, seine Mittagsruhe zu stören, wirst du dich mit der Fliege über ihre Unverschämtheit freuen.

Das sind Fälle für die praktische Anwendung eines Gedankenexperiments, das mit der Möglichkeit spielt, die Perspektive zu wechseln. Davon macht schon die Kindheit Gebrauch und das nicht erst seit den Tagen von Wilhelm Busch.

Kindheit zeigt aber auch einen Hang zum Philosophieren. Ja, vielleicht sind wir nie mehr Philosoph als in solchen Momenten, da Rat teuer und umso dringender gefragt ist, als sich eine ins Grenzenlose vortastende Ratlosigkeit einstellt. Denn was soll das heißen: „Ich – als Fliege geboren? Geht das?"

Zweite Vorbemerkung

Wie ich immer wieder beobachten konnte, zeichnete Horst Janssen in Schüben. Mal war er ganz Landschaft – „Ich gehe nicht in die Landschaft, ich gehe *ein* in die Landschaft"[1] –, mal nahm ihn die Erotik so in Anspruch, dass alles, was eben noch Stillleben war, zur Requisite im Spiel der Geschlechter wurde. So wechselte er schubweise von einer Welt in die andere. Wenn er gestern noch mit den Augen des Porträtisten sah, dann gab er heute seine Hand dafür her, unsere Sehgewohnheiten so umzuschreiben, dass uns das vermeintlich Gestrige wie auf den ersten Blick erscheint.

„Von Ausschließlichkeit zu Ausschließlichkeit" nannte Janssen diese Arbeitsweise, die er auch als ein kaleidoskopartig ineinander umspringendes Bild von der Welt verstanden wissen wollte.[2] Welt aus lauter Welten. Das Kaleidoskop ist nur kurz zu schütteln, und schlagartig ist die Welt eine andere.

Merkwürdigerweise hat mich das immer an Goethe erinnert, den ich ausführlich gelesen und studiert hatte. Was eine Welt ist, wusste Goethe von Anfang an genau, und dass eine auf die andere Welt folgen kann und eine jede sowohl für sich als auch neben anderen existiert, war ihm so selbstverständlich, dass es von da aus endgültig in den redensartlichen Wortschatz der Deutschen Eingang fand. Seitdem unterscheiden wir nicht nur die kleine und die große Welt, sondern auch die Welt des Theaters und die Welt der Arbeit und überhaupt jede Welt, die sich wie um einen imaginären Mittelpunkt mit einer ihr eigenen Schwerkraft verbreitet. Goethe hat daraus das ihn leitende Darstellungsprinzip entwickelt. Aber im Grunde ist schon jeder Brief, den Werther aus seiner augenblicklichen Verfassung heraus schreibt, eine Welt.

Wie vertragen sich so viele Welten, und was ist es, das sie hervorbringt? Es scheint mit der Perspektive zusammenzuhängen und damit, wie seit den frühen Tagen der Neuzeit der Wechsel der Perspektiven an Bedeutung gewinnt. Das ist eine grundsätzliche Betrachtung wert, die sich als ein Beitrag zu und als Erweiterung einer philosophischen Anthropologie versteht.

---

1 Horst Janssen: *Was man als Vielfalt apostrophiert, oder: Von Abgrund zu Abgrund.* – In: Janssen: *An und für mich.* München 1986. S. 168.
2 Horst Janssen: *Hinkepott. Autobiographische Hüpferei in Briefen und Aufsätzen.* Gifkendorf 1987. S. 10.

Einleitung

Mit der Neuzeit haben sich neben der Schulphilosophie und ihrer dezidierten Begrifflichkeit zwei Ausdrücke herausgebildet, die zwischen der Alltagssprache und den gelehrten Diskursen hin und her pendeln: Welt und Perspektive.

Was darunter zu verstehen sei, wusste man schon früher. Welt – das war im Mittelalter die ganze Schöpfung, Inbegriff alles Seienden. Was es mit der Perspektive auf sich hat, erfassten schon die Griechen. Sie bauten ihre Tempel so, dass die Reihen von Säulen nicht genau parallel liefen, sondern sich einander zuneigten, um dem Auge des Betrachters – statt eines bloß räumlichen Kubus – einen eleganten, in sich stimmigen und ausgewogenen Anblick zu bieten. Noch heute weckt der mathematische Aufwand, der dafür notwendig ist, Erstaunen.

Dennoch hat weder die Antike noch das Mittelalter die beiden Begriffe in der popularisierten Bedeutung gekannt, mit der wir uns von Perspektive und Welt zu sprechen längst angewöhnt haben. Es dürften die Erfolge der Optik und die Weiterentwicklung der dafür erforderlichen technischen Instrumente gewesen sein, die besonders der Perspektive seit der frühen Neuzeit zu einer enormen Karriere verholfen haben.

Die Perspektive führte schon in der Renaissance Kunst und Wissenschaft zusammen.[3] Das Tafelbild mit seiner von Farben bedeckten Oberfläche bekam – einem Fenster ähnlich – den Charakter eines Wirklichkeitsausschnitts, der entlang der perspektivischen Fluchtlinien genau auszumessen und auf diese Weise auch überprüfbar war. Abgesehen von künstlerischen Freiheiten hielt das Paradigma des perspektivisch geordneten Raumes in der Malerei fünfhundert Jahre lang vor und ist auch heute, im Zeitalter der Fotografie, so wenig wegzudenken wie Logik und Harmonie auf ihren Gebieten.

Wie fruchtbar der Perspektive-Begriff werden sollte, zeigte sich bald auch daran, dass er sich immer weitere Spielräume erschloss. Es ist ja nicht ungewöhnlich, dass ein Terminus technicus in die Gemeinsprache einwandert, besonders wenn sich auf diesem Weg eine veränderte Weltsicht anbahnt. So legte Gottfried Wilhelm Leibniz das metaphorische Potential

---

3 Erwin Panowsky: *Die Perspektive als „symbolische Form".* – In: Panowsky: *Aufsätze zu Grundfragen der Kunstwissenschaft.* Hrsg. von Hariolf Oberer und Egon Verheyen. Berlin 1980. S. 123.

4 Gottfried Wilhelm Leibniz: *Die Prinzipien der Philosophie oder die Monadologie.* In: Leibniz: *Philosophische Schriften.* Hrsg. von Hans Heinz Holz. Darmstadt 1965. Bd. I. S. 465.

frei, als er nach einem Bild dafür suchte, wie seine Monadologie sinnfällig zu machen wäre.[4] Zum Vergleich zog er den Grundriss einer Stadt heran, der man sich von verschiedenen Seiten und durch mehrere Tore annähern kann und die jedes Mal eine andere Ansicht bietet, obwohl der Grundriss der gleiche bleibt. Ebenso sollte sich in jeder Monade die Schöpfung selbst genug sein, auch wenn sie als deren Spiegel wie immer eingeschränkt wäre.

Perspektive verheißt Teilhabe am Ganzen, aber so, dass sie in Grenzen erfolgt. Dafür sorgt der Standpunkt, von dem aus sich dem Reisenden der Anblick der zu seinen Füßen liegenden Stadt darbietet. Er ändert sich im Zuge der Annäherung je nach dem Standpunkt, der eingenommen wird. Aber immer ist es die gleiche Stadt, die sich zeigt, immer sind es dieselben Türme und Dächer und Straßen, die in wechselnden Perspektiven erscheinen. Als Leibniz diese sinnfällige Erklärung für seine Monadologie suchte, wurde er davon geleitet, ein möglichst passendes Bild zu finden für ein Verhältnis von Teil und Ganzem, in dem jedes Teil auf seine je besondere Weise das Ganze repräsentiert. In jedem einzelnen Geschöpf sollte Gottes Schöpfung ganz gegenwärtig sein. Dem war zum besseren Verständnis nur mit einem Bild nahezukommen, wie der Philosoph wohl bemerkte, als er sich nicht anders als mit einem Vergleich aus der Optik behelfen konnte.

Dass es sich um ein Bild handelt, hat sich dann bald verloren. Die Sache ist uns inzwischen so in Fleisch und Blut übergegangen, dass es selbstverständlich wurde, von einer Perspektive oder im Plural von Perspektiven zu sprechen. Darin gewinnt die Erfahrung an Boden, dass die Dinge je nach Standpunkt von jedem anders wahrgenommen werden. Wenn es in der Antike ein beliebter Topos war, das Durcheinander der Meinungen – doxa – zu beklagen, dann stellte sich mit dem wachsenden Einfluss der Naturwissenschaften auf unser Weltbild heraus, dass es seine besondere Berechtigung hat, wenn davon geredet wird, dass jeder die Welt mit seinen Augen sieht. In der Bildenden Kunst ist es geradezu Programm geworden. Das war so nachvollziehbar und so eingängig, dass der bildhafte Charakter immer mehr zurücktrat. Zuerst erübrigte sich der Bezug auf das Ganze, um dessentwillen Leibniz noch die gleichnishafte Rede von Perspektive und Spiegel bemüht hatte. Perspektive wurde gleichbedeutend mit den vielen verschiedenen Standpunkten, die sich einnehmen lassen und deren Zahl tatsächlich so unbegrenzt ist, dass sich jeder Einzelne völlig zwanglos unter der Allgemeinheit eines gleichsam naturwissenschaftlich anmutenden Sachverhalts wiederzufinden vermag.

Das hatte es kaum je zuvor gegeben. Denn es zielt nicht auf die logische Allgemeinheit wie in dem Satz: Jeder Mensch muss sterben! Dieser Allgemeinheit haben wir uns bedingungslos zu unterwerfen. Vielmehr zielt es auf einen Umstand, der uns alle gleichermaßen betrifft, aber jeden in seiner Besonderheit berücksichtigt – eben darin, dass es so viele einzelne Standpunkte wie Gelegenheiten gibt, sie einzunehmen. The point of view – das ist das demokratische Prinzip lange vor seiner Einführung. Hier dürfte einer der Gründe liegen für die weit in die Zukunft weisende Erfolgsgeschichte des Perspektive-Begriffs.

Was ist natürlicher, als dass jeder, der da ist, einen Platz behauptet und einen Standpunkt hat, von dem aus er in die Landschaft schaut, und zwar so, wie nur er das von diesem bestimmten Ort aus kann. Ein anderer, der daneben steht, müsste an seine Stelle treten, um das Gleiche zu sehen. Das heißt, der Standpunkt lässt sich auch teilen und als Standpunkt hält er der Überprüfung stand. Topografisch betrachtet sind das lauter Selbstverständlichkeiten, die ihren Vorzug aber erst dadurch voll entfalten, dass all das auch im übertragenen Sinne gilt. Der Standpunkt kann nämlich ebenso gut eine Ansicht, eine Meinung sein. Auch sie lässt sich nach gründlicher Überprüfung teilen – oder auch nicht. Dann beharrt jeder auf seinem Standpunkt, was aber nicht ausschließt, dass es grundsätzlich möglich ist. Denn es muss nur einer an die Stelle des anderen treten, was eher metaphorisch und räumlich als zeitlich geht.

Es ist die fast grenzenlose Anpassungsfähigkeit an die alltäglichsten Situationen und seine spielerisch leichte Übertragbarkeit, die den Perspektive-Begriff zu einer der beliebtesten rhetorischen Figuren machen. Ohne ihn würde sich immer gleich zum Streit entwickeln, was mit seiner Hilfe als ein sich nicht ausschließendes Nebeneinander im Raum stehen bleiben kann. Dafür ist hier ein Beispiel einzurücken, das Goethe als „das lustigste Geschichtchen" in der *Italienischen Reise* erzählt und das mit dem Titel zu überschreiben wäre:

Die Katze betet Gott-Vater an

„Ich habe mich nicht enthalten können, den kolossalen Kopf eines Jupiters anzuschaffen. Er steht meinem Bette gegenüber wohl beleuchtet, damit ich sogleich meine Morgen-Andacht an ihn richten kann, und der uns, bei aller seiner Großheit und Würde, das lustigste Geschichtchen veranlasst hat. Unserer alten Wirtin schleicht gewöhnlich, wenn sie das Bett zu machen hereinkommt, ihre vertraute Katze nach. Ich saß im großen Saale und hörte die Frau drinne ihr Geschäft treiben. Auf einmal, sehr eilig und heftig, gegen ihre Gewohnheit, öffnet sie die Türe, und ruft mich eilig zu kommen, und ein Wunder zu sehen. Auf meine Frage: was es sei, erwiderte sie, die Katze bete Gott Vater an. Sie habe diesem Tiere wohl längst angemerkt, dass es Verstand habe wie ein Christ, dieses aber sei doch ein großes Wunder. Ich eilte mit eigenen Augen zu sehen, und es war wirklich wunderbar genug. Die Büste steht auf einem hohen Fuße, und der Körper ist weit unter der Brust abgeschnitten, so dass also der Kopf in die Höhe ragt. Nun war die Katze auf den Tisch gesprungen, hatte ihre Pfoten dem Gott auf die Brust gelegt, und reichte mit ihrer Schnauze, indem sie die Glieder möglichst ausdehnte, gerade bis an den heiligen Bart, den sie mit der größten Zierlichkeit beleckte, und sich weder durch die Interjektion der Wirtin noch durch meine Dazwischenkunft im mindesten stören ließ. Der guten Frau ließ ich ihre Verwunderung, erklärte mir aber diese seltsame Katzenandacht dadurch, dass dieses scharf riechende Tier wohl das Fett möchte gespürt haben, das sich aus der Form in die Vertiefungen des Bartes gesenkt und dort verhalten hatte."⁵

In drei Perspektiven erscheint das Ereignis, das Goethe hier zum Besten gibt: in der Perspektive der Katze, in der Perspektive der Wirtin und in der Perspektive des Ich-Erzählers. Die Katze geht Jupiter um den Bart, indem sie ihn leckt. Die Wirtin erblickt darin ein Wunder, denn „die Katze bete Gott-Vater an", wie sie mit eigenen Augen und nicht nur sie, sondern auch der herbeigerufene Hausgast sehen könne. Dieser erfasst den Vorgang, bleibt aber nicht bei dem sich bietenden Augenschein stehen, sondern hinterfragt die Situation mit der Folge, dass das Wunder nicht länger ein Wunder bleibt. In der Perspektive des Ich-Erzählers handelt es sich um ein der naturwissenschaftlichen Erklärung durchaus zugängliches Ereignis, weil die Katze mit ihrem scharfen Geruchssinn das in den Bartfalten hängen gebliebene Fett, das zum Ablösen aus der Gussform nötig ist, gerochen und geschmeckt hat.

Tierisches Verhalten kommt gegen katholische Wundergläubigkeit und diese gegen den aufgeklärten Blick zu stehen, mit dem der naturwissenschaftlich geschulte Protestant auf die Szene schaut. Aber wer nun meint, dass sich die Ansichten hart im Raume stoßen müssen, hat sich getäuscht. Es gibt keinen Streit, keine Richtigstellung, nicht einmal den Austausch kontroverser Standpunkte. Man möchte das der Kälte des Olympiers zuschreiben, der mehr weiß als er sagt, und die alte Wirtin wider besseres Wissen in ihrem Wunderglauben belässt. Dabei macht Goethe von einer grundsätzlich gegebenen Möglichkeit Gebrauch. Denn als unterschiedliche Perspektiven auf ein und dasselbe Geschehen kann nebeneinander bestehen, was sich von Seiten der Logik widersprechen müsste. Rein logisch schließt das Eine das Andere aus. Aber als diese besonderen Perspektiven kann es gute Gründe geben, jede für sich zum Zuge kommen zu lassen und ihr eine je besondere Berechtigung zu verschaffen. Wie schon die Alltagserfahrung zeigt, lässt sich das Leben in ganz verschiedenen, ja geradezu gegensätzlichen Perspektiven bestreiten und ergibt doch jedes Mal ein Leben für sich mit allen Höhen und Tiefen. Solange die Menschen nicht gleich sind, solange der Eine eine musikalische und der Andere eine

---

5 Johann Wolfgang Goethe: *Italienische Reise*. Teil 1. Hrsg. von Christoph Michel und Hans-Georg Dewitz. – In: Goethe: *Sämtliche Werke, Briefe, Tagebücher und Gespräche*. Bd. 1/15/1. Frankfurt a.M. 1993. S. 162.

bildnerische Begabung hat, ist es sinnvoll, die Vielfalt der Perspektiven anzuerkennen und jeder eine Berechtigung einzuräumen.

Tatsächlich scheinen logisches Denken und die Verfolgung widerstreitender Perspektiven dazu aufgeboten, gegeneinander ausgespielt zu werden. Dem Perspektive-Begriff liegt eine Konzeption zugrunde, die über den Raum der Logik hinausgreift. Immer stärker verschaffte sich eine Betrachtungsweise Geltung, die das Verschiedene nebeneinander – womöglich gleichberechtigt – stehen und sein lässt. Das wurde auch in einer modernen Welt notwendig gebraucht, die nicht länger in Griechen und Barbaren, in Christen und Heiden auseinanderfiel, sondern unterschiedlichen Kulturen Platz gab und sie in wachsendem Maße auch anerkennen musste.

Dazu haben auch die mit der Neuzeit einhergehende Entdeckung von Systemen und das Verständnis für ihre Funktionsweise beigetragen. Denn Systeme durchlaufen ein prozessuales Geschehen in der Zeit, das sich gerade nicht aus der Aneinanderreihung gleicher Zustände zusammensetzt, sondern die ungleichen Verläufe um ein immer wieder neu zu gewinnendes Gleichgewicht so anordnet, dass gerade die dysfunktionalen Elemente die Voraussetzung für das Funktionieren im Ganzen bilden.

Systeme sind neuzeitliche Erfindungen, um so etwas wie den Blutkreislauf beschreiben zu können. Aber auch zur Erklärung gesellschaftlicher Prozesse haben sich Systeme und ihre Ordnungsstrukturen bewährt. Das Muster wurde schließlich so erfolgreich, dass alles, was die in der Entstehung begriffenen Einzelwissenschaften thematisierten, systematische Züge annahm. Sogar in literarischer Absicht verfasste Texte bildeten Strukturen aus, deren hermeneutische Mehrdeutigkeit geradezu nach einer systematischen Lösung verlangt. Unerklärliche Widersprüche werden in ein vom Text entfaltetes System von Perspektiven überführt. Sie liegen die längste Zeit miteinander im Streit. Erst gegen Ende tut sich eine Perspektive auf, die auch der Logik Genüge leistet. Beispielhaft für diese produktive Spannung zwischen Hermeneutik und Logik ist in der deutschen Literatur Kleists berühmte Erzählung *Die Marquise von O...* – der „Fall Maria" in einer modernen Version.[6]

Die Marquise ist schwanger, was sie sich nicht erklären kann. Tatsache steht gegen Tatsache, bis sich endlich eine Perspektive eröffnet, in der das Unmögliche nicht nur möglich, sondern auch logisch erscheint. Bis es aber soweit ist, muss sich die Tatsachenlogik einer Überprüfung unterziehen lassen, die die Ordnung der Welt auf den Kopf zu stellen droht. Dieses von Kleist auf die Spitze getriebene Gegeneinander von Logik und Hermeneutik wird in der Literatur weiter ausgetragen und kann auch dann nicht als entschieden gelten, wenn am Ende immer die Logik die Oberhand bekommen muss. Denn ohne Logik geht es nicht.

---

6 Heinrich von Kleist: *Die Marquise von O...* – In: Kleist: *Werke und Briefe in vier Bänden.* Hrsg. von Streller. Frankfurt am Main 1986. Bd. 3. S. 113–157.

Was allerdings die Hermeneutik so stark macht, ist das sprunghaft ansteigende Verständnis für alles Perspektivische – dafür, dass die Lebensäußerungen in bestimmten, jeweils voneinander zu unterscheidenden Perspektiven erfolgen. Jeder verkörpert allein schon dadurch, dass er da ist, einen eigenen Standpunkt. Naturwissenschaftliche und naturrechtliche Argumente stärken sich gegenseitig den Rücken. Auf diesen Fundamenten entwickelt sich das perspektivische Erzählen als eine Kunst, die sich an Unvereinbarkeiten reibt und die Widersprüche in sinnvolle Strukturen aufzulösen unternimmt.

Die Hermeneutik räumt der Perspektive eine relative Berechtigung ein und stellt sie auf die Probe. Sie kann sich bewähren, aber auch abgewertet werden als lediglich eine einzelne Sichtweise, der kein besonderes Gewicht beizumessen ist. Es handelt sich dann um nur eine Perspektive neben vielen anderen. Erst alle Perspektiven zusammengenommen würden ein vollständiges Bild ergeben. So gesehen bedeutet der Hinweis darauf, dass ein Urteil lediglich eine Perspektive widerspiegelt, eine Einschränkung – eine Einschränkung, die am wenigsten mit einem objektivistischen Erkenntnisideal vereinbar ist. Das 19. Jahrhundert schwankt zwischen diesen Polen und entfernt sich damit immer weiter von Leibniz, der das Bild der Perspektive eingeführt hatte – nicht um damit eine Abwertung zu verbinden, sondern um die je besondere Teilhabe am göttlichen Ganzen hervorzuheben.

Erst Friedrich Nietzsche wird wieder uneingeschränkt den Begriff der Perspektive für seine Philosophie in Anspruch nehmen: zur Kritik und als Waffe. Nietzsche zog sein Pathos aus der Zertrümmerung aller für allgemein bestätigt gehaltenen Wahrheiten. Seele, Bewusstsein, Moral – jeden dieser Begriffe führte er auf einen die vorgebliche Bedeutung zersetzenden Naturalismus zurück.

> „– alle diese Werthe sind, psychologisch nachgerechnet, Resultate bestimmter Perspektiven der Nützlichkeit zur Aufrechterhaltung und Steigerung menschlicher Herrschafts-Gebilde: und nur fälschlich *projicirt* in das Wesen der Dinge."[7]

„Perspektiven der Nützlichkeit" oder Nützlichkeit als Perspektive – das bleibt, recht besehen, übrig von den höchsten Wahrheiten abendländischer Philosophie. Wer nun aber denkt, dass der Nachweis eines bloß partikularen Interesses den Begriff der Perspektive selbst diskreditieren würde, der greift bei Nietzsche zu kurz. In der Schrift *Zur Genealogie der Moral* heißt es:

---

7 Friedrich Nietzsche: *Nachgelassene Fragmente 1887–1889*. – In: Nietzsche: *Kritische Studienausgabe*. Hrsg. von Colli und Montinari. München 1999. Bd. 13. S. 49.

„Es gibt *nur* ein perspektivisches Sehen, *nur* ein perspektivisches ‚Erkennen'; und je *mehr* Affekte wir über eine Sache zu Worte kommen lassen, je *mehr* Augen, verschiedene Augen wir uns für die Sache einzusetzen wissen, desto vollständiger wird unser ‚Begriff' dieser Sache, unsere ‚Objektivität' sein."[8]

Ideologiekritische Entlarvung und naturwissenschaftlich erhärteter Sachgehalt rücken wieder zusammen. Nietzsche rehabilitiert das Nur-Perspektivische, indem er an seiner statt möglichst viele „Augen" fordert, auch künstliche, die mehr sehen als nur eines und die er überdies mit einer Vielzahl von „Affekten" verbindet – ein körperstimuliertes Sehen mit all seinen Facetten.

Dieses Bekenntnis zum perspektivischen Sehen als dem einzig stichhaltigen, weil von den Sinnen angestoßenes Erkennen wird in der Folgezeit die eine Entwicklungslinie bilden. Deren Gegenspieler ist und bleibt im 19. Jahrhundert der Relativismus: Alle Erkenntnisse, aber auch die Beurteilung historischer Vorgänge seien bedingt durch die jeweilige Perspektive des Betrachters. Dieser Perspektivismus hat eine lange Geschichte, die sich vom idealistischen Phänomenalismus eines Berkeley („esse est percipi") herschreibt und bis zu jener weit verbreiteten Skepsis reicht, die sich für unangreifbar ausgibt mit dem schlagenden Argument, alles sei eh nur subjektiv. Ein jeder vertrete seinen eigenen Standpunkt, so gut er kann. Darin spricht sich der gesunde Menschenverstand aus. Hier hat der Perspektive-Begriff seine Bodenhaftung gefunden. Jeder weiß, was gemeint ist, und kann nach Kräften mitreden.

Das hat sich bis in den Alltag bewährt: Ob wir vom Dach eines Hochhauses, aus dem Fenster eines Flugzeugs oder beim Straffen der Schuhbänder aus der Froschperspektive blicken – wir nehmen die Veränderungen des Blickwinkels körperlich wahr, so dass uns das ursprünglich eher technische Bild wechselnder Perspektiven in Fleisch und Blut übergegangen ist. Wie im wahrsten Sinne des Wortes geerdet dieser Begriff ist, zeigt sich auch daran, dass wir inzwischen von Seiten der Astronomie einzusehen gelernt haben, dass wir nicht der absolute Mittelpunkt sind. Weder bildet die Erde das Zentrum des Universums, noch steht uns der ganze Himmel offen. Die Position unseres Sonnensystems, das sich in einem Spiralarm der Milchstraße und damit in einer Randlage befindet, zeigt uns immer nur einen Ausschnitt des Himmels.

Die Naturwissenschaften, die unserem Weltbild in den vergangenen Jahrhunderten so auf die Sprünge geholfen haben, dass wir heute in ungeahnte Fernen und in nie für möglich gehaltene Zeiträume blicken, haben den Perspektive-Begriff als Orientierungshilfe körperlich in uns verankert. Gleichwohl sträubt sich die Philosophie dagegen wie gegen ei-

---

[8] Friedrich Nietzsche: *Zur Genealogie der Moral.* – In: Nietzsche: *Kritische Studienausgabe.* Hrsg. von Colli und Montinari. München 1999. Bd. 5. S. 365.

nen Eindringling und Schädling, der das von ihr beanspruchte Terrain unterhöhlt. Die Philosophie sucht nach fest gegründeten Voraussetzungen, um auf solchen stabilen Fundamenten aufbauen zu können. Deshalb kann sie lediglich als hilfreiche Metapher gelten lassen, wenn von Perspektive im Sinne einer unumgänglichen Einschränkung die Rede ist. Als solche ist sie dort freilich genauso etabliert wie im allgemeinen Sprachgebrauch.

So hat sich im Rücken der Philosophie, aber auch mit ihrer bisweilen unfreiwilligen Unterstützung ein Begriff von Perspektive – ein Bild, ein Sachverhalt – eingebürgert, mit dem wir so geläufig umgehen wie mit einer Naturtatsache. Wir trauen ihm ein Sinn erschließendes Deutungspotential zu, als handle es sich um die selbstverständlichste Sache der Welt. Dabei hat der Perspektive-Begriff erst mit der Neuzeit Verbreitung gefunden, sich seitdem aber so unterschiedlichen Kontexten geöffnet, dass er eine wechselvolle und höchst lebendige Geschichte durchlaufen hat.

Seine Vorzüge liegen darin, dass von Perspektive zu sprechen sich tatsächlich nach dem Einzelnen richtet, nach seinem besonderen Standpunkt und seinem Blickwinkel. Und nicht nur das: Auch seine momentane, affektive, ichbezogene Verfassung geht darin ein. Wo hätte sich Philosophie je genötigt gesehen, sich derart handgreiflich auf das Besondere einzulassen und darauf Rücksicht zu nehmen, wie es jeweils mit der Befindlichkeit örtlich, zeitlich und auch sonst bestellt ist. Das Subjekt bezieht seine Stellung nicht länger aus dem Gegensatz zum Objekt, sondern ist Teil einer Ordnung, die ursprünglich einen strikt räumlichen Zuschnitt hat und insofern eine kalkulierbare Größe darstellt. Wo einer steht und seinen Standpunkt bezogen hat, das ist die Warte, von der aus er die Dinge sieht, und zugleich ist es, gemessen am perspektivisch ausgerichteten Raum, ein berechenbares Datum. Die perspektivische Welt ist eine im elementaren Sinne geordnete Welt.

Aber sie greift über die logische Ordnung hinaus, weil sie aus der Unterscheidung nicht sogleich die Verallgemeinerung hervortreibt. Stattdessen privilegiert sie die Verschiedenheiten, die einzelnen und jeweiligen Standpunkte und Blickwinkel. Sie rechnet damit, dass jeder die Welt aus seiner Perspektive wahrnimmt – etwas anders als die anderen, aber mit Bezug auf den Raum, den alle teilen, auch nicht grundsätzlich verschieden.

Spannungen treten erst auf, wenn der Welt-Begriff auf die Perspektive und unser erweitertes Verständnis von Perspektive zurückbezogen wird. Dann zeigt sich nämlich, dass der Begriff in sich widersprüchlich ist und dass ihn schon Kant zu den Antinomien gezählt hat.[9]

---

9 Immanuel Kant: *Kritik der reinen Vernunft II*. – In: Kant: *Werke III*: Hrsg. von Wilhelm Weischedel. Wiesbaden 1956. S. 399 ff.

Von Welt zu reden ist in sich widersprüchlich, weil uns das Denken immer wieder in die Lage versetzt und geradezu nötigt, unter all die verschiedenen Dinge, die es gibt, eine Summe zu ziehen und ein Wort zu bilden, das dieses Insgesamt ausdrückt und zur Sprache bringt: eben die Welt. Aber mit diesem Wort „Welt" korrespondiert keine Anschauung und nichts in der Empirie, das so umfassend wäre, dass uns die Welt im Ganzen anschaulich gegeben wäre. Es gibt nur den Begriff, während die Sache der Wahrnehmung verschlossen bleibt. Welt ist ein denknotwendiger, aber leerer Begriff, der uns deshalb in die Irre führen kann. Sprechen wir doch gern von ihr als von einem Subjekt, das zu allen möglichen Verallgemeinerungen Anlass gibt: „Die Welt ist bunt", „die Welt ist schlecht" usw. Alsbald stellt sich aber heraus, dass bloß eine Perspektive ist, was da mit dem Anspruch auf größte Allgemeinheit ausgesprochen wurde.

Die Logik erfordert, um uneingeschränkt gültig zu sein, *eine* Welt. Das zählt zu ihren ersten Voraussetzungen. Nun hat sich aber im Anschluss an die Perspektive ein Sprachgebrauch herausgebildet, der immer dann von einer Welt redet, wenn sich von innen heraus ein Phänomen als so vielgestaltig darstellt, dass es eine Welt genannt wird. Rom ist eine Welt, sagt Goethe; und ebenso wie es eine griechische Welt gibt, gibt es eine Welt des Islam und sogar die Welt der Insekten und auch die Kindheit ist eine Welt. Jedes Mal wieder tut sich uns eine Welt auf und für jeden kann sich eine Welt neu zeigen, wenn sich seine Sicht der Dinge über den ganzen Horizont so ausdehnt, dass sich ihm eine Welt mit all ihren Besonderheiten eröffnet.

Diesem Sprachgebrauch zufolge und allein dadurch, dass eine Perspektive sich auch verallgemeinern lässt und aus ihrer Mitte heraus nach allen Seiten ausgreifen kann, ist die Beschränkung auf nur eine Welt hinfällig. Im Grunde erschließt sich mit jeder Perspektive und von jedem Standpunkt aus eine Welt.[10] Das heißt, es gibt viele Welten und immer neue Welten. Aus dem logischen Singular „Welt" ist ein Plural geworden – eine Vielzahl von Welten.

Als Kant, gestützt auf die Welt der Logik, seine Antinomien der Vernunft ins Leere laufen ließ, hatte sich längst schon auf dem Boden der Optik ein Verständnis von Welt gebildet, das vielen Welten Raum gibt.

10 In seinem anthropologischen Grundlagenwerk unterscheidet Helmuth Plessner die zentrische und die exzentrische Position von Tier und Mensch. „Ist das Leben des Tieres zentrisch, so ist das Leben des Menschen, ohne die Zentrierung durchbrechen zu können, exzentrisch. Exzentrizität ist die für den Menschen charakteristische Form seiner frontalen Gestelltheit gegen das Umfeld" (S. 291 f.).
Einmal aus der zentrischen Position des Tieres entlassen, kann der exzentrische Mensch nicht mehr zurück. Die Aufspaltung in Leib-sein und Körper-haben ist unhintergehbar. Die Probleme, an denen sich die Bewusstseinsphilosophie seit Kant abarbeitet, rekapituliert Plessner – mit Bezug auf Schiller, Fichte, Hegel – in einer dafür neu aufbereiteten Sprache der Anthropologie, die auch moderne Erfahrungen des Nihilismus und einer unendlichen Leere einbezieht (S. 292 ff.; 310).
Diese Studie macht sich dagegen für die „zentrische Position" (Plessner) stark, die freilich nicht die des Tieres ist. Im Gegenteil. Es ist ja nicht nur so, dass eine Perspektive auch verabsolutiert werden kann. Jeder macht davon immer wieder Gebrauch. Die „zentrische Position" – das ist eigentlich der eine Welt hervorbringende Mensch. Auch wenn es immer nur zeitweilig – für eine Weile – gelingen kann, sich zum Mittelpunkt einer Welt zu machen, so ist ihm diese Fähigkeit doch genauso eigen wie die Einsicht, lediglich eine unter anderen möglichen Perspektiven zu sein. Der zentrischen Sicht eine mehr als nur relative Berechtigung einzuräumen, ist das Ziel dieser Studie. Der Perspektive-Begriff, wie ihn die Neuzeit in mehrerlei Hinsicht entfaltet hat, dient zum Leitfaden für die Erkundung dieses noch unerschlossenen Terrains.
Helmuth Plessner: *Die Stufen des Organischen und der Mensch. Einleitung in die philosophische Anthropologie*. Berlin und Leipzig 1928.

I.1 Folgerungen aus dem Perspektive-Begriff

Die Perspektive ist zuerst ein mathematisches Konstrukt zur Darstellung von Fluchtlinien, zur Positionsbestimmung und zur Raumvermessung. Sie steht der euklidischen Geometrie nahe und privilegiert das Auge als ein Organ, mit dem sich die Welt erfassen lässt. Unter den vielen Konsequenzen, die die Instrumentalisierung des Auges mit sich bringt, ist eine der wichtigsten die zuverlässige Überprüfbarkeit des Sehfeldes. Tragen wir dieses sich aus einem bestimmten Blickwinkel eröffnende Sehfeld auf eine zweidimensionale Fläche, also eine Leinwand, ab, dann ergeben sich für Vorder-, Mittel- und Hintergrund Größenverhältnisse, die mit dem Lineal genau abzumessen sind.

Die Perspektive liefert einen exakt bemessenen Ausschnitt. Was für die eine Perspektive gilt, gilt ebenso für jede andere. Der Standpunkt ändert sich, der Blickwinkel wechselt, aber die Gesetzmäßigkeiten, denen die Fluchtlinien folgen, bleiben dieselben. Auf diese Weise ist gewährleistet, dass sich das perspektivische Sehen als ein Mechanismus übertragen lässt. Nicht nur von Standort zu Standort, sondern auch zwischen Personen. Es kommt zu einem Austausch, in dem jeder sich auch mit den Augen des Anderen sehen lernt. Indem er dessen Standpunkt einnimmt, sieht er in dem Anderen ein ihm selbst vergleichbares Wesen. Die Ausgangsituationen mögen noch so verschieden sein, die durch das perspektivische Sehen gestiftete Vergleichbarkeit sorgt grundsätzlich dafür, dass das Ich im Du und das Du im Ich gegenwärtig ist. So universell dieses Verhältnis ist, so lenken doch erst die Perspektive und die Austauschbarkeit der Perspektiven die Aufmerksamkeit darauf, dass es sich um ein wechselseitiges Verhältnis handelt.

Sich mit den Augen des Anderen sehen heißt sich gegenüber eine Außenperspektive einnehmen. Es ist diese Außenperspektive, die das soziale Ich modelliert. Sie wird eingeübt und erlernt und verlässt uns genauso wenig wieder wie die Sprache, in der wir uns mitteilen. Wer in dieser Sprache Ich sagt, macht das von außen, gewissermaßen aus der Position des Anderen, der sich genauso *als* ein Ich ins Gespräch bringt. Das Perspektivische jeder Sichtweise lässt erst richtig erkennen, dass es ein verallgemeinerbares Ich gibt, das auch dann vorherrschend bleibt, wenn dieses Ich sich ausdrücklich zu Wort meldet. Die Sprache gehört niemandem persönlich. Sie wird geteilt, was wir seit Erfindung der Perspektive so verstehen, dass im Austausch von Gemeinsamkeiten die Chance liegt, den Unterschieden Gerechtigkeit widerfahren zu lassen.

Folglich wird Sprache durch Übersetzbarkeit definiert. Es gibt die vielen Sprachen, fast so viele, wie es Perspektiven gibt, und wie diese sind sie ineinander überführbar. Sie lassen sich eine in die andere übersetzen. Da dieses Übersetzen auch innerhalb der Sprache erfolgt und jedes Verstehen eigentlich ein Übersetzen ist und auf der Bildung von Metasprachen beruht, ist die Sprache nicht nur ein Medium, sondern das Medium überhaupt.

Als solches entfaltet sie eine Reichweite, die sich von den streng formalisierten Sprachen der Mathematik bis zu den Wortmehrdeutigkeiten erstreckt, die sich nicht aus der Welt schaffen lassen. In den Formalisierungen, die Mathematik und Logik mit der Sprache vornehmen, werden die Außenperspektive und die aus ihr abgeleitete Übertragbarkeit am striktesten gewahrt. In den zwei Seiten einer algebraischen Gleichung findet das Prinzip wechselseitigen Austauschs zu sich selbst.

Dagegen verweisen die Zwei- und Mehrdeutigkeiten auf Kontexte, auf die hin die Sprache so auszudehnen ist, dass auch das Handeln und des Weiteren alle Lebensäußerungen zu einem Medium werden und zielführende Vergleiche einspielen. Diese expansiven Züge gehören ebenso zur Sprache, wie dass sich Sprache darauf konzentriert, eindeutige Lösungen bereitzustellen. Dabei bewegen wir uns stets in einer geordneten Welt. Die Voraussetzung, die wir machen, ist die einer universellen Austauschbarkeit – geradeso wie sich Perspektiven wechseln und teilen lassen und ich mich mit den Augen eines Anderen zu sehen gelernt habe. Die sich seit den optischen Entdeckungen der Neuzeit immer weiter verbreitende Rede von den vielen Perspektiven, die sich auf die Welt richten lassen, hat den Vorzug, besonders anschaulich und geradezu sinnfällig zu sein. Ist es doch nur natürlich, dass jeder einen Standpunkt hat und jeder den Standpunkt eines Anderen teilen kann, aber nicht muss. Das nennen wir die perspektivisch geordnete Welt.

Merkwürdigerweise lässt sich diese Ordnung erschüttern und ist auch tatsächlich erschüttert worden durch eben gerade das Instrument, das früher Perspektiv hieß und als Fernrohr heute in jedermanns Hand ist. Wir brauchen das Fernrohr nur umzudrehen und alle Verhältnisse verkehren sich ins Gegenteil. Was nah war, wird fern, und das Ferne rückt in die Nähe. Der Käfer vor der Nase erscheint kaum noch erreichbar. Durch neuerliches Umdrehen des Glases wird das gerade noch Entrückte wieder herangeholt und so in die Nähe gezogen, dass es uns wie ein überlebensgroßes Monster vorkommt. Nicht nur die Dinge verändern ihre Größe, wir selbst wachsen mit oder verkleinern uns. Was sich mit dem bloßen Auge leicht korrigieren lässt, war doch dadurch, dass es mit dem Fernrohr einmal in die Welt gekommen ist, nicht mehr wegzudenken. Die Umkehrung der Perspektive musste dazu führen, in den höchsten Göttern und in Gott selbst eine perspektivische Projektion des Menschen zu sehen. In Gott widerspiegelt sich ein Mensch, der gern all das wäre, was er nicht ist: allmächtig, unsterblich, überzeitlich usw. Also erschafft er sich das Bild eines unendlichen Wesens, um sich solcher Idealisierung gläubig anzudienen. Es ist das Fernglas mit seiner in beiden Richtungen doppelten Verwendbarkeit, das uns den Mechanismus zu erkennen gibt, mit dessen Hilfe aus dem Menschen ein Gott und aus Gott ein Mensch werden kann.

Eine neuzeitliche Technik, die gegeneinander umzukehrenden Perspektiven und die kritische Selbstreflexion münden ein in den welthistorischen Prozess der Aufklärung. Dreh- und Angelpunkt bildet die Bibel. Aus dem Heiligen Buch wird ein historischer Text, der sich Fragen nach seiner Entstehungsgeschichte gefallen lassen muss. Offenbarung verwandelt sich in Textkritik, die wissenschaftlich betrieben wird. Die Wissenschaften werden auf allen Gebieten zu einem Motor der Entzauberung. Wie das die Welt erschüttert und verändert hat, braucht hier nicht weiter beschrieben zu werden. Es genügt, daran zu erinnern, welchen Anteil daran ein ursprünglich optisches Instrument wie das Fernrohr hat. Es eröffnet uns nicht nur lauter neue Perspektiven, sondern zeigt auch, wie das funktioniert. Auf diese Weise hat es zur Revolutionierung aller Verhältnisse beigetragen.

Des Weiteren gibt es noch eine Folgerung aus dem Begriff der Perspektive zu ziehen, die viel weniger spekulativ ist und sich auch nicht die Weltgeschichte zur Bühne gemacht hat. Ja, sie auch nur zu thematisieren ist die längste Zeit unterblieben, weil sie auf den Einzelnen zurückverweist – auf denjenigen, der die Welt mit seinen Augen sieht, unter Umständen, die nur ihm angehören, ihm und seiner Zeit, ihm und seinen ganz persönlichen Lebensverhältnissen. Das schließt die alltäglichen Verrichtungen und die augenblicklichen Befindlichkeiten ein und zielt geradewegs auf den je Einzelnen in seinem Hier und Jetzt.

Diese Folgerung zu ziehen liegt im Wesen der Perspektive selbst, insofern da ja einer sein muss, von dem sie ausgeht, einer, der nicht nur auf seinen eigenen Füßen steht, sondern mit seinem Körper präsent ist, einen bestimmten Raum einnimmt und das zu einer Zeit, die im chronometrischen Sinne unwiederholbar ist. In den formalisierbaren Sprachen wird das Besondere immer schon auf ein Allgemeines hin übersprungen. Sprechen wir aber von der Perspektive, kann das Besondere – die konkrete Einbettung in die Situation und alles, was dazugehört – gar nicht übersprungen werden. Es definiert die Perspektive, sich auf eine nie vollständig zu ergründende Menge von Besonderheiten zu beziehen. Dafür ist sie erfunden worden und nicht dazu, vorschnell zu einem geometrischen Punkt verallgemeinert zu werden.

Tatsächlich wurde sie ja auch längst in dem Sinne ausgelegt. Das Naturrecht hat sich gleichsam darauf verständigt, indem es jedem einräumt, seinen eigenen Standpunkt zu vertreten. Was wir ihren demokratisch-utopischen Grundzug nannten, bezog sich darauf, dass die Perspektiven grundsätzlich gleichberechtigt sein sollen, weil für jede einzelne auf dieser Erde immer noch Platz genug ist. Wie an solchen Beispielen zu erkennen ist, sind es eher formale Gründe, die dem Begriff der Perspektive und dem des Interesses zu seiner staatsbürgerlichen Karriere verholfen haben. Liefert er doch einen auf verallgemeinerbare Weise konkreten Anhalt dafür, wie möglichst viele daran beteiligt werden können, die Macht zu verwalten. Auch das Modell wechselseitiger Anerkennung berücksichtigt die formalen Voraussetzungen stärker als die inhaltlichen. Ist es doch vor allem wieder die prinzipielle Teilbarkeit von Standpunkten, die zählt und sie miteinander vergleichbar macht.

Das ist in der Kunst anders. Seit die Perspektive in die Malerei eingeführt wurde, ist eine zunehmende Individualisierung zu beobachten. Die Künstler bilden eine Persönlichkeit aus, die in ihre Sicht der Welt einfließt. Das schlägt sich auch in ihrer individuellen Handschrift nieder, die ausdrücklich zu einer Forderung an ihre gestalterischen Fähigkeiten wird. Jeder Künstler soll uns zeigen, wie er das Leben und seine Zeit wahrnimmt, und von welchem besonderen Standpunkt er ausgeht, unter Umständen, die einzig ihm zuzuschreiben sind und die kein anderer als gerade er mit seiner Kunst zur Darstellung bringen kann. Diese Fokussierung auf den einzelnen Fall, auf den authentischen Künstler und seine Einzigartigkeit hat sich in Jahrhunderten durchgehalten. Zwar ist dann eine längst überfällige Kritik an der Zentralperspektive laut geworden, als würde sie der Autonomie der Kunst im Wege stehen und sie auf das getreue Abbild verpflichten. Aber kein Mensch will heute mehr darauf verzichten, was uns die Meister der flämischen, italienischen, deutschen Renaissance und ihre Nachfolger als bis dahin nie erschlossene Welten haben sehen lassen.

Tatsächlich führt jeder von ihnen seinen eigenen Kosmos mit sich. Jeder ist eine Welt für sich, und es ist uns ein besonderes Anliegen geworden, sich darin von Zeit zu Zeit zu versenken und noch unbekannte Seiten neu zu entdecken. Was wir dabei unter einer Welt verstehen, soll uns hier besonders interessieren. Es ist die über dem exemplarischen Einzelfall aufgeschlagene Totale – ein grenzenloser Horizont, der sich von einer Mitte aus erschließt, in der wie in einem Brennpunkt alle individuellen Züge gebündelt sind. Nicht die jeweilige Perspektive gibt das Maß vor, sondern – umgekehrt – was allen Perspektiven vorausgeht: das durch ein Individuum verkörperte Ganze.

Seit Leibniz impliziert der Perspektive-Begriff, dass jeder Teilaspekt auch diesen Bezug auf das Ganze zeigt. Was nur ein Teil ist, trägt in sich gleichwohl die Möglichkeit, eine Welt zu verkörpern. Davon machen wir bis heute Gebrauch, wenn wir uns daran begeistern, welche Welten uns ein Caravaggio oder ein Rembrandt oder ein van Gogh eröffnet haben. Darin ganz aufzugehen bereitet uns immer einmal wieder Lust.

Die einzelne Perspektive daraufhin zu überschreiten, dass sich eine Welt auftut, ist nicht nur ein Vergnügen – es ist ein aus vielen Quellen gespeistes Bedürfnis. Alles Mögliche kann uns zu einer solchen Welt werden. Nicht nur die heroische Künstlerexistenz, obwohl gerade sie sich daraufhin beispielhaft stilisiert; auch die Musik oder das Tanzen oder ein zur Gewohnheit gewordener Spaziergang leisten das. Es steckt in uns, als wenn es uns nicht genügen kann, nur eine Perspektive zu sein.

Von einer Welt eingenommen sein – das ist uns genauso Struktur wie unseren speziellen Interessen nachzugehen. Sind wir erst einmal ganz davon erfüllt, eine Welt zu verkörpern, sehen wir uns nicht mehr von außen und nicht mehr mit den Augen der Anderen. Die Außenperspektive ist uns nicht nur verschlossen – als hätte es sie nie gegeben, gehen wir so darin auf, dass sogar die Welt aufhört, eine Welt zu sein. In der Binnensicht erfolgt eine Totalisierung, die gleichbedeutend ist mit dem Untergang alles Perspektivischen. Wie hier behauptet wird, stellt das ein starkes Gegengewicht dazu dar, dass wir uns für gewöhnlich nur von außen sehen, eingebunden in ein Netz von Perspektiven.

Es ist Tradition, die Verabsolutierung einer Perspektive nur den Verrückten und Verzückten einzuräumen. Wie es heißt, haben die Wahnsinnigen und die Mystiker die Fähigkeit zur perspektivischen Wahrnehmung eingebüßt. Sie setzen ihre Sicht absolut; sie haben Visionen. Dies hat die Totalisierung ausschließlich eines Standpunktes so nachhaltig diskreditiert, dass nicht einmal die der Perspektive inhärente Möglichkeit weiter erwogen wurde. Dabei geht es gar nicht darum, auf Dauer zu stellen, was immer nur eine kurze Spanne Zeit und einen flüchtigen Augenblick währt. Der Untergang der Perspektive, so wie er hier thematisiert wird, ist kein Dauerzustand und auch nicht das Ziel asketischer Lebensführung. Von einer Welt eingenommen sein und so in sie eintauchen, dass sich die Außenperspektive verlieren kann, ist ein in Intervallen wiederholbares Geschehen. Es stellt sich ein im Wechsel mit einer Welt, die perspektivisch geordnet ist.

Es sind zwei Welt-Begriffe, die hier aufeinanderstoßen: Welt in der Außenperspektive und Welt in der Binnensicht. Jene stellt sich in verschiedene Perspektiven geteilt dar, die sich miteinander vergleichen lassen. Diese wird intensiv erfahren. Mit Bezug auf einen grenzenlosen Horizont ist die Innensicht jedes Mal so ausfüllend, dass auch nur von einer Perspektive zu reden fehlgreift. Die Innensicht tendiert dahin, ihre eigene Welt hervorzubringen und alle anderen auszuschließen. Diese Ausschließlichkeit bezahlt sie wiederum damit, dass sie nicht von Dauer sein kann, sondern nur vorübergehend ist. Hielte sie vor und zöge sie sich länger hin, wäre es ein Fall hartnäckiger Realitätsverkennung oder der Fall eines Verblendeten oder Wahnsinnigen, was hier nicht das Thema ist.

Hier geht es um eine durchweg berechenbare Welt im Unterschied zu einer Welt, die darin aufgeht, sich absolut zu verstehen, die das aber mit der Intensität, die sie dabei entfaltet, immer nur phasenweise leisten kann. Jedes Mal wieder neu. Die Folge ist, dass Welt auf Welt entsteht. Eine Welt aus lauter Welten zeichnet sich ab im Gegensatz zu der einen Welt grenzenlosen Vergleichens.

Damit wird zum Problem, wie diese Welten miteinander vereinbar sind. Denn wenn jeder Welt für sich eine eigene Totalität einzuräumen ist, der gegenüber sich gerade kein Standpunkt gewinnen lässt, stellt sich die Frage, was diese Welten verbindet. Gibt es eine gemeinsame Sprache, so wie es sie selbstverständlich für die eine, in der Außenperspektive objektivierte Welt gibt? Hier sind es sogar verschiedene Sprachen, die sich ineinander übersetzen lassen, was sie zu einem Medium macht. *Eine* Welt hat viele Sprachen. Aber was ist mit den vielen Welten, deren jede sich aus einer verabsolutierten Binnensicht generiert? Was teilen sie miteinander? Wie teilen sie sich mit?

Hier ist geltend zu machen, dass die Perspektive immer auf einen Menschen in Raum und Zeit bezogen ist. Es gibt einen Ort und eine Vielzahl von situativen Gegebenheiten, die für den Blickwinkel bestimmend sind. Alle Fluchtlinien lassen sich auf eine körperlich anwesende Person zurückverfolgen. Zuletzt verweist die Perspektive auf einen an seinem Platz agierenden Leib, der kraft seiner Sinne, speziell seiner Fähigkeit zu sehen, den Blick nach draußen richtet. Dieser Körperbezug ist unhintergehbar, wann immer die Perspektive in Rede steht. Einer muss leibhaftig da sein oder im übertragenen Sinn seinen Platz einnehmen können, damit es überhaupt einen Sinn ergibt, von einer Perspektive zu sprechen.

Deshalb ist es auch dieser Leib, der sich vor allem und besonders Geltung verschafft, wenn sich eine Perspektive verabsolutiert und zu einer eigenen Welt wird. Er bildet das geerdete Zentrum einer über den ganzen Horizont sich ausbreitenden Sicht. Er ist es aber auch, der diese Spannung immer nur so lange hält, wie er eine Welt verkörpert. Diese in leibzentrischer Perspektive erfolgende Totalisierung verfügt womöglich über keine eigene Sprache, sie ist so einnehmend, wie sie in allen anderen Hinsichten ausschließlich ist und vorderhand ohne Sprache auskommt.

Hier lassen wir das Individuum beginnen – das Einzige und Einmalige, das ineffabile, was es unvergleichlich macht. Das ist die zentrale Provokation dieser Studie. Sie besagt, dass es mithilfe des Perspektive-Begriffs und seiner Folgerungen möglich ist, das zu umkreisen und in die Mitte zu nehmen, was für die Philosophie lange schon ein leeres Wort ist: das Individuelle. Die leibliche Existenz jedes Einzelnen, auf die die Perspektive zurückverweist, lässt sich nicht zu jener Allgemeinheit verflüchtigen, mit der unsere Sprache und die Logik sonst operieren.

Die mit der Perspektive anvisierte Körperlichkeit der Wahrnehmung und des Fürwahrhaltens ist unhintergehbar. Zugleich laden wir uns damit aber auch ein Problem mit der Sprache auf, das uns nicht mehr verlassen wird. Das Individuum – das Unteilbare und deshalb der Mitteilung sich entziehende, von Sprachlosigkeit bedrängte Individuum ist zum Sprechen zu bringen.

I.2 Gegenseitigkeit als System fortgesetzten Symmetriebruchs

Drei Modelle ließen sich mithilfe des Perspektive-Begriffs unterscheiden. Die in lauter Perspektiven geteilte Welt ist auf jeden Einzelnen hin so geordnet, dass er darin seinen besonderen Standort findet und sich auch ausrechnen kann, wo er steht. Dazu gehört auch, sich mit den Augen des Anderen zu sehen und sich im Anderen wiederzuerkennen. Die Fähigkeit, in einer Sprache und auch in verschiedenen Sprachen miteinander zu verkehren, beruht darauf, die Außenperspektive einnehmen und auch in allen Äußerungen durchhalten zu können.

Das zweite Modell macht dagegen von der Möglichkeit Gebrauch, dass sich die Perspektive umkehren lässt. Wie sich die Verhältnisse ändern und aus groß klein und aus klein groß wird, gibt sich der Mechanismus als solcher zu erkennen. Die im Perspektivischen begründete Relativität aller Verhältnisse wird zum Thema. Die Bilder, Mythen und alle Traditionen werden hinterfragbar. In dieser Perspektive revoltieren wir.

Im dritten Modell wächst sich jede Perspektive zu einer eigenen Welt aus. Anders als im Modell gegenseitiger Anerkennung wird hier nicht die Außenperspektive, sondern die Innensicht verabsolutiert. Die Binnensicht weist auf den Einzelnen zurück, auf den besonderen Fall – darauf, dass dieser sich nicht vorschnell verallgemeinern lässt, sondern Ernst macht mit den jeweiligen Umständen, die – recht besehen – unverwechselbar sind und in letzter Instanz auf meinen Leib und meine leibhaftige Existenz inmitten eines Universums zurückgehen, das aus lauter solchen Einzelfällen besteht.

Die in eine eigene Welt einmündende Totalisierung der Binnensicht stellt einen Symmetriebruch dar. Vom Standpunkt übergreifender Allgemeinheit – wie sie beispielhaft in der das Besondere subsumierenden Logik praktiziert wird – ist hier die Balance einseitig verschoben. Der Symmetriebruch ergibt sich aus einer Nichtentsprechung – eben daraus, dass jedes Einzelne unvergleichlich ist – irreduzibel. Gilt das auch nicht in Bezug auf den Raum, so doch in Bezug auf die Zeit, die wir als unumkehrbar zu denken gewohnt sind und mit der wir deshalb die Einmaligkeit jedes Ereignisses begründen.

So lange haben wir die Welt aus der Sicht verallgemeinerbarer Strukturen gedeutet. Sollte das nicht auch aus entgegengesetzter Richtung möglich sein? Aus der Sicht einer sich in viele Welten teilenden Welt, die durch das zusammengehalten wird, was sie auseinandertreibt?

Einmaligkeit ergibt sich nicht schon daraus, dass etwas *in* der Welt ist, sondern daraus, dass es selbst zu einer Welt wird und von sich aus eine

Welt verkörpert. Entscheidend ist der Bezug auf die Zeit, weniger der zum Raum. Die originäre Verlaufsform der Zeit ist nicht das räumliche Und-dann-und-dann, sondern das Jetzt. Die Zeit lässt sich bekanntlich nicht festhalten. Wenn ich einmal ihren Standpunkt einnehme und gleichsam mit der Zeit gehe, dann ist sie fortwährendes Jetzt. Sie ist andauernde Erfülltheit und genau die Ewigkeit im Augenblick, die für die Zeit kein Maß kennt und ihr keine Grenzen setzt. Sie ist das sich über den ganzen Horizont ausdehnende Jetzt, das so vereinnahmend ist, dass es alles andere vergessen macht: Die chronometrisch messbare Zeit, das eigene um Abgrenzung bemühte Ich und sogar die Welt, soweit sie mir Schranken auferlegt, verlieren sich.

Merkwürdigerweise können wir die Zeit vergessen, und tatsächlich passiert uns das immer wieder, mehr als einmal am Tag. Ja, wir sind daraufhin ausgelegt, immer einmal wieder die Zeit außer Kraft zu setzen. Im Unterschied zum Raum. Die Orientierung im Raum dürfen wir nicht verlieren, ohne dass es gleich ungemütlich wird und uns ein Schwindel befällt, der uns aus dem Gleichgewicht reißt. Die Raumorientierung ist durch den Gleichgewichtssinn in unserem Körper verankert. Dagegen ist das Zeitgefühl größeren Schwankungen ausgeliefert und kann völlig aussetzen.

Wir sprechen für die Zeit von einem inneren Sinn und von einem äußeren Sinn für den Raum. Der Raumsinn steht für Bodenhaftung und Zuverlässigkeit. Hinter, Vor und Neben dienen der Raumbestimmung. Am meisten charakterisiert ihn jedoch das Ineinander. In einen Raum lassen sich viele Räume einschachteln, ohne dass ein äußerster, alle anderen Räume umfassender Raum denkbar wäre. In einer weiträumigen Landschaft steht ein Haus, das einzelne Räume hat, in denen sich wiederum Kammern befinden usw. Das ist das Prinzip des Zählens und der Zahl und der unbegrenzten Teilbarkeit, die nach Aristoteles eine negative Unendlichkeit hervorbringt, die besser als potentielle Unendlichkeit zu bezeichnen wäre, weil es für jede Zahl eine größere oder kleinere gibt.[11]

Das Prinzip der Quantifizierbarkeit hängt mit dem Raum zusammen und ist so allgegenwärtig, dass Übergriffe auf die Zeit an der Tagesordnung sind. Wir sprechen von einem Zeitraum und von Zeiträumen und gleichen die Zeit dadurch dem Prinzip der Quantifizierbarkeit an, ja wir lassen sie darin aufgehen, wenn wir sie messen.

Die Verräumlichung der Zeit ist systembedingt. Sobald wir über die Zeit nachdenken, verwandeln wir sie in ein Nacheinander. Gedächtnis, Erinnerung, Geschichte stellen Räume dar, mit deren Hilfe die Vergangenheit verfügbar wird. Im Rückblick auf die Vergangenheit räumen wir uns eine Zukunft ein. Ja, wir rechnen uns dadurch eine bessere Zukunft aus, dass wir die Wissenschaft zu Prognosezwecken benutzen. Gesetzmäßigkeiten, einmal erkannt, sollen für immer gelten. Was ist damit gewon-

---

11 Paolo Zellini: *Eine kurze Geschichte der Unendlichkeit*. München 2010. S. 9 ff.

nen, dass wir die Zeit verräumlichen? Vor allem ein Standpunkt außerhalb ihres grenzenlosen Verlaufs, ihres ewigen Jetzt. Denn als solche ist sie unverfügbar – so ungreifbar, dass sie *als* Zeit gar nicht da ist. Als gäbe es so etwas wie Zeit überhaupt nicht. In der Perspektive der Binnensicht zählt nur, was jetzt ist. Erst ein Standpunkt außerhalb davon sorgt wieder dafür, dass sie messbar wird und sich kalkulieren und manipulieren lässt.

Auf diese Weise sind aus Raum und Zeit austauschbare Größen geworden. Dass sie füreinander stehen können und sich verwechseln lassen, liegt daran, dass sie ihrerseits ein System bilden, das in seinen allgemeinen Begriffen äquivok ist und mit diesen Doppeldeutigkeiten auch rechnet.

Die erfüllte Zeit fällt da völlig heraus. Die Intensität des Augenblicks ist das Unsystematisierbare schlechthin, weshalb sie als solche auch nicht wahrgenommen und objektiviert werden kann. Sie ist jedes Mal so einnehmend, dass sie zu einer eigenen Welt wird und gemessen daran, welchen Begriff von Zeit wir gewöhnlich haben, einen Systembruch darstellt. Mit der Totalisierung meines Standpunktes komme ich außerhalb und jenseits von der Zeit zu stehen. Und doch ruhe ich nie wieder so in mir selbst, wie dann, wenn ich meine Weltmittelpunktsstellung über den ganzen Horizont spanne und gleichsam aus der Zeit austrete. Die aktuale und die potentielle Unendlichkeit, die wir seit den Tagen des Mittelalters zu unterscheiden gelernt haben,[12] schließen sich aus. Sie bilden auch keinen Gegensatz. Sie sind unvereinbar.

Unvereinbarkeit muss nicht Chaos bedeuten. Die Frage ist nur, wie beide Unendlichkeiten koexistieren können. Vom Standpunkt eines funktionierenden Systems liegt die Antwort nahe: Solange es funktioniert, kann das System für sich selbst einstehen. Es ist autark. Systeme bilden einen Kreislauf von Rückkoppelungsprozessen. Das Trennende ist das Verbindende. Wenn im Zuge wiederholter Entgegensetzungen lauter Unterschiede hervortreten, ergibt sich ihre Bedeutung aus den Beziehungen, die sie zueinander eingehen. Das Medium – worin sich Trennendes und Verbindendes treffen – garantiert das Funktionieren des Systems.

Zugegeben – es ist die einfachste Form eines Systems, aber auch die wirkungsvollste, wie wir an der Logik sehen, die uns durch das Leben begleitet, die überall die gleiche ist und die wir hier nur so verstehen wollen, dass A nicht zugleich non-A sein kann. Die Logik macht Aussagen über das, was immer gelten soll – ungeachtet der durch die Zeit und das Vergehen von Zeit bewirkten Veränderungen. Um zu mit Notwendigkeit gültigen Aussagen zu gelangen, sieht die Logik von der Zeit und den wechselnden Umständen ab. Sie grenzt sie systematisch aus und berücksichtigt das Besondere nur in Hinsicht auf ein übergeordnetes Allgemeines.

In der Logik kommt nur die Außenperspektive zum Zuge. Sie zeichnet sich dadurch aus, dass sie durchgreifend formalisierbar ist. Darin stellt

---

12 Paolo Zellini: *Eine kurze Geschichte der Unendlichkeit.* München 2010. S. 64 ff. und 89 ff.

sich die Sprache von einer Seite dar, die immer zu ihren stärksten zählen wird, insofern sie sich als Medium zur Mitteilung versteht. Nur dass dabei die Binnensicht die geringste Rolle spielt.

Für den rationalen Menschen ist die Logik unverzichtbar. Sie liefert uns die gleichsam auf Dauer gestellte Momentaufnahme, die den ganzen Raum der Vergangenheit und Zukunft auszumessen, zu repräsentieren und verfügbar zu machen hilft. Deshalb ist und bleibt sie eine Anmaßung, aber eine solche – im wörtlichen Sinne – Anmaßung, die für uns als soziale Wesen im Austausch mit der Natur zum Erfolgsweg geworden ist.

Mit anderen Worten: Die Verräumlichung der Zeit ist nicht der Sündenfall und nicht die Urverdrängung, die um jeden Preis rückgängig zu machen ist. Sie ist die den Menschen von Grund auf charakterisierende Anmaßung, nur dass sie auch dort ein Maß vorgibt, wo es kein Maß geben und kein Maß greifen kann. Denn die erfüllte Zeit, die von Seiten der Intensität erlebte Zeit, ist die Maßlosigkeit per se.

Was sonst nur das ganz im Jetzt aufgehende Ich erfährt, vollbringt auch die Logik ihren eigenen, idealisierten Voraussetzungen nach. Denn die Logik leistet das Gleiche wie die Totalisierung in den jeweiligen Ich-Welten, nur vom anderen, entgegengesetzten Ende her. Beide sehen ab von der Zeit bzw. setzen die Zeit aus. Die mithilfe der Logik gefundene Allgemeinheit soll ewig gelten – genauso wie die Weltmittelpunktsstellung, die als Untergang der Perspektive, als Sich-verlieren in Zeit und Welt erfahren wird. Der Unterschied besteht darin, dass einmal die Welt als vollkommen quantifizierbar vorausgesetzt wird, während umgekehrt von Seiten der Intensität alles unvergleichlich erscheint.

Was sich wie Gegensätze ausnimmt, wie solche Gegensätze, deren Differenz in einer Einheit wieder einzuholen wäre, das sind tatsächlich unvereinbare Welten. Handelt es sich doch in jedem Fall um eine einseitige Totalisierung – darum, dass die Totalisierung eine je andere Einseitigkeit auf die Spitze treibt. Es hat zwar den Anschein, als würde das Aussetzen der Zeit – die Negation der Zeit – eine Brücke schlagen. Aber Nein ist nicht gleich Nein. Wenn im Lichte eines Allgemeinen alles Nicht-identische ausgeschieden wird, verhalten sich Ja und Nein zueinander wie Plus und Minus im logisch-mathematischen Raum. Wird dagegen die Verneinung bis zur Ausschließlichkeit getrieben, dann ist auch das Gegenteil keine Option mehr. Vom Standpunkt der erfüllten Zeit führt kein Weg zu der Zeit als verrechenbarer Größe. Die Intensität des Augenblicks lässt es unmöglich erscheinen, dass es so etwas wie Zeit überhaupt gibt. Was beide trennt, ist ein Abgrund.

In der Perspektive der Logik werden wir nie begreifen, was die qualitativ erfahrene Zeit ist – wie auch umgekehrt. Ein Hiatus, ein Bruch, ein Sprung trennt beide, die deshalb auch nicht die zwei Seiten einer Medaille sind. Außensicht und Innensicht sind nicht kongruent und bilden kein symmetrisches Verhältnis. Um so etwas wie eine umgekehrte Wiederholung oder eine inverse Verdoppelung auch nur denken zu können, kommt uns eine Erfahrung zu Hilfe: die des Spiegels. Der Spiegel kehrt die Seiten um. Die Seitenverkehrtheit sorgt dafür, dass sich Bild und Gegenbild nicht bruchlos ineinander überführen lassen. Gegenseitigkeit hält den Vergleich offen und bewahrt ihn davor, einen Ausgleich zu Lasten einer der beiden Seiten zu bilden.

Die Neuzeit hat dafür den Begriff des Systems entwickelt. Das System erlaubt es, dynamische Prozesse, die ungleichartig verlaufen, so in einen Zusammenhang einzubinden, dass sie um ein instabiles Gleichgewicht kreisen. Es gibt geschlossene und offene Systeme. Wo das Trennende das Verbindende ist wie in jedem Medium, ist das geschlossene System vorherrschend. Das offene System hat es dagegen sowohl mit dem Trennenden als auch dem Verbindenden zu tun und hält beides in einer prekären Balance. In diesen Dimensionen wird deshalb das Miteinander unvereinbarer Welten eher zu fassen sein.

Von offenen Systemen zu sprechen hat den Vorteil, nicht immer gleich zwischen Ja und Nein, zwischen Richtig und Falsch entscheiden zu müssen wie in der Logik. Wir haben es stattdessen mit Einseitigkeiten zu tun – mit solchen Vereinseitigungen, wie sie sich daraus ergeben, dass einzelne Standpunkte übertrieben gewichtet oder sogar verabsolutiert werden. Was da verkehrt läuft, ist doch nur ein Moment in einem nach Ausgleich suchenden System. Viele solcher Momente konfigurieren miteinander. Sie tauschen sich aus und bilden wechselnde Konstellationen, in denen – immer nur vorübergehend – Gleichartiges neben Ungleichartigem zu stehen kommt. Das zur Spirale geöffnete System ist ja gerade dadurch charakterisiert, dass es sich entlang solcher verkehrten – sprich: einseitigen – Totalisierungen am Laufen erhält.

Die Totalisierung eines jeden Standpunktes beansprucht die Welt für sich. Sie ist so ausschließend, dass ihr nur mit einem Bruch beizukommen ist – damit, dass das geschlossene System aufgebrochen und zur Spirale geöffnet wird, die über sich hinausführt. Der Systembruch ist konstitutiv. Er ist der Einbruch des Einmaligen und Unvergleichlichen in eine Welt, die, indem sie auf dem Standpunkt nicht zu überbietender Allgemeinheit beharrt, doch schon einräumen muss, dass es nur vorschnelle, vorläufige – eben verkehrte – Totalisierungen gibt.

Der Kerngedanke ist, das unvergleichlich Individuelle nicht als Teil des Systems, sondern als durch einen Bruch und eine Unvereinbarkeit mit dem System zusammenhängend zu betrachten. Vorbild ist die sich im Spiegel zeigende Seitenverkehrtheit, die einen Symmetriebruch darstellt. Für das sich zu einer eigenen Welt einfindende Ich folgen daraus mehrere Probleme wie z.B. die Schwierigkeit, sich mitzuteilen und zu kommunizieren. Die Frage nach einer gemeinsamen Sprache taucht auf.

Unter der Voraussetzung, nicht eigens über eine Sprache zu verfügen und sich bei allen leibbezogenen Äußerungen einer solchen immer nur aushilfsweise zu bedienen, verwandelt sich das, was eine Hauptschwierigkeit ist, in ein zentrales Charakteristikum. Denn nun wird mit einem Mal verständlich, warum unsere Subjektivität so lange dem System verallgemeinerbarer Strukturen entzogen blieb. Von sich aus hat sie selbst nicht teil an jenen medialen Verbindlichkeiten, mit Hilfe derer wir uns die Welt erschließen. Ja, diese gerät in dem Maße in ihren Rücken, wie sie der Tendenz folgt, sich entsprechend ihrer Innensicht eine eigene Welt zu schaffen.

Die Inkongruenz von Binnensicht und Außensicht sichtbar zu machen hilft gerade das Instrument der Perspektive weiter. Denn die Perspektive leuchtet wie eine Sonde in die Unvereinbarkeit von Welten, die sich gegenseitig ausschließen. Ist doch mit der Totalisierung einer jeden Perspektive verbunden, dass sie in jeweils einer Welt auf- und untergeht, die vollkommen für sich ist – so lange, bis sie ihrerseits zergeht und einer anderen Welt Platz macht. Jedes Mal wieder verliert sich die Zeit, aber nie anhaltend, nie so, dass sie auf Dauer auszusetzen wäre. Wenn es gelingt, dann in Intervallen und stets nur „für eine Weile". Das nennen wir ihre Jeweiligkeit – mit einem Wort, das es in unserer Sprache nicht gibt und bezeichnenderweise auch nicht geben kann, weil die Sprache gewissermaßen nicht – oder eben nur aushilfsweise – dafür geschaffen ist, das zu artikulieren. Die Jeweiligkeit liegt im toten Winkel des für uns maßgebenden Systems der Zeit.

Deshalb stellt die Jeweiligkeit einen Bruch dar mit dem System Zeit und allem, was daran hängt, dem System Raum, Zahl und Sprache. Sie ist das im Verhältnis zu unserem chronometrischen Zeitbegriff Nichtzumaßregelnde. Sie ist die Zeitlosigkeit im Herzen der erfüllten Zeit, die es nicht anders als jeweilig und zeitweilig gibt, immer nur „für eine Weile". Das aber heißt jeweils und von Mal zu Mal: keine Zeit haben, auch kein Bewusstsein von Zeit und nicht einmal eine Wahrnehmung des inneren Sinnes für Zeit.

Paradoxerweise ist es der mit der Zeit- und Jeweiligkeit einhergehende Systembruch, der dem Unverwechselbaren und Einmaligen seinen Platz in der Welt einräumt. Auf die Weise ist es zwar weitgehend unerkannt geblieben und auch von Seiten der Philosophie hat es sich kaum Geltung verschaffen können. Aber es gibt sie, die Einzigartigkeit: individuum est ineffabile;[13] wenn auch im Rücken der Philosophie, sofern sie es mit dem Allgemeinen, der Vernunft und den Begriffen zu tun hat.

---

13 Johann Wolfgang Goethe: *Brief an Lavater vom 20.9.1780.* – In: Goethe: *Das erste Weimarer Jahrzehnt. 1775–1786.* Hrsg. von Hartmut Reinhardt. Frankfurt a.M. 1997. II. Abt. Bd. 2 (29). S. 300 und 912 f.
„Habe ich dir das Wort
individuum est ineffabile
woraus ich eine Welt ableite, schon geschrieben?"
Da für dieses Wort bis heute keine Quelle gefunden wurde, geht die Forschung davon aus, dass Goethe es dem mittelalterlichen Satz nachgebildet habe: „Deus est ineffabilis."

Inmitten des uns zugänglichen, instrumentell erforschbaren Universums, in diesem Universum aus Materie und Kräften gibt es ein unsichtbares Universum, eine terra incognita. Das je Unvergleichliche entzieht sich den Begriffen, so dass wir, gefangen in unserer an der Außensicht orientierten Vernünftigkeit, immer nur umständlich darauf schließen können. Das Individuelle und dasjenige Besondere, das sich nicht länger bloß mit Bezug auf ein Allgemeines definiert, hat keine Sprache und keine spezielle Begrifflichkeit. Es ereignet sich im Zwischendurch der Allgemeinsprache. Darin herrscht das Allgemeine so vor, dass das Besondere immer nur intermittierend – zeitweilig – in Erscheinung tritt.

Wie mit solchen das Phänomen bis zur Unkenntlichkeit aus dem Blick rückenden Systembrüchen umzugehen sei, lehrt heute weniger die Philosophie als die Naturwissenschaft. Sie hat sich damit arrangieren müssen, Unvereinbarkeiten so auszutragen, dass einerseits der Logik Genüge getan wird und andererseits deren Grenzen strapaziert und immer weiter hinausgeschoben werden. Die Naturwissenschaften haben uns gezeigt, wie Ordnungen, die sich ausschließen, miteinander koexistieren können. Das 19. Jahrhundert hat uns die Boltzmann-Gleichungen, besonders den Zweiten Hauptsatz der Thermodynamik, hinterlassen. Das 20. Jahrhundert hat sich daran abgearbeitet, wie die Entropie, die dem Universum eine Geschichte zunehmender Gleichförmigkeit bis nahe an den absoluten Gefrierpunkt vorhersagt, damit vereinbar ist, dass es Ordnung stiftende Prozesse wie den der Entstehung von Leben gibt, die dem irreversiblen Verfallsgeschehen zuwiderlaufen. Offenbar muss es keinen Widerspruch bilden, wenn sowohl der Entropie als auch dem immer höhere Ordnungen schaffenden Leben stattgegeben wird.

Die in den Zeitpfeil eingelagerten Prozesse erkenntnisgewinnenden Lebens können die Zeit nicht zurückdrehen und nicht rückwärts laufen lassen, aber von Mal zu Mal aussetzen. Das korrespondiert mit einer Jeweiligkeit, derzufolge sich die Zeit wenigstens „für eine Weile" wieder verlieren kann. Auf dem langen Weg stetig wachsender Entropie ist Leben diejenige Abwechslung, die zwar die Zeit nicht zu hintergehen, aber von ihr zwischendurch abzulenken vermag.

Die „Zeit in der Zeit" aufheben nennt es Friedrich Schiller.[14] Die Selbstorganisation der Materie konterkariert die universelle Geltung der Entropie. Das lässt auf ein der Materie inhärentes Prinzip schließen, das aus eigener Vollkommenheit zu einer Totalität findet, die sich selbst genug ist – geradeso wie in leibzentrischer Perspektive diese untergehen muss, um augenblicklich einer Welt Raum zu geben.

Auch der Dualismus von Welle und Teilchen wird von der Quantentheorie so behandelt, dass das, was sich von Seiten der Logik ausschließen

---

14 Friedrich Schiller: *Über die ästhetische Erziehung des Menschen in einer Reihe von Briefen.* – In: Schiller: Nationalausgabe. Weimar 1962. Bd. 20. S. 353.

müsste, zwar unter wechselnden Horizonten, aber jedes Mal wieder im Hier und Jetzt ankommt.

Auch die Erforschung von Singularitäten, wie sinnigerweise die Schwarzen Löcher genannt werden, folgt der Zeit in ihr Ende. Wenn es auch so aussieht, als würde da wieder nur ein neuer Anfang gemacht, ist es doch das Einzigartige und Unwiederholbare, das mit den Schwarzen Löchern eine solche Dimension angenommen hat, dass es als singuläres Ereignis nicht wieder aus der Welt zu schaffen ist.

Überhaupt haben die Naturwissenschaften mehr als alle anderen Disziplinen dazu beigetragen, jenes Besondere, das die längste Zeit nur als ein defizitärer Modus des Allgemeinen wahrgenommen wurde, mit Inhalt zu erfüllen und ihm ein Gesicht zu geben. Es geht ja nicht darum, das Individuelle allein nach den Unterschieden und Abweichungen zu bemessen. Was daran ihm eigen, nur und ganz ihm eigen ist, wäre ebenso zu erforschen.

Selbst die Mathematik konnte sich dem nicht entziehen. Für sie ist die Chaostheorie deshalb eine so große Herausforderung, weil sie – wie kaum je zuvor – auf den Einzelfall, ja ein einziges Momentum zurückgeht; darauf, dass – wie es heißt – der Flügelschlag eines Schmetterlings in der Wüste Gobi ein Weltereignis von der Größe eines Hurrikans über dem Atlantik auslösen kann.

I.3 Ein quasi empirischer Nachweis

Mein philosophischer Freund schlägt die Hände über dem Kopf zusammen und sieht mich in die Mystik abdriften, wenn ich mit dem doppelten Zeitbegriff spiele. Davon kann keine Rede sein. Im Gegenteil – hier wird als eine Erfahrung ausgewiesen, was bis in die alltäglichsten Verrichtungen herunterreicht. Bisher waren es immer gesteigerte, exzeptionelle Momente, die schon wegen ihrer Einzigartigkeit ausschlossen, dass es sich dabei um Empirisches handeln würde. Man kennt als Randerscheinungen der Geschichte den Mystiker oder den Derwisch, den Entrückten und Verzückten. Heute gewinnen autogenes Training und Meditation immer mehr Anhänger. Aber dass gerade die neuen Medien dazu beitragen, das Feld solcher Erfahrungen sprunghaft zu erweitern, lässt aufhorchen. Da wird nicht nur etwas zur Erfahrung, was vordem kaum ein Gegenstand seriöser empirischer Forschung geworden wäre – es entpuppt sich als ein Phänomen mit größten Zuwachsraten.

An dieser Stelle wäre nun eine empirische Studie zu erwarten, die wir nicht leisten können. Auf jeden Fall ginge ihr eine Sammlung und Sichtung von Material voraus. Das wenigstens sei hier unternommen – mit dem denn doch weiter reichenden Anspruch, solche Kriterien zu entwickeln, die das Feld der Untersuchung zu gliedern helfen.

Es geht darum, den gesteigerten Augenblick, in dem sich die Zeit verliert, als gäbe es sie gar nicht, seiner Alltäglichkeit zu überführen. Mit anderen Worten: So etwas kommt dauernd vor, wir merken es nur nicht. Dass wir es nicht merken und deshalb uns auch nicht merken können, ist ein Indiz dafür, dass es als solches keine Erinnerungsspuren hinterlässt. Es geht vor, bleibt aber ohne Gedächtnis, wahrscheinlich weil das Gedächtnis dafür auch gar nicht geschaffen ist. Es ist ein Kontinent jenseits unserer Gedächtnisleistungen – ein unentdeckter Kontinent in jedem von uns, den es erst umständlich zu erschließen gilt.

Fange ich bei mir und meiner Arbeit an. Zum Schreiben setze ich mich jeden Morgen im oberen Stock eines älteren Wohnhauses in einiger Entfernung zum Fenster an den Schreibtisch. Wie ich mich jeden Tag wieder für meine Begriffsdichtungen in diesem Laboratorium einfinde, geht mein Blick durch das Fenster nach draußen in eine grüne Garten- und Parkanlage, die ich aber gar nicht sehe, weil ich auf die Wörter und den Gedankengang konzentriert bin. Ich sehe und ich sehe nicht. Aber das Sehen nach innen verhindert die Außenwahrnehmung nicht und wird vielleicht sogar von ihr getragen. Wie es scheint, stützt das eine das andere.

Was genau geht da vor? Indem ich mich auf mich und meine Sache konzentriere, hört der konzentrierte Blick nach draußen – das fixierende

Sehen – auf und geht über in ein perspektivloses, bloß den Raum erfüllendes Wahrnehmen. Mein Sehen haftet nicht länger an den sich im Wind biegenden Zweigen da draußen, sondern wendet sich nach innen und verliert Raum und Maß und auch jeden Begriff von Zeit – von jener Zeit, die es zum Beispiel kosten würde, um noch schnell einen seltenen Vogel mit dem Fernglas zu erhaschen, bevor er von den Blättern wieder verdeckt wird. Ja, mein Glas bleibt liegen, wenn ich in meine Arbeit versunken bin. Obwohl sich das besondere Ereignis unter meinen Augen abspielt – ein Fischreiher, den das Schilfblatt freigibt –, bin ich für die Welt verloren und sogar für solche ornithologischen Interessen, die ich sonst durchaus teile. Konzentriert, wie ich bin, gehe ich ganz in meiner Welt des Schreibens auf.

Zweierlei sei daran hervorgehoben. Ich verlasse nicht die eine Welt, um in die andere einzutreten. Nur die Perspektive ändert sich bzw. sie wandert nach innen und löst sich auf. Die Wahrnehmung sinkt unter den Grad, der für die nach außen gekehrte Aufmerksamkeit signifikant wäre.

Das Zweite, was für die Konzentration als wesentlich hervorzuheben wäre, ist folgendes: Sie ist sich durchaus selbst Zweck. Mag es dabei um noch so schwierige Themen gehen, um gedankliche Verknüpfungen zum Beispiel – die Konzentration wird immer auch um ihrer selbst willen gesucht. Denn sie wirkt wie eine Droge.

Wie zu lesen ist, soll ja die nachwachsende Jugend heute zu keiner Konzentration mehr fähig sein. Aber man täusche sich nicht. Sie hat nur die Maske gewechselt, unter der sie nach wie vor gesucht wird. Sich täglich wieder aufs Schreiben konzentrieren zu können, ist jedenfalls meine Droge, mit der ich mich über den Tag rette. Und wenn mich irgendeine Behörde oder meine Bank durch das termingerechte Ausfüllen von Formularen daran hindern will, reagiere ich nervös wie mit Entzugserscheinungen.

Zwar schiebe ich die Wichtigkeit meiner Sache vor, aber worum es geht, das ist die Konzentration als solche – es sind die dabei frei werdenden Endorphine. Hier habe ich für mich über lange Zeit eine Technik zu handhaben gelernt, die als eine Art geistigen Yogas auf mich wirkt. Doch zurück auf den entscheidenden Punkt: Wie ich mich in einen kleinen Rausch hineinschreibe, verliere ich mit der Blickwendung nach innen gleichsam den Boden unter den Füßen, ich verliere die perspektivisch geordnete Welt und die Zeit aus den Augen. Erst wenn der Fischreiher abhebt und ich am Rande meines Sehfeldes wahrnehmen muss, wie das weiße Untergefieder aufblitzt, werde ich aus meiner Konzentration herausgerissen. Mein Blick heftet sich an den Gleitflug, den ich aber nicht festhalten kann, weil die Bäume dazwischentreten. Die vergängliche Zeit hat mich wieder.

Das soll ein Beispiel sein. Andere lassen sich finden. Im Briefwechsel zwischen Fellini und Simenon bin ich auf eine Stelle gestoßen, die besonders drastisch die paradoxe Zeitumkehr betont. Fellini schreibt am 3. Dezember 1980:

> „Das ist das Wunderbare an unserer Arbeit: Sobald man sich mit der Spontaneität und Unausweichlichkeit einer Naturgewalt hineingestürzt hat, kommt die alte Gesundheit zurück; das Gesicht verändert sich, auch der Blick, die Haare wachsen wieder (dies geschieht in meinem Fall allerdings leider nicht). Kurz, man ist immer noch jung oder vielmehr, man hat immer das gleiche Alter, das einzig mögliche."[15]

Das Grundmuster dafür, das weit in die Kindheit zurückreicht und ein Leben lang – wenn auch nicht mit gleicher Intensität – vorhält, bildet wohl das Spielen. Spielend und ins Spiel vertieft, vergisst das Kind alles um sich herum und dass es vor dem Einbruch der Dunkelheit und pünktlich zum Abendbrot zu Hause sein soll. So gewaltig ist die Sogkraft des Spielens, dass das Kind darüber einen eigenen Willen entwickelt, der erst gebrochen werden muss, was dann Erziehung heißt. Es ist aber nicht kindlicher Trotz, sondern ein vitales, tief im Kind verankertes Bedürfnis, immer weiterspielen zu wollen. Es entwickelt die Kraft, sogar andere Bedürfnisse – etwa schnell noch Pipi zu machen – zu überspielen, um auf die Weise dem Körper zu geben, was des Körpers ist, nämlich die Zeit aufzuheben und wie eine lästige Pflicht außer Kraft zu setzen. Hauptsache, das Spielen geht weiter.

Das ist der Grund für das sich unter vielen Masken und in tausenderlei Gestalt ins Leben hinein verlängernde Spielen, das außerdem noch für alles Mögliche stehen kann: für das Ausprobieren von Geschicklichkeiten, für das Messen von Kräften, für das Lernen sozialen Verhaltens, ja – für die Freiheit, die es gegenüber jeglichem Zwang zu gewinnen gilt. Spielend mit den Schwierigkeiten fertig werden – das ist so eine stehende Redensart. Immer dreht es sich beim Spielen um das Vergessenmachen von Zeit und Erdenschwere. Der Körper selbst gebietet es – im Gegenzug zu unserer Verfallenheit an die Zeit.

Darin ist ein Suchtpotential verborgen, das wir an dieser Stelle noch nicht freilegen wollen. Hier sei vorerst die Linie verfolgt, die vom Spielen weiterführt zu der Fähigkeit, sich konzentrieren zu können. Das selbstvergessene Versunkensein ins Spielen ist die Vorbereitung auf jene Konzentration, die einerseits durch die Schule von uns gefordert wird und die wir andererseits neben der Schule in der Verfolgung eigener Ziele zu gewinnen suchen. Noch unter dem Spielen stellt sich eine Verfügung über die Dinge ein, die aus einem Bauklötzchen ein Auto macht, mit dem sich fahren und hupen lässt. Diese Fertigkeit setzt sich in den Phasen gestei-

---

15 Federico Fellini: *Brief an Goerges Simenon. Rom, 3. Dez. 1980.* – In: *Erlebte Geschichten.* Hrsg. von Daniel Keel und Daniel Kampa. Zürich 2006. S. 349.

gerter Konzentration fort, wann immer es uns gelingt, wie aus der Mitte einer Welt selbsttätig frei zu agieren.

Wie wir als Kind zum ersten Mal hochkonzentriert sind, so ist uns auch später gerade dann nicht zum Spaßen zumute, wenn es gilt, der Zeit ein Schnippchen zu schlagen. Weniges ist uns ebenso zum Bedürfnis geworden. Ja, wir sind darauf angewiesen. Es ist uns Struktur und nimmt im Leben den größten Raum ein. Die Rede ist von unseren Gewohnheiten und dass wir alles tun, um etwas zur Routine werden zu lassen. Die ständige Selbstbehauptung gegen alles Fremde wird nur von der Neigung und der zur Manie erhobenen Vorsorglichkeit übertroffen, in den Gewohnheiten die Zeit stillzustellen.

Denn darin drängt sich eine Körperlichkeit vor, die als Sprache nur hat, keine Sprache zu haben – ein Leib, der nicht Körper sein will und aus der zählbaren Zeit austritt, um im Jetzt anzukommen. Daraus geht jenes stumme Behagen hervor, das alle Gewohnheiten begleitet und trägt. Sie sind Heimat und Humus – der Grund, auf dem ich mich einrichte.

Hier sind wir sehr nahe bei dem, was als das mit sich auskömmliche Ich zu benennen wäre. Es ist ein Ich, das seinen Namen nicht verdient. Es kommt in keiner Philosophie vor. Es sagt von sich auch nicht Ich und es spricht auch nicht mit sich wie mit einem Ich. Es hat gar keinen Willen – es ist da, aber nicht wie ein Ding im Raum da und nirgendwo anders ist. Eher ist es bei den Dingen, bei denen draußen, wie es drinnen bei sich ist. Es ist mein über den ganzen Welthorizont ausgedehnter Leib, der aus einer sich erkräftigenden Mitte heraus so im Gleichtakt mit der Zeit pulsiert, dass es sie nicht eigens gibt.

Es ist jenes wachtraumartige Ich, mit dem ich zwischen Frühstücken, Abwaschen und Schreiben in den Tag aufbreche. Mein auskömmliches Ich, bevor ich dann wieder neben mir stehe, Partei ergreife, mich aufrege, mich schäme oder mit irgendetwas ringe. Ohne dieses auskömmliche Ich – das einzige, das mich ungefragt nimmt, wie ich bin – wäre ich morgens nicht bereit, auch nur aus dem Bett aufzustehen. Wie ich erst recht nicht jene völlig grundlose Überheblichkeit aufbieten könnte, mit der ich dann nach meinem Bleistift greife, als wären es gerade meine Worte, auf die die Welt wartet. Denn mit weniger als dieser Gewissheit setzt sich keiner vor das leere Blatt Papier.

Das sind die Dimensionen eines Ich, in dem die Zeit keinen Platz hat – ebenso wenig wie die Sprache. Wenn sich da irgendetwas zu Worte meldet, dann ist es meine ungebremste Leibhaftigkeit. Und das ist nicht auf frühmorgens beschränkt und ohnehin bei jedem anders. Es verteilt sich über den Tag wie die Tagträumereien zwischendurch, für die ich nicht Rechenschaft schuldig bin. Darin gehe ich wie in dem sicheren Hafen meines Leibes vor Anker. Nur da bin ich, ohne ein Ich sein zu müssen.

Entscheidend ist, dass solche Erfahrungen gewöhnlich sind und jeden durch den Tag begleiten. Ohne Aufhebens von sich zu machen und ohne die Spur eines Gedächtnisses sind sie für jene Seite unserer Existenz bezeichnend, die der Zeit und überhaupt dem sozialen Ich abgewandt ist. Es ist ein neu zu entdeckender Kontinent, von dem die Philosophie noch kaum Kenntnis genommen hat.

Mein Leib hat keine eigene Sprache. Diese hier philosophisch zum Axiom erhobene Behauptung will sagen: In dem Mit- und Nebeneinander der Sprachen, durch das ich mich auch mit einem Arzt über meinen Körper und seine Schmerzen verständigen kann, hat mein Leib keine Sprache, mit der er genuin von sich reden machen könnte.

Jedes hat seine besondere Sprache, wie in der Vielfalt der Völker, die über die Länder verteilt sind, jedes eine Sprache hat, mit der es sich in Abgrenzung gegen andere eine eigene Identität verschafft. Jeder Kreis von Menschen, der gemeinschaftliche Interessen verfolgt, jede Gruppe und jede Subkultur hat einen eigenen Soziolekt ausgebildet. Des Weiteren hat jeder Berufsstand seine Sprache. Es gibt eine Sprache der Wissenschaften, eine journalistische Sprache und die Sprache der Kinder. Sie alle zeichnet aus, dass sie ineinander übersetzbar sind. Nicht so der Leib, er hat keine eigene Sprache. Höchstens eine, derer er sich aushilfsweise bedient, wenn er sich gewissermaßen in der Perspektive seiner Glieder und Organe verständlich machen will.

Aber sofern er Leib ist, erschließt sich ihm die Sprache mit einer Totalität, die über die Sprache als Medium, als ein System der Verständigung, das sie ja wesentlich ist, hinausgreift – so weit hinausgreift, dass spürbar wird, was sie nicht leisten kann, weil sie dafür nicht geschaffen ist. Sie ist der irreführenden Uneindeutigkeit ihrer Grund- und Leitbegriffe anheimgegeben, wie sich immer dann herausstellt, wenn Leben in seiner Einzigartigkeit, in seiner uneinholbaren Augenblicklichkeit Gehör sucht. Es fehlen die Worte, die mehr und anderes wären als ein bloß tautologisches Gestammel. Goethe hat das auf eine Formel gebracht, die zumal grenzenlose Selbstermächtigung und Ohnmacht ausdrückt:

„So binn ich ewig denn ich binn."[16]

In solchen Worten spitzt der junge Goethe das Drama zwischen Vater und Sohn zu. *Prometheus* rechtet mit seinem Vater Zeus, dem er sich völlig gleichgestellt sieht, auch und gerade in der entscheidenden Frage des ewigen Lebens. Auch er stehe über der Zeit. Er will nicht bloß ein Abkömmling sein. Allein dadurch, dass er *ist, ist* er genauso ewig wie Gottvater. Die tautologische Formulierung, die bloß durch eine Wiederholung die Begründung eines Anspruchs darstellt, ist ein genialer Schachzug *und* ein Offenbarungseid der Sprache. Denn anders kann Prometheus seine Einzigartigkeit nicht behaupten. Er verteidigt seinen Standpunkt mit Worten, die keinen Zentimeter preisgeben, weil es dieselben Worte

---

16 Johann Wolfgang Goethe: *Prometheus*. – In: *Der junge Goethe*. Hrsg. von Karl Eibl. Frankfurt a. M. 1998. Bd. 1. S. 350.

noch einmal sind – fast dieselben. Denn „ewig" kommt nur einmal vor und soll als durch das zweite „binn" ersetzt und wie selbstredend als völlig ausgesprochen gelten: Wie ich bin, bin ich ewig. Das Verb „sein" erfährt eine Intensivierung, die sagen will: Das Sein füllt mich jeden Augenblick, den ich bin, so aus, dass ich darin ewig bin. Der raumzeitliche Begriff von „immer" und „ewig" verwandelt sich unter der Hand in den „ewigen Augenblick grenzenloser Intensität". Heraus kommt eine paradoxe Formulierung, ein Vexierspiel mit der doppelten Bedeutung von „sein". Zu diesem Grund, der kein Grund ist und keinen Halt gibt, stößt nur die Sprache der Dichtung vor.

Goethe musste hier zitiert werden, weil er zusammen mit Horst Janssen der Spiritus Rector meiner Ausführungen ist und für die Abgründigkeit der Sprache das entscheidende Argument liefert. Aber jetzt zurück auf den Boden der Tatsachen, die freilich auch nichts anderes sagen.

Tatsache ist, dass in allen Erregungszuständen – wann immer uns eine Affektation packt – der Körper merkwürdig fühlbar wird. Mit seiner Sprachlosigkeit drängt sich der Leib so vor, dass wir uns vom Standpunkt disziplinierter Sprachbeherrschung seiner entweder schämen oder wie unter Rechtfertigungszwang für ihn meinen entschuldigen zu müssen, indem wir nun erst recht mit Händen und Füßen zu eifern beginnen. Ich kann aber auch auf die Hitzewelle, die meinen Körper ergriffen hat, wie auf dem Kamm einer Welle reiten und meine Leiblichkeit so ins Kalkül ziehen, dass gerade sie es ist, die mir eine besonders geschliffene Rede zu führen erlaubt. Im Fall von Prometheus wird dann aus dem trotzigen Gestammel ein kunstvoll in sich zurückgeschlungenes Rondo.

In Prüfungen hilft eine gewisse Erregung. Aber gewöhnlich suchen wir vor der sich aufdrängenden Leiblichkeit Zuflucht bei den konventionalisierten und durch die Tradition gebahnten Formen. Wir weinen, indem wir uns abwenden, wir lachen und verbergen die frei werdenden Zähne hinter der Hand, als dürften wir das Tier in uns nicht sehen lassen. Nur in einem Punkt geben wir den Affekten Recht: Sie bringen die Zeit zum Verschwinden. Die messbare Zeit wird wie in Zeitlupe gedehnt. Sekundenbruchteile wachsen sich so aus, wie wir es nur von der intensiv erlebten Zeit kennen, die ja gleichbedeutend ist mit dem Sich-verlieren der Zeit. Wie unter der Lupe alles Perspektivische zergeht – die Perspektive untergeht –, so breitet sich mit der Erregung mein Leib über den ganzen Horizont aus.

Jedes leibzentrische Verhalten verwandelt die Zeit in eine intensive Größe. Um uns das nicht entgehen zu lassen, um uns das – im Gegenteil – immer wieder zur Erfahrung zu bringen, haben wir den Sport erfunden. Ausgerechnet den Sport, bei dem es in den Spitzenleistungen nur noch um Messen und die Perfektion des Maßes, vor allem aber um Zeitmessung geht. Das ist die Außenperspektive; doch von innen, in der Binnensicht des Sportlers, findet so etwas wie eine Implosion der Zeit statt. Indem er gegen die Zeit anrennt, überwindet er alles, wofür die vergehende Zeit steht: die in keine andere Kraft zu transformierende Schwerkraft des Körpers.

Wer einmal gejoggt ist, kennt vielleicht den Punkt, ab dem das Laufen leicht fällt – so leicht, dass die Leichtigkeit mehr wiegt als alle Gewichte, die wir mit uns herumschleppen. Das kann zu einer Sucht werden, die dem Sporttreibenden so zum Bedürfnis wird, dass auch die Zuschauerrolle davon ergriffen wird.

Denn auch als Zuschauer wollen wir an der durch den Sport freigesetzten Intensität teilhaben. So verschaffen wir uns, auf dem Sofa liegend, ein Äquivalent für das Sporterlebnis. Das ist die Spannung. Da es im Sport eh um schnell, schneller, am schnellsten und ersatzweise um gut, besser, am besten geht, ist der Sport von Hause aus die Inszenierung solcher Spannungsmomente. Unter Spannung verläuft die Zeit anders. Sie wird überdehnt, bis sie sich in einer Aktion entlädt, die ich als Zuschauer – auch in dem dafür wie geschaffenen Fernsehen – zeitgleich verfolgen kann. Und tatsächlich bin ich danach ein bisschen erschöpft, als hätte ich selber mitgemacht. Die Spannung war so groß, dass sie mich erschöpft hat. Dabei geht es weniger um die Spannung als um die Intensivierung der sonst gleichförmig verlaufenden Zeit. Das wird zu einer Art Sucht; und so wird gerade das, was den Alltag aussetzt, zu der am heftigsten eingeforderten Alltäglichkeit. Dem nächsten Sportgroßereignis fiebern wir schon entgegen. Ein Event soll den nächsten jagen.

Suspense nennen die Engländer jene Spannung, die sie von einem Lesestoff oder von einem Kinofilm erwarten. Das Suspendieren der Normalzeit ist die Aufgabe der Unterhaltungsbranche in allen ihren Spielarten. Nicht nur sollen wir den Alltag für eine Weile vergessen, nicht nur sollen wir eine Zeitlang die Sorgen abschütteln und die Arbeit hinter uns lassen – die Zeit selbst wird suspendiert. An ihre Stelle tritt eine zu künstlicher Aufgeregtheit aufgeschäumte Dramatik, die uns völlig gefangen nehmen soll.

Heute ist angesagt: Nicht Mitschwimmen im breiten Strom, sondern Vorrücken bis an die Spitze der Zeit, bis dorthin, wo die Zeit Ereignis wird. Wenn die Kunst durch Jahrtausende hindurch eine Gemeinschaftsveranstaltung war, so machen sich die neuen Medien heutzutage den Vorteil zunutze, ihre Teilnehmer zu vereinzeln. Jedem sein eigenes Fernsehen, jedem sein persönliches Internet. Die interaktiven Medien locken mit einem Angebot, das auf den Einzelnen zugeschnitten ist und seinen Bedürfnissen voll entspricht. In Zukunft wird deshalb auch jeder seinen eigenen Krieg gegen die Zeit führen. Noch ungeahnte Welten – vielleicht vermittels eines im Gehirn implantierten Chips – werden jeden so für sich einnehmen, dass er sich mit dieser Zeitmaschine wirklich als Herr der Zeit fühlen kann. Kehrt er aber aus der ins Unermessliche gesteigerten Potenzierung seiner selbst zurück, zurück in den Sessel, den er nie verlassen hat, um auf die Uhr zu gucken, stellt er fest: „Ich habe gar nicht bemerkt, wie die Zeit vergangen ist!"

Was früher die Arbeit erzwungen hat: Die Lebenszeit vergessen machen, die dafür aufzuwenden war – das ist heute zu einem nicht endenden Spaß geworden. Ihre Legitimation holt sich die Multi-Media-Welt allerdings aus dem Nutzen für die Allgemeinheit. Der Arbeit sparende Nutzen der Digitalisierung ist so groß, dass wir von einem Segen für die Menschheit sprechen können. In gewisser Weise hat sich mit der Globalisierung vom Westen her ein Menschheitstraum erfüllt, der in seiner am innigsten kultivierten Form im Osten zu Hause war: Die Überwindung alles Irdischen mitten im Leben; und dazu gehört, schon hier vergessen, was Zeit ist, und auch gar nicht mehr die Frage erinnern.

Mein lieber Freund – von Mystik und meditativer Entrückung brauchen wir gar nicht zu reden. Alles viel zu abgehoben! Unser medialer Alltag ist längst da angekommen, und was noch nicht alltäglich geworden ist, drängt dahin.

Was einmal eine mühsam zu erwerbende Kulturtechnik war wie die Versenkung in Trance ist heute in abgewandelter Form zu einer massenhaft verabreichten Droge durch die digitalen Medien geworden. Hier interessiert weniger die kulturkritische Seite als das ungeheure Bedürfnis, das dem zugrunde liegt, wenn es auch – wie bei jeder Sucht – erst dafür geschaffen wurde. Dieses Bedürfnis hätte sich ja nicht wecken lassen, wenn sich darin nicht etwas Fundamentales aussprechen würde: eben die Zeit – als den Inbegriff der Erdenschwere – auch wieder vergessen zu machen.

Dafür wäre auch eine von Seiten der Naturwissenschaften gestützte Erklärung beizubringen: Die Boltzmann-Zeit, die Entropie, das Abflachen der Ordnungskurve bis zu absoluter Gleichförmigkeit ist zwar unser universelles Schicksal. Aber ihm ist etwas eingelagert, was dem entgegen läuft: die Herausbildung von Materie, die Entstehung von Sternen und Milchstraßen, das Aufkommen von Leben in immer neuer Gestalt. Wie es aussieht, schließt die alles übergreifende Entropie nicht aus, dass sich gegenläufig wieder Ordnungssysteme bilden, die das Entropiegesetz für eine Weile wie unwirksam erscheinen lassen und das Vergehen der Zeit unterlaufen. Besonders die Tendenz zur Gleichförmigkeit scheint zeitweilig ausgesetzt.

Sicher haben wir noch nicht begriffen, was das heißt. Wir nehmen deshalb Zuflucht bei einer eher metaphorischen Sprechweise, die in den Konjunktiv ausweicht: Die Zeit, so allgewaltig sie ist, möge sich doch immer einmal wieder verlieren. Das sei die einer jeden leibhaftigen Existenz inhärente Lebensformel.

Umso erstaunlicher ist, dass das Kerngeschäft der Philosophie im 20. Jahrhundert darin bestand, die Zeit in einem entgegengesetzten Sinne zu thematisieren: als ein unverlierbares Gut – als ein Gut, das erst noch seinem vollen Umfang nach zu ermessen wäre. Die Zeit wurde von der Philosophie als ein Versprechen begriffen, das uns einzulösen aufgegeben ist, indem wir so in den Anfang zurückkehren, dass daraus eine bessere Zukunft entspringen kann. Das Grundmuster für dieses Im-Zurückgreifen-sich-Voraussein bildet die Hermeneutik. Aus der Hermeneutik persönlicher Betroffenheit, in deren Horizont Rudolf Otto das Numinose entdeckte,[17] wurde bei Ernst Bloch „das Prinzip Hoffnung". Darin schwingt eine messianische Botschaft mit wie in allen marxistischen Geschichtsbildern.

Erst Martin Heidegger bindet die zirkuläre Struktur unserer Befindlichkeiten an eine Fundamentalhermeneutik zurück. In dem Sinne analysierte er im Anschluss an Kierkegaard die Angst. Heidegger hat sie einerseits zur Sorgestruktur und zum Be-sorgen als Handlungslehre verallgemeinert und andererseits in dem „Sein zum Tode" so zugespitzt, dass jeder Einzelne, in seine „Jemeinigkeit"[18] gerufen, vor seinem Gewissen Rede und Antwort stehen muss. Der Heidegger der mittleren Jahre hat dem selbstverantwortlichen Menschen die im Vor- und Zurücklaufen zu vervollständigende Zeit so aufgegeben, dass er auf diese Ganzheit verpflichtet ist. Das in einer zirkulär-hermeneutischen Kreisbewegung einzuholende Ganze von Sein und Zeit ist zu einer normativen Größe geworden. Die je eigene Geschichte wird zur Aufgabe eines jeden Menschen.

Dagegen wird hier thematisiert, was außerhalb einer existentiell vertieften Hermeneutik liegt: Zeit ist auch wieder verlierbar. Ihr ist die Tendenz eingeschrieben, sich gleichsam wieder zurückzunehmen. Ja, in wachsendem Maße greift das Bedürfnis um sich, sie so zum Ereignis werden zu lassen, dass sie als „erfüllte Zeit" wie ungeschehen erscheint. Die moderne Unterhaltungsindustrie könnte auf diesen Trend nicht aufspringen, wenn ihr nicht eine unserer ältesten Sehnsüchte zugrunde läge. Die Zauberformel für die Zukunft heißt Echtzeit. Sie soll uns – statt in die Reflexion – an die Spitze der Zeit katapultieren.

---

17 Rudolf Otto: *Das Heilige*. Breslau 1922.
18 Martin Heidegger: *Sein und Zeit*. Tübingen 1960. S. 42, vgl. auch S. 301 ff.

I.4 Intensität – Erfahrung und Herkunft

Woher stammt jene hier immer wieder beschworene Intensität? Sie ist nicht mit den Verallgemeinerungen zu verwechseln, die wir von der Logik oder aus den Wissenschaften kennen. Und doch soll sie eine Erkenntnis sein. Aber auch eine Erfahrung, die nicht nur eine alte Geschichte und eine eigene Tradition hat, sondern die auch als eine Terra incognita noch weitgehend unerforschte Seiten unseres Lebens zeigt.

Intensität ist von dem Nimbus der Außerordentlichkeit zu befreien. Sie stellt sich nicht nur auf den Höhepunkten heißen Verlangens ein. Sie ist nicht nur der Endeffekt einer bloß Auserwählten zugänglichen und schwierig zu erlernenden Kulturtechnik, wie wir das von rituellen oder religiösen Unterweisungen kennen, die in eine Art Verzückung einmünden. Intensität ist das, was alle wollen – intensiv leben, selbstbestimmt und aus eigener Vollkommenheit heraus den Augenblick beim Schopf packen und darin so aufgehen, dass sich alles andere verliert, alles, was sonst das Leben bestimmt wie Welt, Zeit und Selbstbehauptung.

Dass die vielen Verpflichtungen meiner sozialen Existenz mir auch einmal gestohlen bleiben können und es nur und ausschließlich auf mich ankommt, wenigstens hin und wieder – das ist auch eine Frage der Lebensqualität. Das Besondere an dieser Frage ist, dass sie sich jedem Einzelnen stellt, als demjenigen, der allein für sich zu entscheiden hat. Qualität ist in einem solchen Fall gerade nicht verallgemeinerbar. Was darunter zu verstehen sei und wie er die Frage nach seiner Lebensqualität beantwortet, bleibt jedem selbst überlassen.

Wo sich deshalb im Zusammenhang mit der Intensität die Frage der Lebensqualität stellt, fehlen nicht nur alle Vergleichsmaßstäbe. Es gibt sie nicht und kann sie auch nicht geben, weil es jeden persönlich angeht. Und genau das ist der Sinn von Qualität. Wie sie zu bewerten ist, bleibt jedem vorbehalten. Was welche Lebensqualität hat, entscheidet jeder für sich. So erst recht in Fragen intensiven Lebens. Intensität – was darunter zu verstehen sei – ist deshalb das Allersubjektivste, im Wortsinn etwas Unvergleichliches.

So kommt es, dass in dieser Hinsicht Intensität kaum je zu einem philosophischen Thema gemacht worden ist. Sie entzieht sich der Bewertung. Wird sie aber einer Bewertung unterzogen, dann handelt es sich nicht mehr um Intensität in dem hier veranschlagten Sinn einer ganz unvergleichlichen – nur von jedem persönlich zu entscheidenden – Qualität.

So wird dann auch, wann immer Qualität von Seiten der Philosophie in den Blick kommt, diese sogleich mit Quantität zusammengebracht und in eine messbare Größe verwandelt. Das können wir bei Kant beobachten, der hierin auch nur der Tradition folgt. Heidegger vollzieht in einer seiner eindrucksvollsten Studien minutiös den Weg nach, auf dem Kant die Gegenständlichkeit sich konstituieren lässt: nach dem Grundsatz der Anschaulichkeit, für den die „Axiome der Anschauung"[19] gelten, und nach solchen Grundsätzen, die auf einer Wahrnehmung fußen, insofern sie eine Empfindung ist. Empfindungen haben eine Intensität und unterscheiden sich in der Hinsicht von Raum und Zeit als den quantifizierbaren Größen der Anschauung. Dieser Unterschied soll aber gerade keine Rolle spielen, wenn beide Grundsätze zusammengefasst werden:

> „Alle Erscheinungen sind als Anschauungen extensive, als Empfindungen intensive Größen: Quantitäten. Solche sind nur möglich in quanta. Alle quanta aber sind continua. Sie haben die Eigenschaft, dass an ihnen kein abhebbarer Teil jemals der kleinstmögliche ist. Also sind alle Erscheinungen im Was ihres Begegnens und im Wie ihres Erscheinens stetig. (...) Dadurch werden die Axiome der Anschauung und die Antizipationen (der Wahrnehmung) als die mathematischen Grundsätze zusammengeschlossen, d.h. als diejenigen, die die Möglichkeit einer Anwendung von Mathematik auf Gegenstände metaphysisch begründen."[20]

Heidegger, der sonst bei jeder Gelegenheit an der Quantifizierung Anstoß nimmt, vollzieht Kants Schritt von der Qualität zur Quantität anstandslos mit, weil anderes für ihn inzwischen viel wichtiger geworden ist: die Wahrnehmung als Antizipation. Dass Kant entdeckt habe, die Wahrnehmung sei nicht nur rein rezeptiv zu verstehen, sondern habe ihrerseits produktive Züge und „im Hinnehmen (läge) schon ein Vorwegnehmen",[21] wird für Heideggers eigene Philosophie von zentraler Bedeutung. Deshalb lässt Heidegger die Verwandlung der Qualität in eine Quantität kritiklos passieren: „Die quantitas der qualitas ist die Intensität."[22] Und zur Unterscheidung beider hält er lediglich daran fest, dass sie unterschiedlich gemessen werden: die Größe nach Maßgabe der Teile, aus denen sie sich zusammensetzt, aber die Intensität nach Graden. Die nach Graden unterschiedene Intensität wird jedes Mal „unmittelbar als Einheit vernommen"[23] und nicht wie bei den extensiven Größen als aus Teilen gefügt. Warum das so ist, bleibt unerörtert. Wie wir gezeigt haben, geht es zurück

---

19 Martin Heidegger: *Die Frage nach dem Ding. Zu Kants Lehre von den transzendentalen Grundsätzen.* Tübingen 1962. S. 151.
20 Ebenda S. 173.
21 Ebenda S. 169.
22 Ebenda S. 167.
23 Ebenda.

auf einen Wechsel der Perspektive – darauf, dass entweder vom lebendigen Einzelnen ausgegangen wird, in dessen leibzentrischer Sicht sich die Welt jeweils als eine Totalität darstellt. Oder wir überspringen das Individuum in seiner Leibhaftigkeit, und es zählt nur insofern, als es Teil eines Ganzen ist und wie das Besondere dem Allgemeinen subsumierbar.

Intensität und Qualität stehen tatsächlich für beides. Je nach der Perspektive, die eingenommen wird, lassen sie sich mathematisch darstellen oder sie entziehen sich dem. Jede intensive Erfahrung ist für sich genommen unvergleichlich, aber sie ist in einem davon strikt zu trennenden Zusammenhang auch messbar. So unterscheiden wir bei Äpfeln die einzelnen Handelsklassen A, B und C, nach denen sich Verkäuflichkeit und Preis richten. Aber welcher Apfel am besten schmeckt, das wird eine reine Geschmackssache genannt, was sagen will: In Fragen des Geschmacks eröffnet sich uns eine andere Welt, die anderen Kriterien folgt und sich um eine andere Achse dreht. Diese Welt nicht sehen zu wollen, sie systematisch auszublenden und sie als Willkür – als bloß subjektiv – zu disqualifizieren, das wird hier als Einseitigkeit herausgestrichen, als eine sich gelegentlich zur Ignoranz versteigende Einseitigkeit. Denn Qualität und Intensität wären gerade die Begriffe gewesen, an denen sich erweisen ließe, wie zweipolig, um nicht zu sagen: doppelbödig unsere Welt ist und dass die eine mit der anderen Welt nicht verrechenbar ist. Stattdessen wird jedoch Verrechenbarkeit zum obersten Maßstab erhoben. Qualität wird einseitig auf Quantität reduziert, nur dass ihr eben noch zugebilligt wird, dass sie nach Graden gezählt wird.

Wäre nicht eine Welt denkbar, die sich um jeden Einzelnen dreht – mit der Konsequenz, dass jeder seine eigene Welt wäre: eine Welt aus lauter Welten? Wir sagen *nicht*, dass das die einzig wahre Welt wäre. Denn das würde wieder nur die eine auf die Spitze getriebene Einseitigkeit durch eine andere ebenso übertriebene, wenn auch umgekehrt gespiegelte Einseitigkeit ersetzen wollen. Hier wird lediglich so viel gesagt: Um das Ganze in den Blick zu bekommen, sind beide Seiten zu berücksichtigen, aber nicht als die zwei Seiten ein und derselben Medaille, sondern als grenzwertige Vereinseitigungen mit der Tendenz, sich jeweils für das Ganze auszugeben. Hier wie da geht es einseitig zu. Nur um den Preis der Einseitigkeit gibt es das Ganze. Dieses ist bruchlos nicht zu haben. Je mehr wir auf die Verrechenbarkeit aller Weltbezüge setzen, desto mehr setzen wir uns über die unhintergehbare Maßgeblichkeit eines jeden Einzelnen hinweg – darüber hinweg, dass jeder, außer verrechenbar zu sein, auch eine intensive Größe mit eigenen Qualitäten ist.

Damit solche Unvereinbarkeiten richtig erwogen werden können, ist es unerlässlich, die Welt auf ihre beiden, weit auseinander liegenden Pole hin zu befragen, also nach Quantität *und* nach Qualität. Besonders die Frage nach der maßgeblich mit dem Individuum verbundenen Intensität und Qualität drängt sich auf, da sie am längsten vernachlässigt wurde.

Welchen Ursprung hat Intensität? Wie zeigt sie sich? Wie ist sie in die Welt gekommen? Hat sie, obwohl weitgehend vernachlässigt, eine eigene Geschichte, und wenn ja, lässt sie sich womöglich evolutionsgeschichtlich rekonstruieren?

Mit dem Erkennen einher geht immer eine Art und Weise, die Welt zu konzeptualisieren. Schon in den ältesten Sprachen wird Erkennen mit Sehen zusammengebracht. Häufig gehen beide auf die gleichen Sprachwurzeln zurück, so wie wir auch heute noch davon sprechen, einen Sachverhalt *zu erkennen* oder *einzusehen*. Das liegt auch evolutionsgeschichtlich und physiologisch nahe, hat sich doch beim Menschen das Auge frühzeitig aus einer Ausstülpung des Gehirns entwickelt, wie an der embryonalen Ausdifferenzierung abzulesen ist. Von Konrad Lorenz lässt sich lernen,[24] dass die Forschung inzwischen viele Wege unterscheidet, auf denen je nach artspezifischer Leistung das Auge entstanden ist. Bei aller Vielfalt bleiben die Gesetze der Optik verbindlich bestehen.

Unabhängig von der großen Zahl verschieden leistungsfähiger Augen hat sich bei den höheren Wirbeltieren eine doppelte Art der Orientierung im Raum bis heute erhalten: das parallaktische und das binokuläre Sehen.[25] Wie Lorenz ausdrücklich betont, handelt es sich dabei nicht um eine Entwicklung, die die frühere Form des Sehens überflüssig gemacht hätte. Huftiere und auch Hunde machen von beiden Gebrauch und, wie residual auch immer, der Mensch.

Binokulär nennen wir das Sehen, das beidäugig fixiert, wie es unerlässlich ist, wenn ein Beutetier genau in den Fokus genommen und nach Größe und Entfernung bestimmt werden soll. Parallaktisch geht dasjenige Sehen vor, das den zu ortenden Gegenstand ins Verhältnis zu den Augen setzen muss und dazu den ganzen Körper so in Stellung bringt, dass dieser in der für das Zuschnappen richtigen Distanz erscheint. So bewegen sich Fische schwimmend auf ihre Beute zu und können nicht eher zuschnappen, als bis diese an der passenden Stelle in der Symmetrieebene zwischen den einzeln agierenden Augen auftaucht. Manche Vögel müssen pausenlos mit dem Kopf nicken und diesen in Bewegung halten, um mit dem parallaktischen Sehen zum Erfolg zu kommen.

Abkürzend lässt sich sagen, das parallaktische Sehen geht vom Körper aus. Die seitlich gestellten Augen bleiben auf den Körper bezogen, der sich zu ihrer optimalen Nutzung in Stellung bringt. Dagegen passt sich das Auge beim binokulären Sehen dem zu fixierenden Gegenstand an und sucht die richtige Sehschärfe durch Einstellen der Brennweite herbeizuführen. Zweifellos steht Letzteres unserem heutigen Verständnis von

---

24 Konrad Lorenz: *Die Rückseite des Spiegels. Versuch einer Naturgeschichte menschlichen Erkennens.* München 1977. S. 148 ff.
25 Ebenda S. 157 ff.

Erkennen und Denken näher, insofern sich ein Extravermögen, unabhängig vom Körper, auf den Gegenstand richtet.

Konrad Lorenz, der uns an die Unterscheidung von parallaktischem Sehen und binokulärem Fokussieren erinnert hat, sieht darin vor allem konkurrierende Formen der Raumorientierung. Von einer frühen Auseinanderentwicklung von Körpererfahrung und Verstandestätigkeit will er nichts wissen. Für Lorenz steht „die zentrale Repräsentation des Raumes" im Vordergrund.[26] Mit der Frage angemessener Repräsentation stellt sich deshalb für ihn das übergreifende Problem, wie „Ding-Konstanz"[27] zu leisten ist. Wie lässt sich das gleiche Ding als mit sich identisch – als dasselbe – wahrnehmen und wiedererkennen? Dazu genügt es nicht, eine einzelne Sache zu identifizieren, es muss auch schon so etwas wie die invariante Gattung mit vorgegeben sein.[28]

Das ist zwar sehr logisch gefolgert und durchaus von Kant inspiriert. Aber dass sich die Frage nach der Repräsentation und „Konstanzleistung" dem parallaktischen wie dem binokulären Sehen gleichermaßen stellt, ist eher zu bezweifeln. Womöglich kommt Ersteres noch ganz ohne die auf die Begriffsbildung vorlaufenden Verstandestätigkeiten aus. Solange wie bei der parallaktischen Wahrnehmung Eigenbewegung und Ortung zusammenfallen, solange Körper und „Sehding" noch ungetrennt sind, ist eine von den Einzelerscheinungen abstrahierende Merkmalerfassung noch gar nicht nötig und wohl auch nicht möglich.

Wahrnehmung setzt nicht schon von vornherein die Fähigkeit zur Repräsentation voraus. Einer unserer fundamentalsten Sinne ist die schwindelfreie Orientierung im Raum. Aber der Gleichgewichtssinn bringt keine Repräsentationen hervor, dazu ist er viel zu sehr auf die Einheit von Körper und Raum bezogen. Auf vergleichbare Weise ist auch die parallaktische Wahrnehmung noch vorrepräsentational, weil sie aus einer durch die Körperbewegung bewirkten „Verschiebung der Netzhautbilder" hervorgeht.[29] Als eine noch überwiegend leibzentrische Wahrnehmung ist sie entwicklungsgeschichtlich die Quelle für alle intensiven Erfahrungen, derer auch der Mensch fähig ist. Bis heute erhalten sie sich *neben* seinen kognitiven Leistungen umsichtigen und logisch nachvollziehbaren Verhaltens.

Intensität zieht ihre Spannung daraus, dass sie die Körpererfahrung jedes Mal über den ganzen Horizont ausdehnt, ohne dass schon eine Verräumlichung der Zeit stattgefunden hätte. Das Zugleich und Zumal ist ihr Element, hier auch als Jeweiligkeit bezeichnet, weil die in Intervallen an- und abschwellende Intensität sich nicht auf Dauer stellen lässt, sondern einem Rhythmus folgt.

26 Ebenda S. 156.
27 Ebenda S. 153.
28 Ebenda S. 154.
29 Ebenda S. 161.

Mit diesen über Konrad Lorenz hinausgehenden Formulierungen knüpfen wir doch auf Schritt und Tritt an seine Forschungen an. Wegweisend ist das von ihm gesammelte und systematisierte Material zur Unterscheidung zweier Wahrnehmungsvermögen. Das parallaktische und binokuläre Sehen werden als zwei bis in die höheren Säugetiere nebeneinander existierende Formen der Raumorientierung behandelt. Aber statt darin einen Hinweis auf eine in der Evolution durchgehaltene Eigenständigkeit beider Wahrnehmungsarten zu sehen, kommt Lorenz nicht von dem Modell einer Höher- und Weiterentwicklung los. Wie selbstverständlich siedelt er die Fähigkeiten zur Kognition und Repräsentation höher an als die der „Gestaltwahrnehmung".[30] Beziehungsweise er sieht in der Gestaltwahrnehmung schon alles realisiert, was erst die synthetisierenden Verstandesleistungen auszeichnet: die Abstraktion auf das Wesentliche, die er „eine Grundleistung der Wahrnehmung überhaupt und damit auch die Basis der Objektivation" nennt.[31] So würde die Gestaltwahrnehmung bereits vollbringen, was Lorenz im Anschluss an Kant und die moderne Kybernetik als das Verrechnen „einer Vielzahl von Einzelbildern" beschreibt.[32] „Offenbar besitzen wir einen Verrechnungsapparat, der imstande ist, schier unglaubliche Zahlen einzelner ‚Beobachtungsprotokolle' aufzunehmen und über lange Zeiträume festzuhalten, und der dazu noch die Fähigkeit besitzt, echte Statistik mit ihnen zu betreiben."[33]

Über den für Lorenz zentralen Begriff der Abstraktionsleistung werden Gestaltwahrnehmung und kognitives Vermögen so parallelisiert und in dem so genannten „ratiomorphen Apparat" (Egon Brunswik) so zusammengeführt,[34] dass die Unterschiede kaum noch ins Gewicht fallen. Das hat dann später Auswirkungen auf die Ausarbeitung einer evolutionären Erkenntnistheorie gezeigt, wie sie Riedl folgen ließ.[35] Zwar werden Kognition und Gestaltwahrnehmung als getrennte Entwicklungen eingeführt. Aber unter dem alles fundierenden Gesichtspunkt, dass „Leben ein erkenntnisgewinnender Prozess" sei, soll auch die Gestaltwahrnehmung dem rationalisierten Muster von Erwartung und der Bestätigung bzw. Nichtbestätigung dieser Erwartung gehorchen. Könnte es nicht sein, dass Gestaltwahrnehmung noch gar nicht dem objektivistischen Erkenntnisziel dient und noch ohne Abstraktion und Reduktion auf das Wesentliche auskommt?

Solange jedes Mal der ganze Körper hinter das Auge zu bringen ist wie beim parallaktischen Sehen, ist Wahrnehmung noch gleichbedeutend

---

30 Ebenda S. 151.
31 Ebenda S. 152.
32 Ebenda S. 155.
33 Ebenda.
34 Ebenda.
35 Rupert Riedl: *Biologie der Erkenntnis. Die stammesgeschichtlichen Grundlagen der Vernunft*. Berlin 1980. S. 58 f., 93 ff., 182 f.

mit dem Vollzug einer leibzentrischen Einheit, die immer neu zu vollbringen ist. Die Gestaltwahrnehmung ist kein vergegenständlichendes Sehen. Ein Wiedererkennen, das sich in einer Art Gedächtnis objektivieren ließe, gibt es unabhängig von den Primärbedürfnissen und ihrer Befriedigung noch nicht.

Es ist die eher leibgesteuerte Form der Wahrnehmung, die sich bis heute neben unseren kognitiven Fähigkeiten erhalten hat, wenn sie auch nicht in dem gleichen Ansehen steht wie diese. Als intensives Erleben zieht sie den Verdacht auf sich, bloß emotional zu sein. Unter der Form eidetischen Sehens räumt man ihr ein, sich in Reihen beweglicher Bilder, d.h. in Abwandlungen und Umbildungen, zu ergehen, als handle es sich um Variationen über ein Thema. Längst hat man bemerkt, dass diese Art freier Kombinatorik überall dort gebraucht wird, wo – wie in den Wissenschaften – Hypothesen ersonnen werden, die auf dem Wege einer bloß logischen Engführung von gedanklichen Konstrukten nicht zu gewinnen wären.

So hat die ältere Gestaltwahrnehmung, auch wenn ihr das jüngere beidäugige Fixieren und erst recht der seine Gegenstände objektivierende Verstand den Rang abgelaufen haben, ihre eigene Berechtigung bewahrt. Sie geht auf das parallaktische Sehen zurück – darauf, dass mit Verschiebung der Körperachse das „Sehding" in den Blick kommt. Da sich in der Regel ein Fressvorgang daran anschließt, handelt es sich um ein durch den Stoffwechsel im ganzen Leib fundiertes Geschehen. Es ist dieser immer dem vollen Umfang nach variable Bezug aufs Ganze, der Intensität erzeugt – eine Intensität, die das in Distanz zum Gegenstand fokussierende Augenpaar nicht kennt. Das beidäugige Fixieren ist dagegen auf die exakte Abmessung von Größe und Raumtiefe gerichtet. Daraufhin erfolgt dann – zeitlich versetzt und nicht in denselben Akt integriert – das zielorientierte Handeln.

Auf die Gestaltwahrnehmung und ihre bis heute unverbrauchten Vorzüge ist auch in einem Zusammenhang einzugehen, der nicht so offensichtlich und nicht so leicht zu durchschauen ist. Alle Erinnerung stiftenden Leistungen hängen davon ab, dass auch wieder vergessen werden kann. Sonst würde der Speicherplatz nicht reichen, wie uns die Computertechnologie erklärt. Um dieses Problem gar nicht erst entstehen zu lassen, weist die Gestaltwahrnehmung den besonderen Vorteil auf, gerade nicht auf *eine* Gestalt fixiert zu bleiben. Ihr Element ist die sich ständig vollziehende Umgestaltung und Abwandlung. Wieder vergessen können, wieder verlernen zu können ist deshalb essentiell für ein Gedächtnis, das sich im ganzheitlichen Lebensvollzug immer neu zu verjüngen gehalten ist.

Verjüngung – darum geht es in allen intensiven Erfahrungen. Dass sich Zeit, Welt und Selbst, die Parameter unserer auf Objektivation beruhenden Sehweise, auch einmal wieder verlieren können, ist das Ziel solcher Verjüngung. Sich aus eigener Vollmacht so über die Welt ausdehnen, dass sich darin die leibhaftige Existenz als in ihrem einzigen und letzten Horizont erfülle – das ist der Kursus, den Intensität gar nicht oft genug wiederholen kann. Das parallaktische Sehen, das den ganzen Körper hinter sich bringt, macht es möglich. Es ist eine sich dem Hier und Jetzt immer wieder öffnende Erfahrung. Und nicht nur das – von jeder dieser Vergegenwärtigungen geht eine Sogkraft aus, an deren Ausgang wie am Ende eines Tunnels sich die Welt neu schenkt.

I.5 Perspektivierung der Bilder: Welle und Teilchen

Wenn einer wie ich von der Sprache herkommt und nicht von der Mathematik und Physik, dann ist er dankbar für alle Erklärungsversuche, die ihm die Relativitätstheorie und die Quantentheorie und alle daraus folgenden naturwissenschaftlichen Neuentwicklungen nahebringen. Die Popularisierung dessen, was sich immer stärker in einer eigenen Formelsprache gegen die Nicht-Fachleute abschließt oder unter Bergen von computererhobenen Datenmengen verbirgt, ist eine Kunst. Freilich eine Kunst, die eine echte Bewährungsprobe bestehen muss und an ihrer Nachvollziehbarkeit und ihrer schlagenden Plausibilität gemessen wird.

Die Kunst der Popularisierung erweitert unser Wissen, ja mehr noch, sie schafft uns körperlich um, indem sie in unseren Wahrnehmungsapparat eingreift. Wir sind doch nicht mehr dieselben wie vor 200 Jahren, als wir noch mit ein paar zehntausend Jahren auf die Geschichte der Welt zurückschauten. Der sich unter unserem teleskopischen Blick sprunghaft erweiternde Weltraum gab die ersten Galaxien zu erkennen, anfangs nur nebelhaft, weshalb sie Spiralnebel getauft wurden. Zwar schleppten wir damals schon eine organische Mikrowelt mit zum Teil eigener DNA mit uns herum, aber wir haben nichts von diesen Mikroorganismen gewusst. Seitdem hat in uns ein Universum von 14 Milliarden Jahren Platz gefunden und sich bis in die äußeren Nervenzellen verästelt. Zahlen sagen uns gar nichts, wenn wir sie nicht mit unserem Körper aufwiegen können. Insofern hat uns die Physik neu erschaffen und die Kunst der Popularisierung hat mitgeholfen, die entsprechenden Organe umzubilden.

Warum lassen wir auf die Entschlüsselung der Welt die Entschlüsselung des Schlüssels folgen? Was die längst Zeit den Menschen überstieg, muss auf Menschenmaß heruntergebracht werden. Das leistet die Gemeinsprache. Sie ist unser Zentralorgan und trägt in einem erweiterten Sinne wesentlich zu unserem Stoffwechsel bei. Wir wollen mitreden können – ich auch.

Wenn dabei gewöhnlich eher Unsinn herauskommt, so hat es im Falle der Quantenmechanik doch eine eigene Bewandtnis damit. Denn die subatomare Welt, die sich an der Wende zum 20. Jahrhundert den Physikern zu erschließen begann, ist so unfasslich klein, dass dahin kein mikroskopisches Auge reicht. Noch dazu sind die Versuchsanordnungen, die uns die überraschenden Effekte liefern, derart kompliziert, dass sie nur umständlich zu erklären sind. Doch das Verständnis ist auch auf eine grundsätzliche Weise gefordert – so grundsätzlich, dass diese Schwierigkeiten in die Theoriebildung eingegangen sind. Es gibt zwar Formeln, mit denen sich gut rechnen lässt. Die unser Leben immer stärker durchdringende

Digitalisierung hat davon erfolgreich Gebrauch gemacht. Aber die allermeisten Darstellungen, die sich um eine Popularisierung der Quantentheorie bemühen, räumen ein, dass sie eigentlich nicht zu verstehen sei. Zu widersprüchlich, ja paradox scheinen die Voraussetzungen und Folgerungen zu sein, die zum richtigen Verständnis der subatomaren Welt führen.

Historisch gesehen wurde im 18. und 19. Jahrhundert zur Erklärung des Lichts ein Streit ausgetragen zwischen den Anhängern der älteren Teilchentheorie und den Verfechtern der auch nicht mehr jungen Wellentheorie, die auf Huygens, geboren 1629, zurückgeht. Newton hatte mit seiner Mechanik und besonders mit seiner Optik der Anschauung zum Durchbruch verholfen, dass es winzige Teilchen – Korpuskeln – sind, die beim Eintritt in ein Medium wie Glas oder Wasser abgelenkt und von einem Spiegel sogar vollständig reflektiert werden. Obwohl das empirisch überzeugend war und die Korpuskulartheorie sich im Prinzip auch auf die Bewegung von Himmelskörpern anwenden ließ, gewann mit der Erforschung der magnetischen und elektrischen Felder die Wellentheorie die Oberhand.[36]

Das Bild der Welle ist ebenso wie das der kleinsten Teilchen aus der Natur genommen. Werfen wir einen Stein ins Wasser, breiten sich vom Punkt seines Einschlags kreisförmig Wellen in Phasen nach allen Seiten aus. Wie wir vom Strand am Meer wissen, gibt es auch parallel verlaufende Wellen; sie alle folgen einem gleichmäßigen Rhythmus von Berg und Tal und bilden eine regelmäßig nach oben und unten ausschlagende Schwingung. Wie die Korpuskulartheorie kann auch die Wellentheorie die hinter einem Hindernis auftretenden „Schatten" erklären – und sogar besser als jene, weil sie auch die Interferenzen, die Überlagerung von Wellen, mit einbezieht. Um anschaulich zu machen, wie sich die als Wellen fortpflanzende Strahlung überhaupt durch den Weltraum bewegen kann, drängte sich ein Äther auf, der als Medium dienen sollte.

Wie man von dieser mit größter Überzeugungskraft ausgestatteten Wellentheorie zu einer Theorie vom Aufbau des Atoms zurückfand, ist ein ebenso verzweigter wie im Nachhinein folgerechter Weg, den um 1900 von Station zu Station zurückzulegen alle in der Forschung führenden europäischen Nationen beteiligt waren. Zuerst musste mit der Anschaulichkeit gebrochen werden, die sich mit dem Bild der Welle eingebürgert hatte. Als Max Planck dann die Quantelung von Photonen aus seinen Versuchen zu schlussfolgern nicht umhin kam, war er über diese Rückkehr zu in Paketen gebündelten Teilchen so überrascht, dass er seine Entdeckung noch lange nach klassischem Wellenmuster zu erklären versuchte. Der Vorstoß in die Welt der Atome und noch kleinerer Teilchen

---

36 Dieser Abriss folgt den Darstellungen, die vielfach von der Entstehung der Quantentheorie gegeben werden, besonders von John Gribbin: *Auf der Suche nach Schrödingers Katze. Quantenphysik und Wirklichkeit.* München 1991.

war – auch – ein Ringen um die Vorherrschaft von Bildern, die sich seit Jahrhunderten in den Köpfen der Menschen eingerichtet und ihnen als Leitvorstellung durch das Labyrinth der Natur gedient hatten. Dennoch ist es immer die Physik, die je nach Lage der Dinge entscheidet, was faktisch gelten soll.

Nur – diesmal konnte sich die Physik nicht entscheiden. Je nachdem, wie die Experimente ausgerichtet waren, zeigten sie mal die Eigenschaften von Teilchen und dann wieder die von Wellen. Damit war die Physik an einen kritischen Punkt gelangt, für den es nach allen bis dahin gültigen Rezepten keine Lösung gab.

Um die Schwierigkeiten richtig einschätzen zu können, nehmen wir noch einmal die Position des Laien ein, die ohnehin für uns reserviert ist. Denn der Laie muss sich unwillkürlich fragen: Warum gerade Welle und Teilchen? Wenn wir richtig gehört haben, dass Licht weder als Welle noch als Teilchen vollständig beschrieben werden kann, dann stellt sich doch die Frage: Warum nicht ein Drittes, das wir nur noch nicht kennen, das aber eines Tages auftauchen kann und alle Forderungen erfüllt, die Welle und Teilchen nicht einzulösen vermögen? Um diesem in eine Frage eingekleideten Vorschlag erst recht Nachdruck zu verleihen, könnte sich ein Laie auf den Standpunkt des Physikers stellen, der nichts als ein Physiker sein will und aus Hingabe an seine Experimente nur die Sache selbst und nicht irgendwelche vorgegebenen Naturbilder sprechen lassen will. Von solchen Bildern abhängig zu bleiben, lehnt dieser Physiker umso mehr ab, als sie doch nur einer Anschaulichkeit dienen würden, um die es schon nicht mehr ginge, da wir längst wissen, wie die Quantenmechanik „funktioniert", so dass wir nur auf die entsprechenden Lösungen und Formeln zurückgreifen müssen.

Aber das ist nicht die Situation, in der damals die Physiker die Unbestimmtheitsrelation entwickelten und mit Hilfe der Matrizenrechnung in eine mathematische Sprache überführten. Nicht immer ist man im Nachhinein klüger, wie an diesem Fall zu zeigen wäre. Aber das ganze Drama können wir erst ermessen, wenn wir uns klarmachen, dass es die Quantenwelt unter anderen als den von Heisenberg vorausgesetzten Bedingungen gar nicht gäbe. Sie würde einfach nicht existieren und damit auch keine Lasertechnik, keine digitale Fotografie und kein Farbfernsehen und was nicht alles.

Mit anderen Worten: Ohne das Festhalten an Welle *und* Teilchen, obwohl jedes für sich gerade nicht leistet, was es leisten soll, bliebe uns die Welt der Quanten verschlossen. Anders ist sie nicht darzustellen. Damit rückt die Vorgehensweise – die Methode – in eine Rolle, die sie so lange nicht innehatte, wie das physikalische Phänomen und der Beobachter strikt voneinander getrennt waren. Erst wenn diese Art von Objektivität nicht mehr vorauszusetzen ist, werden sowohl Welle wie Teilchen zu Kriterien für eine Welt, die ohne sie beide nicht denkbar wäre. Das hat zur Folge, dass die zwei miteinander konkurrierenden Welterklärungsmuster unerhört aufgewertet werden. Aus Bildern sind ins Kalkül gezogene Variable geworden, die auch an die Logik neue Ansprüche stellen.

Welle und Teilchen werden in der Quantentheorie als diejenigen anschaulichen Erklärungshilfen mitgeführt, deren jede für sich genommen zu kurz greift. Erst mit dem besonderen Verhältnis, das sie zueinander bilden, liefern sie Einsichten, die erhellend sind. Auf das Verhältnis von Welle und Teilchen kommt es also an, und das ist nicht einfach ein Gegensatzverhältnis.

Die Teilchenwelt ist die quantifizierbare Welt, die sich ursprünglich auf Atome als die kleinsten Einheiten bezieht, die sich immer weiter zählen lassen. Für die Enden der Zahlenreihe ergibt sich daraus ein Problem: Das Ganze – die Unendlichkeit – ist nur negativ zu bestimmen; potentiell gibt es immer eine Zahl, die größer oder kleiner ist.

Der potentiellen Unendlichkeit steht die aktuale Unendlichkeit gegenüber. Sie korrespondiert mit dem Wellen-Bild und geht aus einer Verschiebung des Standpunktes hervor. Statt immer nur von außen stellt sich das Ganze jetzt von innen dar. Von innen gesehen, unmittelbar aus der Teilnehmerperspektive, nimmt sich das aktual Unendliche als eine Erfahrung aus, die sich jeweils über den ganzen Ereignishorizont erstreckt. Es gibt kein Außen, dem nicht ein Innen korrespondierte. Die aus der Totalisierung der Binnenperspektive hervorgehende Welt ist die des Leibes, die seiner sinnlich-leibhaften Existenz. Sie wird als gesteigerte Intensität wahrgenommen. So erfüllend sie jedes Mal ist, lässt sie sich doch nicht auf Dauer stellen. Das aktual Unendliche gibt es nur phasenweise und – wie Wellen – in Intervallen aufeinander folgend.

Wellen-Bild und Teilchen-Bild stehen sich nur scheinbar als Gegensätze gegenüber. Es hat nur den Anschein, als ergänzten sie einander. Tatsächlich sind sie in einem Verhältnis auf Gegenseitigkeit eher geschieden als vereint. Denn es ist die mit der Spiegelung einhergehende Umkehrung der Seiten, die dafür sorgt, dass sich die eine Welt nicht bruchlos in die andere überführen lässt. Sie sind und bleiben unvereinbar. Darin liegt womöglich auch eine Chance.

Die Gegenseitigkeit von Welle und Teilchen lässt sich daran zeigen, wie beide Bezug auf die Zeit nehmen bzw. die Zeit – auf je ihre Weise – negieren. Das Teilchen-Bild steht für eine ausgedehnte Raum-Zeit-Welt, die sich immer weiter teilen bzw. additiv erweitern lässt. Zeit zählt nach Maßgabe des Raumes und anders nicht. Was als logische Verallgemeinerung daraus hervorgeht, sieht systematisch von der Zeit ab. Richtig ist nur, was zeitlos richtig ist.

Das Wellen-Bild greift aus entgegengesetzter Richtung auf die Zeit zu, nämlich von Seiten der Intensität. Zeit ist gleichbedeutend damit, von einer Welt eingenommen zu sein – davon, dass diese sich von einer leiblichen Mitte aus über den Horizont ausdehnt. Die erfüllte Zeit ist sich jedes Mal so völlig selbst genug, dass sie nicht ausdrücklich als solche erfahren wird. Wir nennen das die intensiv erlebte Zeit. Mit anderen

Worten: In der leibzentrischen Perspektive gibt es die Zeit als objektivierbare Größe nicht, wie es auch – umgekehrt – für die nach den Regeln der Logik quantifizierbare Welt die Zeit nicht gibt – nicht im Sinne von Intensität, von Ganzheitlichkeit und aktualer Unendlichkeit.

Für beide Welten bedeutet Zeit etwas Verschiedenes. Was ist denn nun die Zeit? Einmal ist sie die Quelle aller Unterscheidungen – so in der Teilchen-Welt. Indem die Unterschiede jedoch nicht zum Maßstab gemacht werden, sondern das, was die Unterschiede erst hervortreten lässt: das zeitenthobene Allgemeine, wird von der Zeit gerade abgesehen. Zeit ist lediglich Mittel zum Zweck. Deshalb sprechen wir hier von einer nur einseitigen Wahrnehmung der Zeit in der logozentrischen Perspektive.

Ebenso einseitig, wenn auch verschieden davon, ist die Wahrnehmung der Zeit in den Phasen gesteigerter Intensität. Sie wird gar nicht als Zeit erfahren, jedenfalls nicht im Sinne einer chronometrisch messbaren Zeit. Stattdessen ist die Zeit so ausfüllend, dass sie für eine Welt steht, die sich von einer Mitte aus über den ganzen Ereignishorizont erstreckt.

Dagegen steht freilich, dass eine solche Totalisierung meines Standpunktes immer nur zeitweilig – jedes Mal wieder, aber immer nur für eine Weile – gelingt. Setzt sie aus, kehrt die zählbare Zeit zurück. Ich sehe mich wieder als eine Perspektive auf die Welt, als lediglich einen Standpunkt, der so ausrechenbar ist wie der aller anderen.

Es sind zwei Welten, die sich in den Bildern von Welle und Teilchen – umgekehrt gespiegelt – wieder begegnen; zwei Welten, die auch jenseits der Physik unser Leben im Wechsel bestimmen. Auf die Weise stehen sich Teilchen-Welt und Wellen-Welt nicht nur diametral gegenüber, sie schließen sich auch gegenseitig aus. Aber mit Bezug auf die Zeit werden sie wieder einem Vergleich zugänglich, der in den unüberbrückbaren Differenzen auch die spiegelverkehrten Gemeinsamkeiten erkennen lässt: die Zeit, die ist und nicht ist; eine alles und nichts bedeutende Zeit.

Bezogen darauf, dass sich Wellen-Bild und Teilchen-Bild gleichsam die Welt teilen, heißt das: jeweils im Spiegel des Gegenbildes das entbinden, was jedem Welt-Bild, für sich genommen, als Einseitigkeit und verkehrte Totalisierung anhaftet.

Wie es aussieht, hat die Quantentheorie, indem sie gleichermaßen an Welle *und* Teilchen festhält, diesen Weg eingeschlagen. Den Widerspruch, auf den die Logik stößt, setzt sie aus. Dadurch gerät sie in den Rücken der Logik, so dass deren Grenzen sichtbar werden. Was in zweieinhalb Jahrtausenden Philosophiegeschichte an den Rand gedrängt war, kehrt auf diese Weise zurück: das je Individuelle und Einzigartige. Es ist nicht länger dasjenige Besondere, was sich nur mit Bezug auf ein Allgemeines bestimmen lässt. Lange genug hat die Verbindlichkeit verbürgende Abstraktion dominiert. Zur Sicherung ihres Überlegenheitsanspruchs verstand sich Philosophie als Rechtfertigung des rationalen Apparates, den sie als den einzig wahren Spiegel meinte, der Welt vorhalten zu müssen. Das geht nicht erst jetzt zu Ende.

Nicht erst heute wird danach gefragt, womit das Besondere per se quer zu seiner Verallgemeinerung steht. Die Entdeckung der Perspektive war wegweisend. Das ursprünglich technische Instrument der Perspektive hat freilich Jahrhunderte gebraucht, dem Besonderen endlich so viel Boden unter den Füßen zu verschaffen, dass es auch auf eigenen Beinen stehen kann. Jede Perspektive lässt sich prinzipiell von anderen teilen, aber deshalb bleibt sie doch diese dem unverwechselbaren Zeitpunkt und Standort geschuldete einmalige Sicht auf die Dinge. Tendenziell wird sie zu einer eigenen Welt, zu einer Welt mit entgrenztem Horizont, in der auch die Zeit nicht mehr zählt. Dieses Wechsel- und Doppelspiel auf der Grundlage von Welle und Teilchen voll entfaltet zu haben, ist die bahnbrechende Leistung der Quantentheorie. Jede Seite – Welle wie Teilchen – tritt in zweierlei Hinsicht auf: als sich selbst Zweck und als Mittel zur Entbindung einer Wahrheit, die ohne ihren Gegenspieler nicht zu gewinnen wäre.

Die erste Konsequenz daraus ist, dass sich die objektive Beobachterrolle nur noch als Grenzfall aufrechterhalten lässt. Wie sich die subatomare Welt darstellt, hängt davon ab, welchen Zugang der Experimentator sucht. Er entscheidet, was sein soll, wie es in einer Sprache heißt, die noch einer ethisch geregelten Makrowelt verpflichtet ist. Nur die Tendenz sei hier registriert und die zielt auf den Einzelfall – darauf, dass von den jeweiligen Umständen gar nicht mehr abzusehen ist. Wie das positiv auszudeuten wäre und wie es gar die individuelle Existenz, den Augenblick meines Hier und Jetzt, aufwerten könnte, sei dahingestellt.

Es muss genügen, darauf hinzuweisen, dass auch mit dem für die Schwarzen Löcher in Umlauf gebrachten Begriff der Singularität und der Erforschung solcher Singularitäten ein physikalisches Arbeitsfeld eröffnet wurde, mit dem programmatisch eine Zeitjenseitigkeit ausgesprochen ist, wie wir sie – in einem mehr als Lichtjahre davon entfernten Vergleich – mit dem Untergang der Perspektive verbunden sehen. Eine auf den vollen Umfang der Entropie berechnete Welt nimmt sich in Teilen wieder so zurück, dass daraus neue Welten entstehen. Die Physik nimmt gerade Fahrt auf in Richtung einer Welt aus lauter Welten. Ohne ihr darin auch nur irgendwie vorgreifen zu wollen, sei doch der Vermutung nachgegeben: Die Gewärtigung immer weiterer Welten erfolgt zunehmend aus der Binnensicht. Eine ausschließlich den Teilchenaspekt verallgemeinernde Außensicht wäre dazu nicht in der Lage. Physik und Kosmologie arbeiten sich mehr denn je an das heran, was es heißt, das Universum als ein unabschließbares Jetzt zu fassen zu bekommen.

Was daraus folgen könnte, ist hier nicht zu leisten und wäre pure Spekulation. Wir gehen stattdessen den Weg zurück – dorthin, wo Wellen-Bild und Teilchen-Bild ihren Ursprung haben. In der Vertiefung ihrer beiden Vorgeschichten lassen wir uns von dem Gedanken leiten, dass es richtig und falsch nicht gibt. Was es gibt, sind mehr oder weniger starke

Vereinseitigungen. Jede Vereinseitigung, wie sie auch auf die Totalisierung ihrer Sichtweise drängt, ist deshalb immer schon ein Teil der Lösung.

Wie nicht anders zu erwarten, lassen wir die Rede von einer Welt aus lauter Welten, die sich die jüngere Physik zum Leitfaden gemacht hat, aus der Genese unserer Wahrnehmungsorgane entspringen.

I.6 Unvereinbare Konzeptualisierungen von Welt

Welle und Teilchen entsprechen zwei unterschiedlichen Konzeptualisierungen von Welt. Je nachdem, was gelten soll, haben wir es entweder mit der aktualen Unendlichkeit in der totalisierten Binnensicht zu tun oder mit der potentiellen Unendlichkeit, die daraus folgt, dass die Bildung von Untermengen sich nicht abschließen lässt. Das eine Mal dehnt sich in eins mit der Welt die Zeit so über den ganzen Horizont aus, dass sie als erfüllte Zeit grenzenlos einnehmend ist. Das andere Mal wird von der Zeit systematisch abgesehen. Denn sie ist nach Maßgabe des Raumes zu einer verrechenbaren Größe geworden.

Beide Konzeptualisierungen sind wohl zu unterscheiden. Aber wie zu zeigen war, sind sie als diese unterschiedlichen Konzeptualisierungen auch aufeinander bezogen. Sie haben eine gemeinsame Wurzel, die wir darin sehen, dass evolutionsgeschichtlich unser rationales Verhalten aus der Raum- und Gegenstandswahrnehmung hervorgegangen ist. Wie wir die Dinge im Raum zu sehen gelernt haben – das hat bis heute den größten Einfluss auf das, was uns als Welt erscheint.

Dem ganzheitlichen Sehen liegt die parallaktische Wahrnehmung zugrunde. Körper und Sehen wirken noch zusammen. Die aus der körperlichen Eigenbewegung resultierende „Verschiebung des Sehdings" auf der Netzhaut[37] nimmt dieses gar nicht in seinem An-sich – d.h. nicht objektiv – wahr, sondern nur mit Bezug auf den eigenen Körper und dessen unmittelbare Bedürfnisbefriedigung. Im Horizont parallaktischer Wahrnehmung geht es um Fressen bzw. Gefahrvermeidung.

Im Laufe der Evolutionsgeschichte und über viele Etappen der Menschwerdung hat sich daraus das intensive Erleben entwickelt. Es ist leibzentrisch und steigt impulsiv aus einer sich erkräftigenden Mitte auf. Es ist jedes Mal wieder der ganze Leib, der sich in dieses Weltverhältnis einbringt. Daraus folgt eine sich in Intervallen ergehende Intensitätserfahrung. Sie korrespondiert mit dem Bild der Welle, die wir uns in einem Rhythmus auf- und absteigender Intensität schwingend vorzustellen haben.

Dem Wellen-Bild ist das Teilchen-Bild gegenübergestellt. Es ist maßgebend für alle in objektiver Distanz zum Gegenstand gewonnenen Eindrücke und setzt die Trennung von Ortung und Lokomotion, von Fokussieren und Handeln voraus. Die Fähigkeit, höherstufige Einheiten zu bilden und logische Operationen zu vollziehen, begreifen wir als die verselbstständigte, aber auch einseitig verabsolutierte Form der über die Gestaltwahr-

---

37 Konrad Lorenz: *Die Rückseite des Spiegels*. A.a.O. S. 158.

nehmung hinausführenden beidäugigen Objektivationsleistungen. Logik macht auf systematische Weise von etwas Gebrauch, was die Gestaltwahrnehmung noch nicht kennt: von der Negation. Die Negation hat sich mit dem Sprechen und der Sprache herausgebildet. Es gibt sie nicht in der Natur. Nur unter Menschen macht es Sinn, etwas ausdrücklich zu verneinen. Nur unter versprachlichten Lebensbedingungen ist „kein Feuer" eine Aussage von Bedeutung. Die Verneinung beruht auf einer Abstraktionsleistung, die noch durchgreifender ist als die der Verallgemeinerung. Nur die Verneinung lässt sich mit jener rigorosen Ausschließlichkeit behaupten, mit der die Logik davon Gebrauch macht, wenn sie alles Nichtidentische als mit dem Allgemeinen in Widerspruch stehend ausscheidet. Die Logik formalisiert die mit der Sprache gegebene Fähigkeit des Neinsagens. Sie bildet die Grenze zur Natur, die wir deshalb dadurch definiert sehen, dass sie ganz ohne das Nein und ohne den Widerspruch auskommt.

Wie die Natur kommt auch die Gestaltwahrnehmung noch ohne ein ausdrückliches Nein aus. Zwar bedient sie sich der Vergleichung und bildet auf dieser Grundlage auch ein Gedächtnis aus. Aber dieses sich als Umgestaltung und Abwandlung vollziehende Abgleichen ist noch so eingebunden in einer vom Körper und seinem Stoffwechsel ausgehenden Handlungseinheit, dass daraus vor allem solche Impulse resultieren, die eine Nahrungsaufnahme oder das Ausweichen vor einer Gefahr bewirken. Da aber Nichtfressen keine Botschaft ist und buchstäblich nichts bewirkt, kommt die mit den Mitteln der Gestaltwahrnehmung operierende Vergleichung noch ohne das dezidierte Nein aus.

Das ändert sich mit den Beute machenden Tieren, wenn sie als Jäger auftreten. Erst das mit beiden Augen fixierende Sehen legt sich so fest, dass mit dem genau zu identifizierenden Objekt zugleich auch dem Nein und Nicht die Bühne bereitet wird. Erst wenn die Ortung des Gegenstands unabhängig von der Eigenbewegung des Körpers erfolgt, entsteht mit dem Raum die Zeit als ein gestaffeltes Nacheinander. Es ist die in ein Vor und Nach verräumlichte Zeit, die einer Formalisierung vorarbeitet, die dann zur Ausbildung einer Sprache und der sich darin entwickelnden logischen Operationen führt. Denn außer einer Grammatik ist der Sprache als Struktur jene – hier so genannte – Allerweltslogik eingezogen. Sie fordert stets dasselbe: A kann nicht zugleich non-A sein. Als Widerspruch bleibt das immer und überall anstößig.

Das aus der Beweglichkeit von Netzhautbildern resultierende Sehen ist nicht gegen Irrtümer gefeit. Es kann sich täuschen. Demgegenüber stellen die logischen Operationen eine Verbesserung dar, insofern sie den Irrtum unter Kontrolle bringen. Das in einer Abfolge von Schritten formalisierte Prozedere macht eine Überprüfung jederzeit möglich. Wir können die falschen Schlüsse ziehen, aber das Schlussfolgern als solches ist deshalb nicht verkehrt.

Alle ein Gedächtnis bildenden Prozesse setzen die Zeit aus. Sie stellen sich außerhalb der Zeit oder über die Zeit. Gedächtnis bildende Prozesse – das ist eine Definition für Leben überhaupt, insofern es sich auf Grund eines von Generation zu Generation weitergegebenen Sets von Informationen reproduziert. Unsere Logik ist das zu einem operationalen Werkzeug gewordene Gedächtnis. Indem sie von der Zeit absieht, schwingt sie sich zu umfassenden Verallgemeinerungen auf. Dem entspricht unser Teilchen-Bild von der Welt. Darin wird die Zeit zu einer Funktion des Raumes.

Das Wellen-Bild nimmt auch Bezug auf die Zeit. Aber dort, wo das Teilchen-Bild für die Zeit ein Maß erfindet, da kommt im Bild der Welle die Zeit so zum Zuge, dass sie als von Mal zu Mal erfüllte Zeit – als jedes Mal wieder auf den höchsten Punkt gesteigerte Intensität – kein Maß hat. Ja, aus der Sicht der gemaßregelten Zeit findet in den Phasen intensiv erlebter Zeit so etwas wie Zeit gar nicht statt – als gäbe es sie nicht. So den ganzen Welthorizont ausfüllend erscheint die leibhaftig gewordene Zeit!

Mit Bezug auf die Zeit verhalten sich beide Bilder – Welle und Teilchen – wie eine inverse Spiegelung zueinander. Sie sind nicht aufeinander abzutragen bzw. reduzierbar. Sie stellen nicht zu vereinbarende Welten dar, weshalb auch die eine von der anderen nicht weiß und nicht wissen kann. Es fehlt nicht nur eine gemeinsame Sprache, sondern Sprache überhaupt stößt hier an ihre Grenze.

Dennoch leben wir in beiden Welten. Mit den höheren Wirbeltieren teilen wir eine doppelte Evolution unserer Wahrnehmungsorgane. Erst entwickelte sich das parallaktische Sehen und dann die Fähigkeit zum beidäugigen Fixieren eines Gegenstands. Aus diesem ist schließlich das von der Sprache dominierte Weltverständnis des Menschen hervorgegangen. Aber wie bei allen höheren Tieren hat sich das parallaktische Sehen nicht verloren. Auch die Spezialisierung zu einer von der Logik kontrollierten Weltsicht hat es nicht überflüssig gemacht. Als eine vor allem leibbezogene Wahrnehmung ist das parallaktische Sehen die Quelle unserer mimetischen Handlungen. Mimesis – die Fähigkeit zur Nachahmung – dürfte darauf zurückgehen, dass bei der parallaktischen Wahrnehmung Auge und Körper noch nicht getrennt sind, so dass immer erst der ganze Leib hinter das Auge zu bringen ist. Erst wenn sich entlang der Körperachse die Netzhautbilder gegeneinander verschieben,[38] erfolgt eine Information zur räumlichen Orientierung.

Auch was wir heute Gestaltwahrnehmung nennen, hat diesen ganzheitlichen Bezug und stammt noch aus der Zeit, als die Eigenbewegung das Sehen erst ermöglichte. Es ist ein im Wechsel der Bilder geschärftes Sehen, das eher der Variation über ein Thema, eher einem ständigen Abgleichen entspricht als der Fixierung auf eine Gestalt. Eine Gestalt ein-

---

38 Konrad Lorenz a.a.O. S. 161.

deutig zu erfassen bleibt dem Fokussieren vorbehalten, das den Gegenstand mit beiden Augen an die Stelle schärfsten Sehens bringt.

Beide Arten des Sehens – die Gestaltwahrnehmung und die in Distanz zum Körper objektivierende Gegenstandserfassung – existieren nebeneinander. „Parallaktische und fixierende Raumorientierung kommen selbstverständlich bei einem und demselben Organismus vor."[39] Bis heute sind sie auch für den Menschen charakteristisch und die unterschiedlichen Wege, auf denen er sich von der Welt ein Bild gemacht hat. Nicht zuletzt geht die Zweiteilung von Kunst und Wissenschaft darauf zurück. Um jeweils das Ganze für sich zu beanspruchen, rekurrieren sowohl die Geistes- wie auch die Naturwissenschaften auf den sie ermöglichenden Grund. Dabei geht die Quantenphysik am radikalsten vor. Mit der inversen Doppelung von Wellen-Bild und Teilchen-Bild bringt sie einen Widerspruch ins Spiel, den sie so kompromisslos wie keine andere Disziplin aushält und in die Regie nimmt.

Wellen-Bild und Teilchen-Bild – aus beiden ist unsere Welt gewirkt. Welle und Teilchen verhalten sich zueinander wie Binnensicht und Außensicht. In der Außensicht stellt sich als aus Teilen zusammengefügt dar, was in der Binnensicht die wechselnde Gestalt an- und abschwellender Intensität annimmt. Gestaltwandel versus Gestaltgebung – jener zieht uns durch Höhen und Tiefen mit sich fort; diese – die Gestaltgebung – gibt uns Maß und Ziel vor. Beide Sehweisen ergänzen sich nicht einfach. Auch sind sie durch ihre Gegensätzlichkeit nicht hinreichend beschrieben. Sie stehen für zwei Welten, die nicht gegeneinander aufrechenbar sind. Immer bleibt etwas zurück, was nicht bruchlos ineinander zu überführen und gegeneinander abzugelten ist: das Individuelle, das Jeweilige und Einzigartige – „wie es sich nur aus sich selbst heraus anfühlt".

Binnensicht und Außensicht sind durch eine Unvereinbarkeit verklammert. Sie wissen nichts voneinander und sie können nichts wissen. Sie gehören Welten an, die verschiedenartiger nicht sein können, Welten, die sich ausschließen. Wenn wir gleichwohl darüber sprechen, was sich *als* Binnensicht zeigt, dann nur, weil wir per analogiam darauf schließen können – mit einer Einstellung, die von außen zugreift und verallgemeinernd zugrunde legt, was allen Binnensichten gemeinsam ist. In der Weise reden wir über unser Innenleben, und zwar andauernd. Aber wie es sich jeweils von innen anfühlt, können wir nicht mitteilen. Wir haben dafür nicht einmal eine Sprache. Wir müssen sie ausleihen und machen dabei die Unterstellung, als müsste sich dieses Innen irgendwie anfühlen lassen – als sei es eine Sache des Gefühls und der Empfindung.

Aus dieser Verlegenheit retten wir uns, indem wir gewöhnlich bei einer zweiten Verlegenheit Zuflucht suchen: Wir klammern aus, was wir nicht wissen können, und ziehen uns auf das zurück, was in der Sache erwiesen

---

39 Ebenda.

ist. Wir wissen und haben analysiert, wie die Biene, die Katze, der Frosch, die verschiedenen Vogelarten die Welt sehen. Auf der Grundlage ihrer besonderen Wahrnehmungsorgane haben wir ihre Welt rekonstruiert. Aber wie es ist, in so einer Welt zu leben, das wissen wir natürlich nicht.

Erst der Begriff der Perspektive ist so ausgelegt, dass er nicht nur dessen objektivierbare Seite hervorkehrt. Denn allein damit hat es nicht sein Bewenden. Von Perspektive zu reden impliziert auch, dass es neben der Außensicht auf die je besondere Einzelperspektive auch eine Innensicht gibt, eine Sicht von innen, die jedem so eigen ist, dass sie aus der Mitte seiner leiblichen Existenz ausschließlich ihm angehört.

Erst hier lassen wir das Individuum beginnen. Es beginnt mit der Schwierigkeit, sich mitteilen zu können. Dazu muss es sich aushilfsweise einer Sprache bedienen, die nicht für es geschaffen wurde und in der es sich auch nur insofern zur Sprache bringen kann, als es sich – wie die philosophische Tradition sagt – im Spiegel der anderen erkennt: *als* ein Selbst, das gerade davon abzusehen gehalten ist, was es fundiert – von seiner ihm eigenen Leiblichkeit. Wenn diese sich nach etwas bemessen lässt, dann nach Graden der Intensität. Innerhalb ihres Ereignishorizontes ist die Zeit wie aufgehoben – als stünde sie still. Die perspektivisch geordnete Welt, das um seine Identität ringende Selbst – alles verliert sich im Horizont erfüllter Zeit. Intensität ist das vielleicht am tiefsten in unsere leibliche Existenz eingesenkte Bedürfnis und das produktivste.

Das als eine Erfahrung überhaupt erst wieder in die Mitte des Lebens gerückt zu haben, ist der neuzeitlichen Erfindung der Perspektive zu verdanken.

I.7 Auf Leibniz' Spuren

Eigentlich versteht es sich von selbst, dass es einen Unterschied macht, von innen oder von außen zu sehen – als unmittelbar Beteiligter oder aus der objektiven Distanz des Beobachters. Bloß subjektive Annahmen werden so von wissenschaftsfähigen Aussagen getrennt. Dabei wird leicht übersehen, dass diese Unterscheidung schon von einem Standpunkt aus getroffen wird, der dem der Außenperspektive entspricht und auch die Binnensicht diesem Blickwinkel unterwirft. Womöglich wird die Innensicht auf diese Weise an einem verkehrten Maßstab gemessen – einem Maßstab, der ihr nicht gerecht wird und ihre besondere Leistung gar nicht in den Blick bekommt.

Als Einstein Anfang des 20. Jahrhunderts mit Newton objektiver Beobachterrolle brach, ging er davon aus, dass es einen festen Standpunkt außerhalb von gegeneinander bewegten Systemen gar nicht gibt. Das wirkte sich auf das Verständnis von Raum und Zeit aus. Die von einem vermeintlichen Ruhepol zu beobachtende Gleichzeitigkeit stellte sich als Fiktion heraus. Stattdessen gibt es je nach Geschwindigkeit des Bezugssystems verschieden schnell laufende Uhren.

Auf vergleichbare Weise verhält es sich mit der Innensicht, sobald man sich auf sie einlässt. Wenn es richtig ist, dass alles individuell in Erscheinung tritt und selbst bei Gleichartigkeit die verschiedenen Individuen das einzig Reale sind, dann ist deren jeweilige Sicht ebenso zum Thema zu machen wie das, was sie von außen gesehen verbindet. Die Binnensicht bringt eine eigene Welt hervor. Als dieses Ganze ist sie jeweils so einnehmend, dass ihr gegenüber keine Außenperspektive zu gewinnen ist. Alles Vergleichen hört auf, wenn sich die innere Welt meiner bemächtigt. So gehe ich darin auf! Auch nur von einer Sichtweise oder Teilnehmerperspektive zu sprechen zielt am Wesentlichen vorbei – eben daran, dass dieses totalisierte Innen kein Außen hat, nicht für es selbst.

Das ist auch der Grund für die viel zu wenig beachtete Asymmetrie im Verhältnis von Außen- und Innensicht. Diese schließt jene aus, jene aber nicht diese. Ja, schon von einer perspektivischen Sehweise auszugehen, heißt akzeptieren, dass es andere Blickwinkel gibt und dass einer Außensicht eine Innensicht gegenübersteht. Ganz anders verhält es sich vom Standpunkt der inneren Sicht, gerade weil sie keinen Standpunkt darstellt, sondern eine Totale. Hier sind denn auch die Gründe dafür zu suchen, dass Welten unvereinbar sein können.

Es ist Leibniz gewesen, der wie wenige vor oder nach ihm in der Philosophiegeschichte darauf bestanden hat, dass es in der Natur nicht zweimal das Gleiche gibt. Um das anschaulich zu machen, ließ er eine Gesellschaft im Park von Herrenhausen ausschwärmen, die ihm unter dem vielen verstreuten Laub zwei mit sich identische Blätter bringen sollte. Solche vollkommen gleichen Blätter sind aber nicht zu finden. Gleichheit kann es nur unter der Bedingung logischer Verallgemeinerung geben. Was die Natur hervorbringt, sind lauter individuelle Fälle, die ihre je eigene Geschichte haben, weil sie sich Umständen verdanken, die im Einzelnen unwiederholbar sind.

Was hier unter die besonderen Umstände gezählt wird, fasst Leibniz im Prinzip des zureichenden Grundes zusammen.[40] Nichts ist ohne zureichenden Grund. Was diesem Prinzip zugrunde liegt, ist nicht weniger als die Erklärbarkeit der Welt – eben dass sie sich vernünftigen Gründen erschließt. Aber diese Gründe gehen so ins Einzelne, sie sind so zahlreich und bilden eine sich bis in die individuellen Verschiedenheiten verzweigende Kette von Gründen, dass – nach Leibniz – der menschliche Verstand nicht hinreicht, sie alle der Reihe nach zu überschauen. Das ist allein der göttlichen Vernunft vorbehalten. Sie hat den vollständigen Überblick. Es ist gerade die bis in den individuellen Einzelfall ausdifferenzierte Welt, die mit einem Gott korrespondiert, der diese überaus reich gegliederte Ordnung nicht nur geschaffen hat, sondern sie auch bis ins Kleinste jederzeit durchschaut.

Die Welt der „causa" ist die Welt der Wissenschaften, die mit dem Aufzählen von Ursachen aber nie an ein Ende gelangen wird und deshalb mit immer weiteren Begründungen ihr Heil in einer negativen Unendlichkeit suchen muss. Der Weg ist das Ziel. Das aktual Unendliche ist allein Sache Gottes. Als Weltenschöpfer ist ihm das Ganze allgegenwärtig, der Endzweck ebenso wie die unendliche Reihe von Gründen, die dahin führt. Zeit, Vergänglichkeit und eine sich ins Grenzenlose verlierende Teilbarkeit sind die Schuld der Natur. „Er" steht darüber – zeitentrückt, der Zeit enthoben, überzeitlich.

Als dieser ewige, über die Zeit erhabene Gott ist er die Verkörperung eines idealen Sehens, das von oben herab wie mit einem Blick alles überschaut. Vergleichbar ist es der panoramatischen Sicht von der Spitze eines Berges, zu dessen Füßen sich eine Welt aus lauter Einzelheiten eröffnet, die das Auge im Nu überfliegen und auf einmal erfassen kann. Es ist die ursprüngliche Form jenes Einsehens, das uns schlagartig zuteil wird, wenn sich ein bis dahin undurchschaubarer Zusammenhang als das regelgeleitete Spiel komplexer Strukturen zu erkennen gibt. Dieses Begreifen ist, als würde Licht in eine Sache gebracht, die bis dahin im Dunkeln lag und sich plötzlich vor unserem geistigen Auge in allen Details zeigt. Sehen und Einsehen sind die Urgebärde eines Denkens, das sich selbst völlig durchsichtig wird: als Selbstbewusstsein und als eine im Lichte dieses Selbstbewusstseins aufgehobene Welt.

---

40 Hans Poser: *Gottfried Wilhelm Leibniz zur Einführung*. Hamburg 2005. S. 48 ff.

Sehen und Erkennen hängen von alters her zusammen, und die Versuche, das Eine aus dem Anderen zu erklären sind so zahlreich wie unterschiedlich im Laufe der Geschichte. Bei Platon erfolgt eine erste systematische Kritik des Sehens, das der Sinnestäuschung verdächtig ist und dem deshalb ein inneres Sehen vorgezogen wird, das als idea, als das im Urbild erinnerte Wesen der Sache eine höhere Wirklichkeit für sich beanspruchen kann. Darin wird die Wesensschau als ein unmittelbares Zu-eigen-haben so hypostasiert, dass es über den Geist und seine zentralen Fähigkeiten hinaus dem wahren Menschen zum Vor-Bild gereicht.

Leibniz versteht sich einerseits in der Nachfolge von Platon, andererseits bringt er sich nicht in einen ebensolchen Gegensatz zur Sinnenwelt. Ihm wird das Sehen und überhaupt das Wahrnehmen dadurch zum Leitfaden seiner Philosophie, dass er es auf eine Weise begreift, die der mit der Neuzeit aufkommenden Wissenschaft und Technik entspricht: als Trennen und Verbinden, als Vergleichen und Unterscheiden. Beides ist ihm gleich wichtig, und so treibt er die Pole weit auseinander. Er exponiert sie, indem er sie grundsätzlicher fasst, als das vielleicht je wieder geschehen ist. Auf der einen Seite folgt er dem analytischen Zug des Sehens bis in die einzelne Monade, aus der sich aggregathaft die Körper zusammensetzen. Nicht der funktionierende Organismus, nicht die besondere Person, die wir heute als Individuum ansprechen, ist eine Monade. Leibniz geht dahinter zurück. Er treibt die Vereinzelung so weit, wie sie sich mit einem Begriff individueller Ganzheit gerade noch verträgt. Auf die Weise bildet die Monade die kleinstmögliche Einheit – Einheit sowohl im Sinne eines individuellen Ganzen als auch nach Maßgabe einer sich ins Unendliche fortsetzenden Vervielfältigung. Diese Monade ist ein Konstrukt und empirisch nicht nachweisbar. In ihrem Namen wird Analytisches und Synthetisches so zusammengeführt, dass es sich nicht mehr unterscheiden lässt. Einerseits haben wir eine Welt aus lauter Monaden, andererseits ist jede Monade eine Welt für sich.

So gelingt es Leibniz, Ontologie in Logik und – umgekehrt – Logik in Ontologie zu überführen. Eine aus lauter individuellen Monaden zusammengesetzte Welt ist ein metaphysischer Befund, der sich in einen logischen verwandelt, wenn vom Besonderen auf das Allgemeine geschlossen und jedes Einzelne für ein Ganzes genommen wird, wie Leibniz es macht, indem er das Individuum durch seinen „vollständigen Begriff der individuellen Substanz" gekennzeichnet sieht.[41]

Dabei macht er von einer doppelten Herangehensweise Gebrauch, gleichsam von einem Sehen aus zwei Richtungen. Wir können von unten herauf, aber auch von oben nach unten vorgehen. Im ersten Fall werden wir an kein Ende gelangen. Potentiell lässt sich immer weiter addieren, was zu einer negativen Unendlichkeit führt. Im zweiten Fall setzen wir das unend-

---

41 Nach Hans Poser a.a.O. S. 125.

liche Ganze so voraus, dass es sich als dieses Ganze auf allen darunter fallenden Niveaus auf je besondere Weise neu aktualisiert. Die aktuale und die negative Unendlichkeit sind für Leibniz kongruent und ergänzen sich bruchlos.

Zur Veranschaulichung führt er frühzeitig das Beispiel des Kreises an. Der Kreis hat einen Mittelpunkt und eine Peripherie. Das Zentrum ist mit dem Umfang durch lauter Schnittlinien verbunden, die durch alle möglichen Winkel gebildet werden.

> „Es verhält sich dies gleichsam so wie bei einem Zentrum oder Punkt, in dem, so gänzlich einfach er auch ist, sich eine Unendlichkeit von Winkeln findet, die von den Linien gebildet werden, die darin zusammenlaufen."[42]

Auf die Weise teilen sich die Eigenschaften der Peripherie dem Zentrum mit und umgekehrt die des Zentrums der Peripherie. Einheit und Vielheit, Geist und Materie, aktuale und negative Unendlichkeit sind nirgends so glücklich und harmonisch verschränkt wie in dem mathematisch-geometrischen Sonderfall des Kreises. Das Zentrum, obwohl mathematisch ein Punkt und als solcher unteilbar, partizipiert über die nicht zu begrenzende Zahl von Schnittlinien und Einfallswinkeln an der Vielfalt der Peripherie. Leibniz macht sich das zunutze, indem er die den Mittelpunkt bildenden Eigenschaften eines allmächtigen und omnipotenten Gottes auf die Peripherie überträgt und so auf das vielfältige Leben im Universum verteilt, dass jede einzelne Monade, wenn auch nicht dem vollen Umfang nach, daran teilhat. Wenn Gott in seiner Einzigartigkeit gesehen wird, strahlt das auf alle seine Schöpfungen, also auf jede Monade, so ab, dass sie mit dem gleichen Recht als individueller *und* als allgemeiner Fall, als „einfache" *und* als „vollständige" Substanz unter Substanzen angesprochen werden kann. Der logische Aufbau der Welt, wie er sich der Vernunft und den Wissenschaften erschließt, steht in dem ausgewogensten Verhältnis zur universellen Harmonie, die im Bild des Kreises und der vom göttlichen Weltmittelpunkt ausgehenden Teilhabe ihren vollendeten Ausdruck gefunden hat. Beide Ordnungen, die logische und die bildhaft-zentrische, durchdringen sich gegenseitig.

Aber die Ausgewogenheit täuscht. Denn obwohl Leibniz bei jeder Gelegenheit das logische Kalkül stark macht und sich der Dialektik verweigert, obwohl er strikt dem Grundsatz folgt, die Natur mache keine Sprünge, überwiegt in seinem philosophischen System ein Denken, das dem idealen Sehen nachgebildet ist. Besonders ein Bild ist maßgebend für sein Verständnis von Gott und davon, was der durch ihn immateriell ver-

---

42 Gottfried Wilhelm Leibniz: *In der Vernunft begründete Prinzipien der Natur und Gnade*. – In: Leibniz: *Philosophische Schriften*. Hrsg. von Hans Heinz Holz. Darmstadt 1965. Bd. 1. S. 417.

körperte Geist in seiner höchsten Potenz zu leisten vermag. Gott hat nicht nur die Welt geschaffen, um sie dann sich selbst zu überlassen. Er ist jederzeit ihrer sämtlichen Implikationen inne, er kennt ihre Vergangenheit und Zukunft, er wählt unter allen Möglichkeiten stets die beste aus. Er hat die Superposition, von der aus er den Weltlauf im Ganzen wie im Einzelnen überschaut. Für ihn ist das, was sich für seine Geschöpfe über die Zeit erstreckt und auch für den Menschenverstand, wollte er alle Gründe der Reihe nach aufzählen, unergründlich bliebe, zumal und zugleich da. Seine Präsenz ist grenzenlos.

Aber wie der göttliche Geist auch das Menschenmögliche übersteigt, unser Erkennen richtet sich nach dem Vorbild jenes idealen Sehens, dem von einer höheren Warte aus die ganze Welt zu einem Bild wird, das die Vielfalt der Schöpfung mit einem Blick umfasst. Das Bild selbst ist eine solche Vergegenwärtigung und das umso mehr, als die Zentralperspektive auch noch das scheinbar Abseitige maßstabsgerecht einbezieht. Die Zentralperspektive bildet das raumzeitliche Nacheinander so ab, dass sich dem Auge auf *einen* Blick zeigt, was sonst als Geschichte umständlich zu lesen wäre. Die Malerei der Renaissance hat mit der Perspektive eine mathematisch nachvollziehbare Ordnung gefunden, die die Tiefenstaffelung von Raum und Zeit so auf die Fläche bannt, dass die Gleichzeitigkeit des Ungleichzeitigen zu einem an Verlebendigung grenzenden Ereignis wird.

Es ist das Auge, dem mit Beginn der Neuzeit die Rolle eines Paradigmas zufällt, wenn es darum geht, einen allumfassenden Geist und eine omnipotente Vernunft, kurz: einen Gott so zu denken, dass er in allen seinen Schöpfungen gegenwärtig ist. Das Auge steht für ein höchstes, Gott vorbehaltenes Erkennen, dem alles zugleich verfügbar ist, wie es auch die Unterschiede hervortreibt und ins Einzelne dringt.

> „Allein Gott hat eine deutliche Erkenntnis von allem, denn er ist dessen Quelle. Man hat sehr richtig gesagt, dass er gleichsam überall Mittelpunkt sei; sein Umkreis ist aber nirgendwo, weil alles ihm ohne jede Entfernung von diesem Mittelpunkt unmittelbar gegenwärtig ist."[43]

Um das ihm Wesentliche – Gottes Allmacht – ausdrücken zu können, nimmt Leibniz immer wieder Bilder zu Hilfe. Nicht zufällig. Denn das Bild ist die Botschaft. Das Bild versammelt die unterschiedlichsten Momente im Hier und Jetzt, so dass sie das Auge auf einmal überblicken kann. Die Geometrie hält eine Figur bereit, die dieses besondere Verhältnis sowohl anschaulich als auch mathematisch überprüfbar macht. In der Figur des Kreises sind Zentrum und Peripherie so verbunden, wie sich idealerweise einem Auge die Welt zeigt. Ihm sind wie dem Mittelpunkt

---

43 Ebenda S. 433.

eines Kreises alle in seinem Umkreis befindlichen Dinge sogleich gegenwärtig.

Aus dem mathematischen Gleichnis wurde eine Wissenschaft, als man zu realisieren begann, dass sich auf diese Weise jedem Paar Augen die Welt darstellt. Jeder bildet einen Mittelpunkt, von dem aus er die vielgestaltige Welt in den Blick nimmt. Dass jeder sein eigener Weltmittelpunkt ist, lässt darauf schließen, dass nur die Standpunkte unterschiedlich sind, von denen aus wir die Dinge jeweils anders sehen. Ort und Zeit weisen den besonderen Blickwinkel genauer aus. Es entwickeln sich die Gesetze der Optik und mit ihnen die des perspektivischen Sehens. Die ebenso anschaulichen wie mathematisch nachvollziehbaren Entdeckungen entfalteten eine solche Überzeugungskraft, dass sich in der abendländischen Malerei der perspektivische Aufbau eines Bildes für mehr als ein halbes Jahrtausend danach richten wird.

Leibniz steht nicht am Anfang, als diese Weltsicht ihren Siegeszug begann. Aber er war der Erste, der dem perspektivischen Sehen Eingang in die Philosophie verschaffte. Es war die Verbindung von Anschaulichkeit und Mathematik, die ihn besonders anzog. Das Bild versprach gerade dadurch mehr als bloß ein Bild – eine Metapher – zu sein, dass es sich auch mithilfe der Geometrie logisch-schlüssig darstellen ließ. Die vollkommene Symmetrie des Kreises, die idealen Entsprechungen zwischen Zentrum und Peripherie und die Berechenbarkeit der Perspektive wurden ihm zum Beweis dafür, dass Logik und Ontologie einander durchdringen und sich harmonisch ergänzen zu einem vernünftig geordneten Universum, das Gott in seiner Mitte hat.

Gott ist derjenige, der alle Standpunkte und alle Perspektiven in sich vereinigt, während die einzelne Monade bzw. die einfache Substanz durch jeweils eine Ansicht charakterisiert ist. Gott hat sie gewissermaßen dazu geschaffen, je eine Perspektive zu verkörpern. Dazu heißt es in der *Metaphysischen Abhandlung*:

> „Denn Gott dreht sozusagen das allgemeine System der Erscheinungen (...) nach allen Seiten und auf jede Weise hin und her und betrachtet alle Aspekte der Welt auf alle möglichen Arten, da es keine Beziehung gibt, die seiner Allwissenheit entgeht. Das Ergebnis jeder Ansicht des Weltalls, das von einem gewissen Standpunkt aus betrachtet wird, ist eine Substanz, die das Weltall in Übereinstimmung mit dieser Ansicht ausdrückt, wenn Gott es für gut befindet, seinen Gedanken zu verwirklichen und diese Substanz zu schaffen."[44]

---

[44] Gottfried Wilhelm Leibniz: *Metaphysische Abhandlung*. – In: Leibniz: *Philosophische Schriften*. Hrsg. von Hans Heinz Holz. Darmstadt 1965. Bd. 1. S. 93 ff.

Der Schöpfungsakt, den Leibniz hier nachvollzieht, funktioniert nach dem Modell des Bildes, das aus einer unendlichen Vielzahl von Perspektiven eine bestimmte wählt, um die Welt „auszudrücken". Auf die Weise gibt es so viele Darstellungen von der Welt – sprich: so viele einfache Substanzen bzw. Monaden –, wie es Perspektiven gibt. Denn die Perspektive und mit ihr der jeweilige Standpunkt sind wie geschaffen dafür, die Verschiedenheit hervorzukehren. Schon durch einen Wechsel der Perspektive ändert sich das Bild von der Welt. Die vielen verschiedenen Standpunkte, die einzunehmen möglich ist, erlauben es Leibniz, das Verhältnis von Besonderem und Allgemeinem neu zu überdenken.

Nach den Regeln der Logik wird das Besondere unter das Allgemeine subsumiert, ja, das Besondere kommt überhaupt erst von dem übergeordneten Allgemeinen her in den Blick. Die Allgemeinheit gibt den Maßstab vor. Leibniz ist der Erste, der wieder das Besondere stark macht und von Seiten des Besonderen ausgeht. Er ist der Philosoph des Individuellen und Einzigartigen, weil er die Chancen ergreift, die ihm die weiterentwickelte Optik und insbesondere das Perspektivische unserer Weltsicht bieten. Dass jeder seine eigene Sicht der Dinge hat, je nach Standort und Blickwinkel verschieden, und dass sich das mathematisch-geometrisch darstellen lässt, erfüllt nicht nur den neuzeitlichen Anspruch auf Empirie und Wissenschaftlichkeit, es ist auch in höchstem Grade anschaulich. Es ist so überzeugend, dass als wirklich existierend und real gegeben allein die Unterschiede – die von Perspektive zu Perspektive wechselnden Welten bzw. die diese Welten verkörpernden Monaden – zu gelten haben. Dagegen verdankt sich das Besondere einer durch die menschliche Vernunft ausgewiesenen Allgemeinheit, die aber nicht an den göttlichen Geist heranreicht, der „das gesamte Unendliche umgreift" und auch von den „kontingenten Wahrheiten" eine letzte Gewissheit hat.[45]

Leibniz ist der Philosoph, der die einseitig an Verallgemeinerungen ausgerichtete Logik in eine Logik individueller Unterschiede überführt. In der lebendigen Schöpfung ist das, was wirklich zählt, weil es sich von Fall zu Fall zeigt, die von Individuum zu Individuum sich einstellende Verschiedenheit. Diesem Ansatz folgt Leibniz so rigoros, dass er noch hinter unseren Begriff des Individuums – dem einer besonderen Person – zurückgreift. Das Individuum als das Unteilbare siedelt er dort an, wo weder die Identität unserer Persönlichkeit noch die Integrität unserer körperlichen Existenz hinreicht: in jeder einzelnen Monade. Es müssen sich viele solcher Monaden zusammenfinden, um auch nur einen organischen Körper zu bilden. Alle körperlichen Dinge sind zusammengesetzt, weshalb auch die Logik der individuellen Unterschiede dahinter zurückgeht und als das ewig Seiende und Unzerstörbare jede der unendlich vielen Monaden ausweist. Es ist deshalb konsequent, wenn Leibniz auf

---

45 Hans Poser a.a.O. S. 65.

diesem Weg zu einer Welt aus lauter Monaden vorstößt, deren jede wieder eine eigene Welt verkörpert.

Das Vorbild für eine solche Konstruktion ist der göttliche Geist, der nicht in der mit Einzelschritten operierenden Logik des Besonderen und Allgemeinen befangen ist, sondern diese darin übersteigt, dass ihm alles gleich gegenwärtig ist. Schlussfolgerungen, wie sie der menschliche Verstand erst noch ziehen muss, hat der Geist Gottes zu ziehen gewissermaßen nicht nötig, weil ihm alles präsent ist. Leibniz geht so weit, dass er in der jeweiligen Monade deren Vergangenheit und Zukunft schon beschlossen sieht. Es ist diese der Zeit enthobene Supervision, die göttlich ist.

Gott ist für Leibniz das aktual Unendliche. Er ist dem, was sich erst mit der Zeit entwickeln wird, eh schon voraus. Die augenblickliche Vergegenwärtigung des Universums in all seinen Aspekten ist der göttliche Geist in seiner höchsten Potenz. Es ist diese vom Ganzen ausgehende Betrachtungsweise, die es Leibniz ermöglicht, sich über die Logik des Besonderen und Allgemeinen zu erheben und durch ein Verhältnis des Ganzen zu seinen Teilen zu konterkarieren. Denn wenn sich in den Teilen – in jeder einfachen Substanz bzw. Monade – immer wieder das Ganze herstellt, folgt das nicht den schrittweisen logischen Operationen, sondern dem Paradigma des Bildes und der Teilhabe.

Jedes Bild fängt eine Welt ein, wie unterschiedlich auch die Standpunkte sind und wie die Perspektiven auch wechseln. Was sich da neu und anders zeigt, ist jedes Mal eine Welt – Welt für Welt. Es ist aber auch die eine – begrifflich verstandene – Welt, die je nach Blickwinkel nur unterschiedlich widergespiegelt wird. Zwei Welt-Begriffe stoßen da aneinander.

So wie Leibniz die Monade konstruiert, ist jede eine Welt für sich, ein einfaches und vollständiges Ganzes, so dass es lauter Welten gibt. Eine Welt aus vielen Welten. Aber die Monaden sind auch verschieden, je nachdem, aus welcher Perspektive sie die Welt darstellen. Dabei wird von einer Welt ausgegangen, die sich je nach Ort und Zeit in verschiedene Ansichten teilt. Leibniz macht sich diese Zwei- und Doppeldeutigkeit zu eigen, ohne sie als solche auszuweisen und zu problematisieren.

Mal folgt er dem Viele-Welten-Programm mit einem Gott im Zentrum, an dessen Omnipotenz alle Geschöpfe – die einzelnen Monaden – teilhaben, weil auch sie jeweils eine Welt verkörpern und wie Gott unteilbar und unsterblich sind. Mal betont er, was diese Welten unterscheidet, sowohl untereinander wie auch im Verhältnis zu Gott. Es ist die Perspektive, die es Leibniz ermöglicht, beides zu verbinden – die Perspektive in ihrer doppelten Funktion: als Bild und als mathematisch-geometrische Darstellung.

Tatsächlich ist die Perspektive wie kein anderes aus dem Alltag gegriffenes Beispiel geeignet, das Zusammenspiel von Vielheit und Einheit augenfällig zu machen: Ein und derselbe Gegenstand lässt sich aus unendlich vielen Perspektiven sehen. Ja, wie es scheint, ist das die anschauliche und empirisch gesättigte Antwort auf die alte Frage, wie das Allgemeine und das Besondere aufeinander bezogen sind. Aus dem abstrakt-logischen Verhältnis ist ein Fall für das Auge nach irdischem Maßstab geworden. Doch täusche man sich nicht: Es gibt zwar eine Lösung, aber sie ist ins Bildliche verschoben. Das Bild schiebt sich vor die Logik.

Denn nichts anderes als ein Bild entsteht daraus, dass wir den aus allen möglichen Blickwinkeln eingefangenen Gegenstand als denselben wahrnehmen. Dem liegt kein Akt der Subsumtion unter ein Allgemeines zugrunde. Die Einheit unterstellt keine Identität. Es ist die Einheit einer Vielheit. Eine aus vielen Momenten gewirkte Einheit, geradeso wie solche einzelnen Momente sich zu einem Bild versammeln und, vom Auge mit einem Blick erfasst, augenblicklich zu einem Ganzen werden. Es ist die Zentralperspektive und ihre Tiefenstaffelung, die diese Leistung des Auges gleichsam nach außen kehrt und ins Bild setzt und für die Bildende Kunst zu einer normativen Weltsicht erhebt.

Leibniz entwirft seinen allgegenwärtigen Gott – den göttlichen Geist in seiner Vollkommenheit – nach dem Muster des Bildes. Dabei spielt die Perspektive eine herausgehobene Rolle. Als Bild und Gleichnis dient sie dazu, ein Verständnis dafür zu schaffen, dass jede Monade gleichsam die Verkörperung einer Perspektive darstellt. Alle Perspektiven auf einmal einnehmen zu können, ist allein Gott vorbehalten. An der Vollkommenheit Gottes hat die Monade insoweit teil, als die Verkörperung auch nur einer Perspektive doch immer ein vollständiges, in sich stimmiges Bild von der Welt ist. Jede Monade ist das Ganze, ist Gott und die Welt, aber immer nur in einer besonderen Hinsicht.

In diesem Zusammenhang dient der Perspektive-Begriff dazu, das Verhältnis von Teil und Ganzem so zu denken, dass in jedem Teil das Ganze wiederkehrt bzw. jedes Einzelne des Ganzen teilhaftig ist. Das freilich ist nicht logisch zu verstehen, sondern in einem bildhaften Sinne. Das Ganze ist immer nur im Bild und als Bild zu haben. Die Logik kommt erst dadurch wieder ins Spiel, dass es für dieses Bild eine mathematische Entsprechung gibt in der geometrischen Figur des Kreises. Der Kreis ist derjenige Sonderfall, der das Verhältnis von Zentrum und Peripherie auch vollkommen logisch zu rekonstruieren erlaubt. Aber statt beides – Logik und Bild – zu trennen, sieht Leibniz das Eine durch das Andere gerade bestätigt. Der Begriff der Perspektive macht es möglich, ist er doch nach modernem Verständnis auf der Grenze zwischen logischem Kalkül und bildhaft-metaphorischem Gebrauch angesiedelt.

Für Leibniz gehen die „analytische Wahrheitstheorie („praedicatum inest subjecto") und das Bild eines Geistes, der ein „lebendiger Spiegel" des Universums ist, bruchlos ineinander auf. Einheit – gerade auch im Sinne logischer Verallgemeinerung – *und* Mannigfaltigkeit ergänzen sich harmonisch. Die Idee einer prästabilierten Harmonie ist darin begründet. Dagegen sei hier der Behauptung nachgegangen, dass Logik und Bild zwei Welten sind, die unterschiedlicher nicht sein können.

Das Bild versammelt das Wohlunterschiedene zu einem gegenwärtigen Ganzen. Das logische Prozedere erfolgt hingegen in einzelnen Schritten. Selbst der Quantencomputer braucht Zeit. Die Zeit lässt sich nie vollständig tilgen, wie auch immer das Ergebnis logischer Verallgemeinerung vorgibt, die Zeit zugunsten einer höheren Einheit ausgeschaltet zu haben und zu ewig gültigen Gesetzmäßigkeiten vorgestoßen zu sein. Das im Allgemeinen restlos aufgehende Besondere stellt eine Illusion dar, wie sie nur dann entstehen kann, wenn das potentiell Unendliche mit dem aktual Unendlichen verwechselt wird. Das potentiell Unendliche wird von Aristoteles auch deshalb das negativ Unendliche genannt, weil eine aus lauter Teileinheiten gebildete Reihe nie an ein Ende kommt. Immer lässt sich noch eine mehr hinzufügen, so dass schließlich wieder die Zeit ins Spiel kommt, die es kostet, weiterzuzählen – eben gerade diejenige Zeit, von der abzusehen die Logik angetreten war.

Die Logik kann das ihr inhärente Versprechen, das sich von einem Ideal aktualer Unendlichkeit herschreibt, nicht einhalten und muss an ihrer Grenze immer aufs Neue der Zeit stattgeben. So kommt es, dass einmal gefundene Gesetze im Zuge wachsender Verallgemeinerung wieder aufgehoben werden wie Newtons Gesetze in den Gleichungen Einsteins. Endlich sind es die Prämissen, die, solange sie unhinterfragt bleiben, entscheiden, wie weit die Logik von Fall zu Fall reicht. Was ein Widerspruch in sich wäre, wenn Logik und Zeit nicht Wege und Mittel fänden, um sich miteinander zu arrangieren.

Regelrecht aufgehoben – wie nicht existent – erscheint die Zeit nur in der Perspektive aktualer Unendlichkeit. Dabei wird, statt von Teilen und einer unendlichen Teilbarkeit, vom Ganzen ausgegangen, wie es sich im Hier und Jetzt zeigt als Vergegenwärtigung aller daran beteiligten Momente. Das leistet das Bild, insofern es eine dreidimensionale Welt in zwei Dimensionen – auf der Fläche – abbildet. Es ist nur folgerecht, als das Leit- und Vorbild für ein dermaßen präsentisches Sehen Gott selbst in Anschlag zu bringen, wie Leibniz es immer wieder zur Abrundung seines Systems vornimmt. Gott ist das Licht.[46] Er ist das Auge, das alles sieht. Als der Allgegenwärtige, der über der Zeit steht, zeigt sich ihm die in unendlich viele Perspektiven geteilte Welt in einem Augenblick. Insofern sie am Ganzen teilhat, wiederholt sich dieser Augenblick in jeder Perspektive, in jeder einzelnen Monade und einfachen Substanz, wenn sie sich als der Mittelpunkt einer Welt, d.h. als eine über den ganzen Horizont ausgedehnte Totale versteht. Hier – in diesem aktual Unendlichen ist Erfüllung im Gegensatz zu der negativen Unendlichkeit.

Beide Welten sind unvereinbar. In der Perspektive der aktualen Unendlichkeit haben wir eine Welt, der alles gleich gegenwärtig ist, wie sie Gott in seiner höchsten Potenz verkörpert, wenn er vollkommen sich

---

46 Hubertus Busche: *Einführung*. – In: Busche (Hrsg.): *Gottfried Wilhelm Leibniz. Monadologie*. Berlin 2009. S. 26 ff.

selbst durchsichtiger Geist ist. Zeit spielt keine Rolle. Die Welt findet sich als Ganzes um eine Mitte ein, der alles im Umkreis unmittelbar gegeben ist. In irdischem Maßstab entspricht ihr das Bild, verstanden als Sammlung unterschiedlicher Raumpunkte auf einer Fläche. Überhaupt lässt sich die als Ganzes eingespielte Welt nur als Bild, als eine Art Metapher fassen. Sie bleibt dem rechnenden Verstand entzogen und ist ihm ein für allemal inkommensurabel.

Das Ganze ist das in verabsolutierter Perspektive vollzogene Zugleich und Zumal. Den Gegenpol bildet die Welt in der Perspektive potentieller (negativer) Unendlichkeit. Sie ist die Welt der zählbaren Unterschiede und das Resultat logischer Operationen. Auch sie überwindet die Zeit. Aber was sie als allgemeine, der Zeit überhobene Gesetze formuliert, ist das Ergebnis von Zeit beanspruchenden Einzelschritten, und so kommt sie nie an ein Ende. Diese Welt bleibt allen rationalen Begründungen zum Trotz unergründlich.

Dabei ließ sich Leibniz von dem Systemgedanken leiten. Freilich verlangte er von dem System, wofür es nicht geschaffen ist: ein auch in allen seinen Gliedern harmonisches Ganzes zu bilden. So kommt es, dass er gewissermaßen immer einmal wieder die Pferde wechselt und entweder mit der aktualen oder der negativen Unendlichkeit sein Ziel verfolgt, wie er es für sein System braucht.

Mal blickt er von oben herunter, mal zählt er von unten herauf. Mal ist die Vernunft unendlich und teilt sich als solche jeder Monade so mit, dass sie ebenbildlich zu Gott ist. Mal sorgt der endliche Verstand und das begrenzte Fassungsvermögen – die „Perception" – für eine unendliche Reihe von Unterschieden zwischen den Monaden. Die Spiegelung ist immer total. Aber jede Teilung erfolgt in Grenzen. Beides in einem geht nicht. Synthese und Analyse sind ihrer perspektivischen Intention nach unvereinbar.

Deshalb hat das Leibniz'sche System auch die größten Schwierigkeiten damit, die Monaden, nachdem jede als eine Welt für sich verselbstständigt wurde, in die eine, immer auch körperlich darstellbare Welt wieder einzugliedern. Systematisch wird das allen Forschungsbemühungen zum Trotz nicht gelingen. Es ist zu vermuten, dass die von Leibniz bevorzugte, eher unsystematische Darstellungsform dieses Problem auch verschleiern hilft.

Der Philosoph, der einmal die Bilder ruft, wird sie nicht wieder los. So geht es Platon, so geht es Leibniz. Eben weil sie nicht nur metaphorisch zu verstehen sind, sondern als Bilder ins Zentrum der Philosophie weisen wie bei Leibniz, der immer wieder Spiegel, Perspektive und die Geometrie des Kreises zum Vergleich heranzieht. Besonders das perspektivische Sehen hat eine Beweislast zu tragen, die über das Bild hinausgeht und die Perspektive zu einer Achse der neuzeitlichen Philosophie überhaupt macht.

Es ist unumwunden das Verdienst von Leibniz und nachdrücklich ihm zuzuschreiben, in der Perspektive das Potenzial erkannt zu haben, um das Besondere aus der einseitigen Umklammerung durch das logisch Allgemeine zu befreien. Die Perspektive ist nach Ort und Zeit als eine je besondere ausgewiesen und als solche berechenbar. Sie bringt aber jedes Mal wieder eine Welt hervor, so dass von Seiten des Ganzen ein anderes Prinzip ins Spiel kommt – ein Prinzip, das die Einheit aus der Vielfalt zieht und so die größtmöglichen Differenzierungen einräumt. Auf die Weise erfährt das Besondere eine reich gegliederte Ausgestaltung, so dass es sich in ein Individuelles verwandeln kann und die Merkmale des Einmaligen und einzig Realen ausbildet – solche Merkmale, die die Subsumtion unter das Allgemeine übergehen muss.

Es ist Leibniz, der sich in einem philosophiegeschichtlich radikal neuen Ansatz für das Individuum und die Totalisierung der Differenz stark macht. Er sieht das Besondere eben auch in der Perspektive des Besonderen. Ohne das Instrument der Perspektive in die Philosophie einzuführen, wäre das nicht möglich gewesen. Die Perspektive ist kein Wundermittel und sie bringt nichts Neues. Aber sie lässt etwas sehen, was vorher nicht zu sehen war. Sie lässt etwas zur Sprache kommen, was bis dahin nicht formulierbar war. Sie bindet die Mannigfaltigkeit der Erscheinungen an das menschliche Auge zurück, das sich zu Beginn der Neuzeit mit Fernrohr und Mikroskop gewissermaßen optisch aufzurüsten begann.

Durch einen holländischen Naturwissenschaftler und dessen mikroskopische Forschungen wurde Leibniz darin bestärkt, dass es den leeren Raum nicht gibt. Jeder Tropfen Wasser enthält eine Vielzahl von Organismen. In den vermeintlich leeren Zwischenräumen ist so viel Leben eingelagert, dass Leibniz auf eine unerschöpfliche Reihe solcher Welten schließt. Sie bilden ein Kontinuum mannigfaltiger Schöpfungen, deren jede eine eigene Welt ist. Das ist gewissermaßen die empirische Quelle der Monadologie. Sie vereinigt eine größtmögliche Vielfalt damit, dass jedes Einzelne eine Welt für sich darstellt – gerade so, wie jede Perspektive uns ein Bild von der Welt gibt und zugleich nach Ort und Zeit völlig berechenbar erscheint.

Was Leibniz da leistet, ist wegweisend. Er erweitert den Korpus logischer Strukturen um das, was seitdem Gestaltwahrnehmung heißt. Sein Fehler ist nur, dass er beide Paradigmen für vereinbar hält – ein Fehler, der sich bis Konrad Lorenz und Riedl durchhält. Bild und Abstraktion sind einander nahe genug, um miteinander verwechselt zu werden, aber sie ergänzen sich nicht bruchlos. Die Welten, für die sie stehen, sind kontrovers. Die Unvergleichlichkeit der Individuen ist eine andere Welt als die des Atomismus oder der res extensa und res cogitans von Descartes, in der das, was zählt, gerade dasjenige ist, was Vergleichbarkeit schafft. Beide Welten gehen nicht restlos ineinander auf, wie Leibniz noch glauben mochte, als er in Gott den gemeinsamen Fluchtpunkt aller möglichen Welten ausmachte und in ihm die höchste Einheit verbürgt sah. Aber dieser Gott ist ein Bild – ein Bild deshalb, weil in ihm alle Unterschiede aufgehoben sind und er auch das Unvergleichliche zu einem Ganzen versammelt. Auch wenn es dafür in der geometrischen Figur des Kreises eine ideale und mathematisierbare Entsprechung gibt, ist und bleibt es doch ein Bild – das Bild, das sich Leibniz von einem Gott macht, dem alles gleich gegenwärtig ist.

Was Leibniz noch nicht gesehen hat oder sehen wollte: Mit Einführung der Perspektive verdoppelt sich die Welt. Es entstehen zweierlei Welten bzw. eine Welt in doppelter, in zweifacher Hinsicht. Die Perspektive teilt die Welt in eine Welt innerhalb und außerhalb ihrer Grenzen. Was aber genauso wichtig und noch folgenreicher ist: Jede Perspektive lässt sich umkehren, geradeso wie uns ein Fernrohr – in altertümlicher Sprache auch „Perspektiv" genannt –, wenn es umgedreht wird, die Welt andersherum zeigt: fern statt nah, klein statt groß. Die umgekehrte Spiegelung der Welt ist ebenso eine Folge davon, dass sich mit der Neuzeit eine in Perspektiven geteilte Welt zeigt, wie dass sie sich verdoppelt und vervielfacht.

Leibniz hat die sich in lauter Perspektiven darstellende Welt nur in der Hinsicht wahrgenommen, dass endlich auch das bis zu seiner Unvergleichlichkeit ausdifferenzierte Individuelle darin Platz findet. Aber das reicht nicht und erklärt nicht alles. Zu der Verdoppelung gehört die Umkehrung, die inverse Spiegelung. Gerade auch die durch den Spiegel bewirkte Vertauschung der Seiten – die Seitenverkehrung – hätte Leibniz stutzig machen müssen. Aber er benutzt den Spiegel – so oft er ihn zum Vergleich heranzieht – als Metapher und Bild für die Diversifizierung in viele Welten. Die darin liegende umgekehrte Wahrheit sollte sich erst später zeigen – von Seiten derer, die sich als Schriftsteller gewissermaßen berufsmäßig in Bildern äußern und mit Bildern arbeiten.

Das abendländische Welt- und Selbstverständnis hat sich dadurch erweitert, dass wir – angestoßen von der Optik als Wissenschaft – eine immer bessere Einsicht in das Perspektivische aller unserer Wahrnehmungen gewonnen haben. Was bis dahin der Logik auszumessen vorbehalten war, erfährt auf diese Weise eine Spezifizierung. Denn dem Gegensatz von Besonderem und Allgemeinem, wie wir ihn aus der Logik kennen, wird zusätzlich eine Achse eingezogen, so dass in ein Wechselverhältnis eintritt, was als Antagonismus so lange eindeutig definiert war.

Das Besondere lässt sich, perspektivisch betrachtet, von zwei Richtungen her in den Blick nehmen: vom Allgemeinen her, unter das es subsumiert wird, und vom Einzigartigen her, das sich in seiner Eigenheit behauptet und gerade nicht restlos in dem übergeordneten Allgemeinen aufgeht. Umgekehrt gibt sich das Allgemeine in einem doppelten Sinne zu erkennen: sowohl als Lieferant von Identitäten wie auch als Sammlung bzw. Einheit einer irreduziblen Vielheit.

Die perspektivische Auftrennung des Besonderen und Allgemeinen in je zwei Seiten mit zwei Gesichtern führt dazu, dass sich die strikten Oppositionen auflösen und in ein Verhältnis auf Gegenseitigkeit verwandeln. Statt mit Gegensätzen haben wir es jetzt mit zwei mal zwei konfigurierenden Größen zu tun, die mal aufs Äußerste polarisiert und mal zum Verwechseln ähnlich, ja, gleich erscheinen.

Zu solchen Vertauschungen kommt es nicht zufällig, sind sie doch darin angelegt, dass unsere Begriffe auf dem höchsten Punkt ihrer Allgemeinheit doppelsinnig und sogar zweideutig werden. Was Zeit bedeutet, was Ewigkeit bedeutet, was Einheit und Vielheit, was Welt und Welten bedeuten, hängt immer auch davon ab, in welcher Perspektive sie ausgelegt werden. Denn stets erschließen sie sich von wenigstens zwei Seiten her, wie die um das perspektivische Moment erweiterte Logik zu konstatieren nicht umhinkann. Ja, wie es aussieht, sind die Allgemeinbegriffe ihrerseits aus einer inversen Spiegelung hervorgegangen, so dass sich mit und in ihnen zumal ihr Gegenteil ausspricht.

Wieder liefert Leibniz dafür das Beispiel. Denn was sich ihm als die auf den höchsten Punkt gesteigerte Vernunft – als der göttliche Geist – darstellt, geht über den durch und durch rationalen Gott Spinozas hinaus. Für Spinoza ist Gott die vollkommen diesseitige Verkörperung der logisch-mathematischen Weltordnung. Leibniz macht aus dem allwissenden auch einen allgegenwärtigen Gott. Er stellt dem Logos das Bild und die Teilhabe zur Seite, wenn er auch deren beider Leistungen wieder so nahe aneinanderrückt, dass sie ununterscheidbar werden, ja, für ein und dasselbe stehen.

Tatsächlich konvergieren Logik und Bild in einem Punkt. Beide sehen von der Zeit ab. Unter dem doppelten Aspekt ihrer beider Zeitenthobenheit führt Leibniz Logik und Metaphysik so zusammen, dass das Universum ebenso vernünftig wie in allen seinen Geschöpfen unmittelbar zu Gott – gottgleich – erscheint.

Das auf Leibniz folgende Jahrhundert wird damit beschäftigt sein, die im Zuge der Perspektivierung angebahnte Vervielfachung der Welt in allen Aspekten zu realisieren. Mit dem Ende des Mittelalters hatte das neue Paradigma in der Bildenden Kunst schon die Sehgewohnheiten revolutioniert und diesseits und jenseits der Alpen eine Renaissance heraufgeführt. Die erste Moderne verstand sich noch als eine Wiedergeburt der Antike, ging aber in dem doppelten Sinn darüber hinaus, dass sie das Erbe sowohl bewahrte als auch von Grund auf erneuerte.

Als das perspektivische Sehen mit Leibniz auch in das abendländische Denken Eingang gefunden hatte, bewirkte das den Anschub für eine zweite Moderne, die einerseits in die amerikanische und französische Revolution einmündete und andererseits im deutschsprachigen Kulturraum so Grundsätzliches aufrührte, dass Philosophie und Dichtung davon besonders profitierten.

Das Perspektivische aller menschlichen Wahrnehmung war gewissermaßen das in seinen Naturzustand zurückgeführte Denken. Weil anschaulich empirisch und sogar naturwissenschaftlich messbar, war es das Erkennen in seiner ursprünglich geerdeten Gestalt. Als solches musste es aber erst aus Leibniz herausgelesen und popularisiert werden. Er selbst hatte seine Entdeckung noch anders verstanden. Leibniz sah in der Perspektive ein Bild dafür, dass es so viele in sich stimmige Welten gibt, wie unterschiedliche Standpunkte einzunehmen möglich ist. Weil sich das auch mathematisch darstellen ließ, konnte er daraus seine Infinitesimalrechnung entwickeln. In Gleichungen und Gleichnissen fand er lauter Entsprechungen. Dass darin aber auch deren Reziprozität mitgegeben ist, berücksichtigte er nicht. Dass der eine Standpunkt auch die Widerlegung des anderen sein kann und dass gegenüber einem Phänomen wie der Perspektive selbst wieder ein doppelter Standpunkt einzunehmen ist, je nachdem, ob wir es aus Richtung der aktualen oder der negativen Unendlichkeit betrachten – das wollte Leibniz, immer auf dem Weg zu der besten aller möglichen Welten, nicht wahrhaben.

So kommt es, dass Kant in Leibniz so etwas wie einen entfesselten Idealisten sehen konnte.[47] Seinerseits musste Kant deshalb den Realisten herauskehren und die analytische Wahrheitstheorie mit der Frage konfrontieren: Wie sind synthetische Urteile a priori möglich? Damit wollte Kant auch die Erfahrung in die objektiv wahrheitsfähige Erkenntnis einbeziehen. In der Analyse dessen, was Erfahrung sein soll und aus welchen einzelnen Schritten sie zu erfolgen hat, schied er alles Bildhafte aus. Auch von Perspektiven im bildlichen Sinne war keine Rede mehr, so als wollte er sich von vornherein gegen die gerade zum Gemeinplatz werdende Einsicht in die Perspektivität all unseres Sinnens und Trachtens stellen. Kant ging es um die Logifizierbarkeit der in unserer Erfahrung zusammenwirkenden Momente. Logik statt Metaphysik.

Die immer auch rationalen Anteile des Bildes, wie Leibniz sie entfaltet hatte, spielten keine Rolle mehr. Synthesen sollten nur noch von unten herauf und nicht mehr als Teilhabe spontan aus Sicht des Ganzen möglich sein oder nur noch am Rande, wenn es sich um die Formen der Anschauung handelt. Kant hat der deutschen Philosophie, so weit er für sie einsteht, die Bilder ausgetrieben. Erst recht wollte er sich kein Bild mehr von Gott machen – wie noch seinerzeit Leibniz, der das in all seinen Aspekten universalistisch auszulegen sich ausdrücklich berufen sah.

Auch die denkbar stärkste Gegenreaktion, wie sie Leibniz in Kant hervorgerufen hat, ist eine Wirkung. Alles Bildhafte geriet unter den Verdacht, unphilosophisch zu sein, bis es in Gestalt der Hermeneutik als methodisch gebändigte Reflexion auf das Ganze wieder auftauchte. Bis dahin blieben das Bild und die perspektivische Darstellung der Literatur vorbehalten. Die Literatur schien damals überhaupt vollends darin aufzugehen, das Perspektivische zu ihrem ureigenen Element zu machen.

---

47 Hubertus Busche a.a.O. S. 9.

I.8 Perspektive bei Goethe und Jean Paul

Es gibt zwei vorromantische deutsche Autoren, die ihren Leibniz sozusagen noch mit der Muttermilch eingesogen haben: Goethe und Jean Paul. Ohne hier in einen wirkungsgeschichtlichen Diskurs einzutreten, sei doch hervorgehoben: Dem Perspektive-Begriff war die Tür zur Philosophie, kaum dass sie von Leibniz geöffnet worden war, gleich wieder verschlossen. Erst Nietzsche brach gründlich mit dem Tabu. Dagegen reagierte die schöne Literatur gleich heftig darauf, was es mit der Perspektive auf sich hat. Als würden offene Türen eingerannt, schien die Literatur, ihrem innersten Wesen entsprechend, schon verstanden zu haben, welche Bewandtnis es mit einer in Perspektiven geteilten Welt hat. Da haben sich zwei gefunden, die immer schon zusammengehörten, seitdem in der Literatur mit verschiedenen Stimmen gesprochen wird.

Der von Seiten der Philosophie für irrelevant erachtete Perspektive-Begriff war bald nach Leibniz' Tod und spätestens mit Goethe und Jean Paul literarisch höchst relevant. Was von Seiten des Ästhetischen daraus für Lehren zu ziehen seien, entfaltete sich auf einer Breite, die sich allein aus dem eher metaphorischen Vergleich bei Leibniz nicht erklären lässt. Der um seine dichterische Berufung ringende Goethe der Vorweimarer Zeit wäre gern ein „reiner Spiegel der Schöpfung" gewesen und wollte schier daran zerbrechen, dass ihm dieses auch vom Pietismus popularisierte Ideal einzulösen nicht gelang.[48] Jene Ganzheit, die jede Monade auszeichnet und sie auf ihre Weise zu einem Spiegel des Universums macht, wird schon vom jungen Goethe problematisiert.[49]

Jean Paul geht darin über Leibniz hinaus, dass er die Perspektive radikal gegen sich selbst kehrt. In seinem als dichterisches Erweckungserlebnis inszenierten Traum vom 15. November 1790 sieht er sich auf den eigenen reglos daliegenden Leichnam niederblicken. Statt auf den Tod zu erschrecken, schöpft er daraus jenen Mut zum Leben und Schreiben, der ihm verheißen wird, das Schlimmste – seinen eigenen Tod – immer schon überstanden und überlebt zu haben.

Jean Paul folgt Leibniz darin, dass er wie dieser an die Unsterblichkeit der Seele glauben möchte und daran, dass sie in einen Schlummer fällt, aus dem sie metamorphosehaft immer wieder erwacht. Ja, bis tief in sein Spätwerk wird Jean Paul beweisen wollen, was Leibniz schon als bewiesen voraussetzt:

---

48 Goethe: *Brief an Auguste Gräfin zu Stolberg. Frankfurt, Offenbach 14.9.1775.* – In: *Der junge Goethe.* Hrsg. von Karl Eibl u.a. Frankfurt 1998. Bd. 1. S. 696–700.
49 Stefan Blessin: *Der ultimative Goethe.* Bremen 2009. S. 83 ff.

„Da die Monaden keine Teile haben, können sie weder gebildet noch vernichtet werden. Sie können auf natürliche Weise weder beginnen noch enden und dauern folglich so lange wie das Weltall, das sich verändert, aber nicht zerstört wird."[50]

Allein diese Logik kann Jean Paul nicht mehr genügen; und so muss er zeitlebens gegen den Tod anschreiben. Das Schreiben selbst wird ihm zu einem Akt der Wiedergeburt. Nicht mehr die Logik, sondern nur, was sich unmittelbar zur Erfahrung bringen lässt, schenkt ihm die Gewissheit, zu leben und nicht schon tot zu sein.

Diese Leben verbürgende Existentialisierung der Todeserfahrung[51] macht sich die Umkehrung der Perspektive zunutze: Den Tod suchen und bis an die Grenze äußerster Gefährdung versuchen, um aus dem Rückstoß ins Leben diejenige Erfahrung zu ziehen, die uns erst richtig, d.h. existentiell wissen lässt, was es heißt zu leben und am Leben zu sein. Immer wieder wird sich Jean Paul in seinen Helden an den Tod heran- und ins Leben zurückschreiben. Der Tod ist die Erweckung zu neuem Leben, ist die Rückkehr in eine unvergängliche Kindheit, ist das Erwachen aus einer traumschweren Nacht in einen paradiesisch aufgehellten Tag. Die Bilder eines ins Hier und Jetzt frisch entbundenen Lebens verbreiten um sich eine Aura des erfüllten Augenblicks, wie sie Goethe in seiner Prosa nie gesucht hat.

Niemand hat so wie Jean Paul das philosophische Programm von Leibniz umgesetzt. Dabei hat sich freilich die Beweislast verschoben: aus dem Zirkelschlag der Logik in Richtung auf die Erfahrung und weiter in Richtung darauf, was diese authentisch macht und zu einem einzigartigen, ja, existentiellen Erlebnis werden lässt. Damit zieht Jean Paul die Konsequenzen aus dem, was ohnehin in Leibniz' Perspektive-Begriff angelegt war: die Entfesselung eines Grenzfalles. Die von Leibniz noch nicht in den Blick genommene Umkehrung der Perspektive legt es nahe, nicht nur den Standpunkt, sondern auch die Seiten zu wechseln. Jean Paul zieht es auf die Gegenseite. Aus Richtung des Todes und einer zum Gott- und Weltverlust gesteigerten Apokalypse blickt er auf das Leben zurück und beschwört uns, dieses „zu verachten, zu verdienen und zu genießen",[52] wie monadenhaft beschränkt es auch sei.

Goethe beerbt seinen Leibniz auf andere Weise. Er muss die Unsterblichkeit der Seele nicht um jeden Preis retten. Auch ihm ist das Perspektivische unserer Weltsicht zu einer Erfahrung geworden – aber nicht zu

---

50 Gottfried Wilhelm Leibniz: *In der Vernunft begründete Prinzipien der Natur und Gnade*. A.a.O. S. 415.
51 Stefan Blessin: *Todesbilder in Goethes Romanen und einigen Erzählungen von Jean Paul*. – In: *Klassik und Antiklassik*. Hrsg. von Ortrud Gutjahr und Harro Segeberg. Würzburg 2001. S. 175 ff.
52 Jean Paul: *Leben des vergnügten Schulmeisterlein Maria Wutz in Auenthal*. – In: Jean Paul: *Werke*. Hrsg. von Norbert Miller. München 1981. Bd. 1. S. 461.

einer Grenzerfahrung wie bei Jean Paul, sondern zu einer unser irdisches Dasein durchgreifend strukturierenden Erfahrung. Der *Werther* ist die Geschichte einer perspektivischen Existenz, besser: solchen perspektivischen Existierens. Denn wie kaum je zuvor nimmt Goethe den Leser mit auf eine Reise in das Innere der Perspektive – dorthin, wo das, was sich von außen als schwärmerisch übersteigerte Liebe und als wahnhafter Irrweg in den Tod darstellt, seiner inneren Logik nach entfaltet wird und eine besondere Berechtigung erkennen lässt: das Recht, das jeder darauf hat, auch seinen eigenen Wahnsinn zu leben.[53]

Nein, das ist nicht mehr die auf Harmonie hin angelegte Welt eines Leibniz. Es ist eine Welt, die in lauter einzelne Perspektiven auseinandertritt und deren jede wieder in eine innere und eine äußere Perspektive, in eine Binnensicht und eine Außensicht geteilt erscheint. Es ist eine paradoxe Welt, in der die Quelle aller Glückseligkeit zugleich auch die Quelle grenzenloser Verzweiflung ist, wie es im *Werther* heißt.

Diese paradoxale Struktur wird der *Faust* durch alle Stufen seiner Entstehung hindurch weiter entfalten. Die erst später hinzugefügte Wette zwischen Faust und Mephisto wird die Paradoxien auf die Spitze treiben. In einem Paradoxon stößt die Sprache selbst von Seiten ihrer logischen Verbindlichkeit an eine Grenze. Der tautologische Doppelsinn grenzt an Sprachlosigkeit und gibt einen Blick frei auf das, was jenseits der Sprache liegt, bzw. was auszusprechen wäre, wenn es dafür eine Sprache gäbe.

Wie weit sich auch all das von Leibniz zu entfernen mag, ist es doch von ihm und der durch ihn freigesetzten Verbreitung des Perspektive-Begriffs angestoßen. Seitdem ist von Welten im Plural die Rede. Auch die Sprache ist folglich nur eine Perspektive auf die Welt, die sich auf diese Weise verdoppelt in eine Sprachwelt und in eine sprachjenseitige Welt. Diese Verdoppelungen und Polarisierungen geben dem *Faust*-Drama seine Gestalt.[54] Goethe ergeht sich geradezu in solchen ungleichen Symmetrien, die er auch „inverse Spiegelungen" oder „wiederholte Spiegelungen" nennt. Solche Spiegelungen sind der literarische Reflex darauf, dass sich seit Leibniz die Welt in lauter einzelne Perspektiven geteilt darstellt.

Es ist oft bemerkt worden, wie konstruiert die Wette zwischen Faust und Mephisto ist: eine Abmachung, ein Pakt, ein Bündnis, ein Vertragswerk, bei dem auch die Unterschrift nicht fehlen darf. Zwischen Mensch und Teufel wird ein Interessenausgleich gesucht, wie er typisch für eine Rechtsordnung ist, die auf einem Gesellschaftsvertrag beruht. Die schriftliche Fixierung der Abmachung richtet sich gegen die vergängliche Zeit und dient dazu, dass allen Wechselfällen des Lebens zum Trotz der Vertrag auch eingehalten wird.

Da der Zeit mit ihren Veränderungen am wenigsten zu trauen ist, ist sie auch ausdrücklich Gegenstand des Vertrags.[55] Sie ist es, um die sich

---

53 Stefan Blessin: *Der ultimative Goethe*. Bremen 2009. S. 19 ff.
54 Ebenda S. 151 ff.
55 Ebenda S. 154 ff.

alles dreht, und das in mehr als einem Sinne. Denn so lautet das alte Spiel: Einer verkauft seine Seele und verpflichtet sich, sie auf ewig an den Teufel abzutreten, wenn dieser sich im Gegenzug bereit erklärt, ihm hier und jetzt seine Wünsche zu erfüllen.

Was wünscht sich Faust am meisten? Dass ihm Erfüllung zuteil werde – eine Lebenserfüllung, an die zu glauben er schon nicht mehr imstande ist, nachdem er als Wissenschaftler gescheitert war und es ihm sogar misslungen ist, sich das Leben zu nehmen. Im Unglauben und aus Überdruss erhöht er deshalb seinen Einsatz. Es gilt das Leben, aber nicht erst am Ende seiner Zeit, sondern schon dann, wenn er auch nur einmal Genuss verspürt und – woran er gar nicht glauben kann – zur Ruhe kommen will:

„Werd ich zum Augenblicke sagen:
Verweile doch! du bist so schön!
Dann magst du mich in Fesseln schlagen,
Dann will ich gern zu Grunde gehn!
Dann mag die Totenglocke schallen,
Dann bist du deines Dienstes frei,
Die Uhr mag stehn, der Zeiger fallen,
Es sei die Zeit für mich vorbei!"[56]

Faust pokert hoch. Er verschärft die Bedingungen und verdoppelt seinen Einsatz. Alles aus dem Augenblick heraus, den er – nach Art der Menschen – verabsolutiert! Denn er meint, sich so gut zu kennen, dass er genau weiß, dass er sein Versprechen gerade nicht aus der Laune eines Augenblicks heraus, sondern aus tiefstem Grunde gibt: Die Zeit kann ihm keinen Genuss gewähren – nie und nimmer!

Zwei Zeitbegriffe werden so miteinander verschränkt: Einerseits die Zeit im Sinne aktualer Unendlichkeit als intensiv erlebter Augenblick und andererseits die Zeit im Sinne potentieller Unendlichkeit als ewig dauernde und nie endende Zeit.

Welt kommt gegen Welt zu stehen. Jede ist so einnehmend, dass sie alle Gründe auf ihrer Seite hat. Der Augenblick ist eine Welt und stellt sich als eine Totalität dar, über die hinaus es nichts anderes geben kann – wie Faust in einseitiger Verabsolutierung seines Standpunktes behauptet. In seiner Perspektive gibt es nur diese eine Wahrheit, die des rastlosen, ewig unbefriedigten Forschens, die er ganz und gar in seiner Person verkörpert sieht. Mephisto weiß es besser. Er stellt der überhitzten Binnensicht die kühl kalkulierende Außensicht entgegen. Er rechnet mit einer Welt, die endlich ist. Er kann warten – und wartet schließlich doch vergebens.

---

56 Johann Wolfgang Goethe: *Faust*. Hrsg. von Albrecht Schöne. – In: Goethe: *Sämtliche Werke, Briefe, Tagebücher und Gespräche*. Bd. 1/7/1. Frankfurt a.M. 1994. (1699–1706) S. 76.

Es sind Welten, die im Teufelspakt einen Ausgleich suchen, und es sind Welten, die sie voneinander trennen. Zeit ist nicht gleich Zeit. Weitere in sich rückläufige Formulierungen ließen sich beibringen. Alle kreisen sie um denselben Punkt: dass nicht gleich ist, was gleich scheint, und dass wiederum dieser Schein eine systematische Folge daraus ist, dass sich die Welt in lauter Perspektiven verdoppelt und vervielfacht hat.

Was bei Hegel die doppelte Negation ist und einer höheren Allgemeinheit zuarbeitet, markiert bei Goethe die Grenze der Sprache und dessen, was sich mit der Sprache sagen lässt. Die Zweideutigkeit der Begriffe ist nicht aus der Welt zu schaffen, ist sie doch ihrerseits einer Perspektivierung geschuldet, die wenigstens zwei Seiten zeigt. Seit dem *Prometheus*-Fragment von 1773 umkreist Goethe dieses Problem.[57] Er hat dafür eine eigene Kunstform entwickelt: das Paradoxon. Das Paradoxon hält den Widerspruch aus. Es kann in ihm verweilen, der, wenn das möglich sein sollte, kein Widerspruch mehr wäre. Solche Schwierigkeiten aufzulösen ist auch der Autor dieses Textes seit geraumer Zeit bemüht. Aus gutem Grund bewegt auch er sich auf der Grenze des Sagbaren, nur dass er sie in einer anderen Richtung überschreiten muss als der Dichter.

Weit entfernt davon, allen Implikationen der Teufelswette nachgegangen zu sein, stellen wir fest: Goethe setzt die paradoxalen Strukturen frei, die in dem Bild der Perspektive, wie Leibniz es eingeführt hat, zwar angelegt, aber noch nicht wirksam waren. Für Leibniz vervielfältigte sich die Welt in viele individuelle Welten, die er Monaden nannte, von denen jede das göttliche Ganze auf ihre besondere Weise perspektivisch „ausdrückt". Was er nicht sah oder nicht wahrhaben wollte: Im Zuge der Perspektivierung stellt sich die Welt jedes Mal doppelt dar. Diese Verdoppelung ist – je nach Standpunkt – eine umgekehrte Spiegelung. Was herauskommt, sind nicht die zwei Seiten derselben Sache, sondern dass sie prinzipiell unvereinbar sind.

Gegen dieses Skandalon musste Jean Paul zeitlebens anschreiben. Die Blickwendung wurde ihm zum existentiellen Beweis. In der Perspektive des Todes kommt das Leben erst ganz zu sich selbst.

Goethe ist derjenige, der nicht nur seit den Tagen des *Werther* die perspektivische Darstellung sucht und jede Perspektive zu einer eigenen Welt ausgestaltet, sondern der das Perspektivische der Welt – die in Perspektiven auseinandertretende Moderne – grundsätzlich anerkennt und zum paradoxalen Grundzug seines Werkes macht.

Das schließt eine Kritik der Sprache ein, insofern auch sie eine Perspektive auf das Leben ist und nicht das Leben selbst. Hier wäre die Philosophie gefordert, Sprache und Denken in doppelter Hinsicht wahrzuhaben: als wie immer geartetes Mittel der Verständigung wie auch als dessen verkehrte Spiegelung. Jede Spiegelung ist eine Verkehrung der Sei-

---

57 Vgl. S. 36: „So binn ich ewig denn ich binn."
Siehe auch: Stefan Blessin: *Der ultimative Goethe*. Bremen 2009. S. 100 ff.

ten. Was im Anschluss daran „verkehrt" heißen soll, kann uns heute am ehesten noch die Physik sagen, die mit Bezug auf Welle und Teilchen einen Dualismus eingeräumt hat und davon einen inspirierten Gebrauch macht.

Überhaupt sei daran erinnert, dass die Perspektive – das Fernrohr als Perspektiv – eine instrumentelle Erfindung der Neuzeit war. Die vielleicht folgenreichste Entdeckung. Eine Art Kernspaltung zu Beginn der Moderne. Die Philosophie wehrt sich bis heute dagegen. Als Leibniz die Perspektive in die Philosophie einführte, unterzog er sie zunächst einmal einer logischen Disziplinierung. Dagegen griffen Bildende Kunst und Literatur das ursprünglich technische Phänomen in all seinen Facetten auf, so dass es seitdem nicht mehr aus ihrer Geschichte wegzudenken ist.

I.9 In der Wiener Moderne

Die „Ewigkeit im Augenblick" zu einer Mitteilung werden zu lassen und anderen begreiflich zu machen, was da geschieht, war schon immer schwierig, wenn nicht unmöglich. Die Sprache stößt unweigerlich an Grenzen, und man muss schon wie Goethe Paradoxien zu Hilfe nehmen, um das nicht für die Mitteilung Bestimmte und das von der Mitteilung gerade Ausgeschlossene gleichwohl in tautologisch gegenläufigen Formulierungen zur Sprache zu bringen.

Dass Worte fehlen und dass um das passende Wort zu ringen immer vergeblich bleibt, macht die Wiener Moderne ausdrücklich zum Thema. In dem berühmten *Brief* des Lord Chandos schildert Hugo von Hofmannsthal 1902, wie ihm die eingespielten Begriffe, „die abstrakten Worte" und Urteile „im Munde wie modrige Pilze" zerfallen.[58] Vermag die Sprache in solchen Bildern wenigstens noch den Raum für metaphorische Anspielungen zu nutzen, so führt schon der nächste Schritt ins Bodenlose. Die Entwurzelung des Menschen erfolgt – wie könnte es anders sein – aus Richtung eines technischen Instruments, das, einmal zur Anwendung gebracht, nichts an seinem Platz lässt: aus Richtung der Perspektive bzw. des Perspektivs.

> „(...) so wie ich einmal in einem Vergrößerungsglas ein Stück von der Haut meines kleinen Fingers gesehen hatte, das einem Blachfeld mit Furchen und Höhlen glich, so ging es mir nun mit den Menschen und ihren Handlungen. Es gelang mir nicht mehr, sie mit dem vereinfachenden Blick der Gewohnheit zu erfassen. Es zerfiel mir alles in Teile, die Teile wieder in Teile, und nichts mehr ließ sich mit einem Begriff umspannen. Die einzelnen Worte (...) gerannen zu Augen, die mich anstarrten (...)."[59]

Mit einer solchen perspektivisch erzwungenen Umkehr hat schon ein romantischer Autor wie E. T. A. Hoffmann den Absturz ins Bodenlose zur Darstellung gebracht. Die Romantik hat sich des Perspektivs bereits mit einer Freiheit bedient, die Angst machen und Grauen erregen kann. Es geht also nicht erst seit der Wiener Moderne ein Riss durch den Spiegel, der unheilbar erscheint. Hofmannsthal registriert das, was dann im Ex-

---

58 Hugo von Hofmannsthal: *Ein Brief.* – In: Hofmannsthal: *Erzählungen, erfundene Gespräche und Briefe, Reisen.* Hrsg. von Bernd Schoeller. Frankfurt a.M. 1979. S. 465.
59 Ebenda S. 466.

pressionismus Sprachzerfall heißen wird, genau. Ohne aus seiner fiktionalen Rolle herauszutreten, lässt er Lord Chandos aber auch Erfahrungen machen, die den Sprachverlust aufwiegen helfen. Es sind Erfahrungen des erfüllten Augenblicks – „belebende Augenblicke",[60] in denen ihn die „Gegenwart des Unendlichen durchschauert".[61]
Diese an die mystische Entgrenzung erinnernde „Fülle"[62] ist freilich nicht mehr bezogen auf die erhabenen Momente im Angesicht Gottes, sondern auf den Anblick ganz alltäglicher Dinge, wie sie eine „Gießkanne" im Garten oder ein „Schwimmkäfer" im Wasser bieten. Ja, gerade die abstoßenden Erlebnisse – Ratten im Todeskampf – werden zu Quellen tiefer Erschütterung oder „schrankenlosen Entzückens".[63] Das ist neu und auch noch nicht so drastisch ausgesprochen worden wie von Hofmannsthal, der freilich seinerseits von der Bildenden Kunst inspiriert ist, etwa von dem Sterbezimmer des kranken Kindes, das uns Eduard Munch gezeigt hat, oder von den Stiefeln oder dem Stuhl eines van Gogh.

> „In diesen Augenblicken wird eine nichtige Kreatur, ein Hund, eine Ratte, ein Käfer, ein verkrümmter Apfelbaum, ein sich über den Hügel schlängelnder Karrenweg, ein moosbewachsener Stein mir mehr, als die schönste, hingebendste Geliebte der glücklichsten Nacht mir je gewesen ist."[64]

Lassen wir den törichten Überbietungstopos beiseite, so ist festzuhalten: Die „Ewigkeit im Augenblick" – dieses altehrwürdige Motiv höchsten Entzückens und gesteigerten Lebens hat die Aura überirdischer Erleuchtung und auch die Aura von Genie und heiligem Wahnsinn abgestreift und ist auf der Erde angekommen, im Umkreis von „all den ärmlichen und plumpen Gegenständen",[65] die unser Alltagsleben bestimmen. Dazu ist mehr nicht nötig als ein „beglücktes Auge"[66] – ein Auge, für das es „keinen toten Fleck" gibt.[67] Das ist eine Formulierung, die Rilke aufgreifen und für das 20. Jahrhundert so aufbereiten wird, dass – wiederum in perspektivisch zugespitzter Blickwendung – ein neues Sehen daraus hervorgehen kann: „Denn da ist keine Stelle, die dich nicht sieht."[68]
Ernst Jünger wird im Wechselspiel von Oberfläche und Tiefe daraus sein Programm für *Das abenteuerliche Herz* entwickeln. Hier ist es die

---

60 Ebenda S. 467.
61 Ebenda S. 469.
62 Ebenda.
63 Ebenda S. 470.
64 Ebenda S. 469.
65 Ebenda S. 470.
66 Ebenda S. 469.
67 Ebenda.
68 Rainer Maria Rilke: *Archaischer Torso Apollos*. – In: Rilke: Sämtliche Werke. Frankfurt a.M. 1955. Bd. 1. S. 557.

zweite Fassung von 1938,[69] die Jahrzehnte später Horst Janssen darin bestätigen wird, sich den Dingen zuzuwenden, die von überall her auf seinem Zeichentisch gelandet sind.

Wer nun glaubt, darin kehre platterdings nur die wirklichkeitsabbildende Kunst vergangener Tage wieder, der hat nichts begriffen – von Hofmannsthal nicht und nicht von Munch oder einem van Gogh. Das „beglückte Auge" macht gerade in den einfachen Dingen Entdeckungen, die diese in die Mitte einer Welt rücken, die augenblicklich von ihnen ganz eingenommen ist. Es ist ein verlebendigendes Sehen wie am ersten Tag der Schöpfung. Janssen nennt es sein „unverbildetes Kucken",[70] das – ungetrübt durch ein vorgreifendes Denken – die Dinge zu neuem Leben erweckt. Um diesen Akt so sinnfällig wie möglich zu machen, sind es die abgestorbenen Dinge – nature morte –, eine verwelkte Blume, ein toter Vogel, ein abgekauter Apfelrest, die Janssen so auf das Papier befördert, dass auf dem Weg von der dritten in die zweite Dimension und zurück der Eindruck unmittelbarer Vergegenwärtigung – eine die vergängliche Zeit vergessen machende Präsenz – entstehen kann. Das hat nichts mit magischem Realismus oder einer Vorliebe für das Morbide zu tun, wohl aber mit einer Bildenden Kunst, die uns durch Jahrhunderte hindurch die Welt erst sehen gelehrt hat.

Was ist gewöhnlicher als ein angebissener, vertrockneter Apfelgriebs – in Norddeutschland auch „Apfelkötzchen" genannt? Janssen bringt ihn so auf das Papier, dass er, mit anderen in Reih und Glied, zu einem Korso venezianischer Gondeln verzeichnet erscheint.[71] Oder wie auf dem Umschlag dieses Buches zu sehen: Unter der Hand des Zeichners mutiert der Apfelgriebs zu einem insektenhaften Krabbeltier, das unwiderstehlich angezogen wird von einem Auge, das eine Welt vergegenwärtigt. Dieses „beglückte Auge" – hier die lichtbrechende Schliere im umgestürzten Weinglas – verwandelt den Schauplatz in ein Theatrum Mundi.

Zu allen Zeiten gab es diese „Augenlust".[72] Wie Hugo von Hofmannsthal in der Rolle des Lord Chandos schreibt: „kaum weiß (ich), ob ich sie dem Geist oder dem Körper zurechnen soll."[73]

Dass die Dinge in ihrer augenblicklichen Körperlichkeit wahrnehmbar werden, macht nun gerade auch das Alltägliche und scheinbar Triviale für die hohe Schule des Sehens interessant. Der Anlass kann noch so nichtig sein, wenn nur der alles erhellende Einschlag aus Richtung einer Leiblichkeit ergeht, die den ganzen Menschen ins Hier und Jetzt ruft.

---

69 Ernst Jünger: *Das abenteuerliche Herz. Zweite Fassung. Figuren und Capriccios.* – In: Jünger: *Sämtliche Werke.* Stuttgart 1979. Bd. 9. S. 177 ff.

70 Horst Janssen: *Zu >Svanshall<.* – In: Janssen: *Querbeet.* Hamburg 1981. S. 318–328.

71 Stefan Blessin: *Horst Janssen. Leben und Werk.* 2. Aufl. Bremen 2000. S. 180 f.

72 Vgl. Horst Janssen: *Rede Mannheim – Zur Verleihung des Schiller-Preises.* – In: Janssen: *Querbeet.* Hamburg 1981. S. 301–314.

73 Hugo von Hofmannsthal: *Ein Brief.* A.a.O. S. 470.

Die „Ewigkeit im Augenblick" war einmal den Höhepunkten des Lebens vorbehalten. Sie machte den Menschen einem Gott gleich. Wie alle hehren Motive ist es herabgesunken und hat seinen Platz im Umkreis jedem zugänglicher Erfahrungen gefunden.

Die Wiener Moderne vollzieht die Blickwendung vollends zu Lasten der Sprache. Unmittelbar von den Dingen, die uns umgeben, soll der Funke so überspringen, dass es deren plastische Gegenwart ist, die uns zu neuem Leben erweckt. Ein Erweckungserlebnis ist es auch jetzt noch, aber eines, das immer mehr in den Sog einer Alltagserfahrung gerät.

Der erhebende Augenblick, der einmal jeden zu einem Gott machte, kehrt mit den Dingen wieder, die uns gewöhnlich nahe sind. Sie gilt es neu zu entdecken. Was ist uns näher als wir selbst, die wir uns immer einmal wieder verlieren, ohne es recht zu merken. Solche Momente sind so vorübergehend, dass wir erst im Nachhinein Notiz davon nehmen. Es ist uns gar nicht aufgefallen, wie die Zeit vergangen ist. Uns fehlen die Worte dafür. Aus dem mystisch überhöhten Erfüllungsmoment ist ein Ereignis geworden, das sich so oft wiederholt, wie es jeden in seine Mitte ruft und – wenn auch nur für eine Weile – ganz für sich einnimmt. Es ist die zeitweilig totalisierte Innensicht.

Vorliegende Untersuchung folgt dieser Entwicklung. Ein von der Tradition überhöhtes Motiv – die Gottebenbürtigkeit des Menschen in gesteigerten Augenblicken – kehrt in den Tageskreislauf gewöhnlicher Erfahrungen zurück. Um von sich reden zu machen, fehlt freilich die passende Sprache. Diesem Problem hat sich auch besonders Robert Musil gestellt, mit dem wir den Kreis der Wiener Moderne bis in die 30er und 40er Jahre des 20. Jahrhunderts ausdehnen.

In seinem unvollendeten Roman *Der Mann ohne Eigenschaften* lässt Robert Musil seine Figuren Ulrich und Agathe Erfahrungen machen, die terminologisch – um überhaupt ein Wort dafür zu haben – „der andere Zustand"[74] genannt werden. Wie immer ironisch sich diese „Behelfssprache" gibt, zeigt sie doch, dass Musil sich das Sprachproblem – das Unaussprechliche aussprechen zu sollen – nicht vom Hals schaffen kann. Musil dringt in der Erkundung unseres Themas kaum weiter vor als die Romantik, von der er denn auch das literarische Ambiente entlehnt, wenn er den „anderen Zustand" exemplarisch in der Liebe sucht und von „Mondgespräche(n)",[75] von „Mondstrahlen bei Tage"[76] und gar von „Mondscheinromantik"[77] schreibt.

---

74 Robert Musil: *Der Mann ohne Eigenschaften*. Hrsg. von Adolf Frisé. Hamburg 1965. S. 1103.
75 Ebenda S. 1084.
76 Ebenda S. 1087.
77 Ebenda S. 1086.

Die Utopie des „anderen Zustands" wendet sich gegen die österreichische Gesellschaft vor dem Ersten Weltkrieg. Die Gesellschaftsanalyse folgt den bekannten Klagen über die dürftige Gegenwart, über das Nachlassen der Anspannung, über den Niedergang der Moral und althergebrachter Werte. Ergänzt wird diese Gegenwartskritik an der „kakanischen Vorkriegsgesellschaft"[78] durch die von jedem zu machende Beobachtung, dass die Kindheit ein Paradies erfüllter Zeitlosigkeit war. Daraus wird der heranwachsende Mensch irgendwann vertrieben, so dass ihm mit den Forderungen nach einer Ich-Identität seine Rolle in der Welt zweifelhaft wird. Er geht den Weg entfremdeten Lebens. Der typisierte Durchschnittsmensch tritt an die Stelle von Persönlichkeit und Individualität.

Dem setzt Musil eine utopische Bewegung entgegen, die an mystische Traditionen und an das in der Bibel versprochene „Tausendjährige Reich"[79] anknüpft. Die Geschwisterliebe zwischen Ulrich und Agathe wird zum Experimentierfeld. Der Vergleich mit siamesischen Zwillingen bietet sich an – mit „der wahrhaften Möglichkeit doppelgängerischer Zwillinge (...), zwei Seelen zu haben und eine zu sein (...)".[80] „Kurz, dass sie für uns gleich sind, und für sich nicht!"[81] Die Pointe dieses Vergleichs liegt darin, dass solche Zwillinge miteinander keinen Sex haben können, sich aber sehr wohl getrennt vereint wissen.

So bleibt dem Leser der Inzest erspart. Die „freiwilligen Zwillingsgeschwister"[82] müssen ohne orgiastische Vereinigung auskommen – „die Gebärden des Fleisches waren ihnen unmöglich geworden"[83] –, aber nicht ohne Erotik, die ihrerseits so erschöpfend ist, dass Ulrich und Agathe danach *wie* bei der postkoitalen Ermüdung erst recht innerlich zusammenfinden. Dieses Eins-in-zwei- und Zwei-in-eins-Sein bleibt bei Musil an das mystische Wunder der Liebe gebunden, im Unterschied zu der für unser modernes Konsumleben bestimmend gewordenen Unisex-Bewegung.

Erst mit dem Wechsel von der Nacht- zur Tagmystik kehrt bei Musil die Reflexion zurück. Die Bühne für das private Liebesduett verwandelt sich in eine großräumige Geschichtsutopie. Ulrich spekuliert darüber, ob Gottlosigkeit nicht gerade der zeitgemäße und sogar gottgewollte Weg zu einer „Sinn und Lust"[84] neu vereinigenden Welt sei. Ohne diesen Faden wieder aufzunehmen, bringt dann das nächste Kapitel – das 47. – eine Weiterung, die zeigt, dass Musil mit seiner Konzeption zweier „Arten, die

---

78 Norbert Christian Wolf: *Kakanien als Gesellschaftskonstruktion. Robert Musils Sozioanalyse des 20. Jahrhunderts.* Wien 2011. S. 282 ff.
79 Robert Musil: *Der Mann ohne Eigenschaften.* A.a.O. S. 669.
80 Ebenda S. 1158.
81 Ebenda.
82 Ebenda S. 1096.
83 Ebenda S. 1083.
84 Ebenda S. 1093.

Wirklichkeit zu erleben",[85] über den mystisch-spekulativen Rahmen hinaus denkt und auch Probleme zeitgenössischer Gesellschaften einzubeziehen versucht. Was ihm dazu einfällt, ist freilich mehr nicht als ein Ansatz – eine Absichtserklärung, dass in der Richtung fortzuschreiten sei.

Agathe und Ulrich verweigern sich ihren „Gesellschaftskreis(en)" und tauchen ein in die „Massen" der Großstadt. „Sie überließen sich dem ohne bestimmte Absicht. Es vergnügte sie, zu tun, was viele taten (...)."[86] Wie sie sich so von den „Großstadtströmungen treiben ließen, „war ihnen die Stadt, worin sie lebten, so schön und fremd zugleich vorgekommen" wie nie.[87] Dieser erregende Kitzel steigert sich unter der Feder Musils zu einer leidenschaftlichen Erfahrung, wie sie nur selten mit dem anonymen Treiben der Großstadt verbunden wird: „Alles klang, sah aus, roch – so unersetzlich und unvergesslich, als gäbe es zu verstehen, wie es sich in seiner Augenblicklichkeit selbst vorkomme; und die Geschwister nahmen diese Einladung, sich der Welt zuzuwenden, nicht ungern an."[88]

Es ist schon erstaunlich, wie hier die Großstadt zum Inbegriff des auch synästhetisch „erfüllten Augenblicks" wird. Wie das zu verstehen sei, bleibt offen und wird auf diese Weise als ein noch uneingelöstes Programm lesbar – als eine programmatische Tendenz, die den „anderen Zustand" als mit der großstädtischen Massengesellschaft vereinbar darstellen soll.

Mehr nicht als ein Programm, noch dazu ein nur gedanklich heraufbeschworenes und spekulativ geschlussfolgertes Programm sind die anschließenden Erwägungen über den „Durchschnittsmenschen",[89] der als typischer Großstädter nun auch von mathematisch-statistischer Seite in den Blick kommt. Um diesen „Durchschnittsmenschen" als denjenigen Typus der Moderne auszumachen, in dem sich die Geschichte jederzeit und nicht wie im Genie nur in „gehobenen Augenblicken" erfüllt, stellt Ulrich die Überlegung an, dass sich alles Leben auf Dauer nur zu erhalten vermag, wenn es sich auf die durchschnittlichen Leistungen verlassen kann. Weshalb bei allem „Hin und Her", bei allem „Vor und Zurück" gerade der „Durchschnitt" „vielleicht eine nicht unnützliche Aufgabe zu erfüllen habe, und zwar die der Erzeugung und Erhaltung eines mittleren Lebenszustands".[90]

Auch das ist in eine Zukunft gerichtet, die biologisch und statistisch ihre Erfüllung gerade nicht – wie noch bei Nietzsche – in besonderen, gesteigerten Augenblicken findet. Was der beglückende Augenblick, was Genie, was Wahnsinn war, das muss „Durchschnitt" werden. Darin erkennt Musil den Zug der Zeit.

---

85 Ebenda S. 1129.
86 Ebenda S. 1096.
87 Ebenda.
88 Ebenda.
89 Ebenda S. 1098.
90 Ebenda S. 1197.

In dem Hymnus auf den „Durchschnittsmenschen" wird der „andere Zustand" lediglich seiner Exzentrizität enthoben. Die neusachliche Wendung stellt programmatisch in Aussicht, dass sich in die Breite entfalten soll, was einmal ausgesuchten Höhepunkten des Lebens vorbehalten war. Die Schwierigkeiten, den „anderen Zustand" sprachlich zu fassen zu bekommen, bleiben. Das ist auch nur zu verständlich. Musil will aus dem Dilemma auch gar nicht erlöst werden. Wenn er das Unaussprechliche zu artikulieren versucht, schlägt er sich auf die Seite einer poetisch romantischen Sprache, um bei anderer Gelegenheit wieder unvermittelt in eine Wissenschaftssprache hinüberzuwechseln, die den „Durchschnittsmenschen" einer nüchternen soziologischen Betrachtung unterzieht, aber durch Welten von jener getrennt ist.

Musil wäre zu empfehlen gewesen, das von der Mystik aus gutem Grund offen gehaltene Sprachproblem grundsätzlich anzugehen und als ein Problem der Sprache und der Sprachen, der adjunktiven und der disjunktiven Welten einer neuen Lösung entgegenzuführen. Davon ist er weit entfernt. Stattdessen zieht er unter dem Motto, „dass eins so möglich sei wie das andere",[91] das Rechnen mit Wahrscheinlichkeiten und die Ergebung in den Zufall zu einer Gleichung zusammen, die sein Verständnis von Demokratie widerspiegelt. Er nennt sie die „>prästabilierte Disharmonie< der Schöpfung"[92] – in Umkehrung des von Leibniz geprägten Satzes.

Leibniz, der Erfinder der Differenzial- und Infinitesimalrechnung, hat für deren mathematisch-geometrische Grundlegung übrigens nie, wie es später üblich geworden ist, die Wahrscheinlichkeitsrechnung mit ihren stochastischen Grenz- und Näherungswerten in Anschlag gebracht. Er hat sich – Paolo Zellini zufolge[93] – von ganzheitlichen Entsprechungsverhältnissen leiten lassen. Das aktual Unendliche und die allgegenwärtige Göttlichkeit der Schöpfung waren für Leibniz noch eine selbstverständliche und lebendige Erfahrung. Musils Parteinahme für den Siegeszug prognosefähiger Wahrscheinlichkeiten ist zeitgemäß, löst aber das Problem nicht.

---

91 Ebenda S. 1099.
92 Ebenda.
93 Paolo Zellini: *Eine kurze Geschichte der Zeit*. A.a.O. S. 143 ff. und besonders S. 152.

I.10 Wozu die Perspektive gut ist

Was Robert Musil in seiner Sprachnot den „anderen Zustand" nennt, ist eine Utopie und soll hinter die Spaltung von Subjekt und Objekt zurückgehen. Es ist deshalb ein Fall für die Liebe. Wie ein alter Topos sagt, überwindet die Liebe alle Gegensätze. Gäbe es nicht als Fluchtpunkt die Liebe, stünden sich begriffliche und poetische Sprache unversöhnlich gegenüber. Der so genannte Essayismus – die von Musil gewählte Darstellungsform – hält zwischen beiden die Spannung.

Wie wir früher schon festgestellt hatten, war die alte Rivalität zwischen Philosophie und Literatur neu ausgebrochen, als ein aus den Naturwissenschaften stammendes und in der Optik technisch weiterentwickeltes Instrumentarium zuerst die Bildende Kunst eroberte und sie in eine perspektivisch geordnete Bühne zu verwandeln begann. Auf ihrem Siegeszug ist die Perspektive schließlich auch von der Philosophie (Leibniz) und der Literatur entdeckt worden. Die Literatur hat im 18. Jahrhundert damit verstärkt zu experimentieren begonnen. Was wir den Höhepunkt der bürgerlichen Schreibkultur nennen, verdankt sich der Umsetzung der Perspektive und Perspektiven in literarische Gestaltung. Goethe, Jean Paul, Kleist, Tieck, E. T. A. Hoffmann usw. sind die Großmeister. Dem verweigerte sich die von Kant angeführte Philosophie entschieden – so entschieden, dass der Eindruck entstehen kann, dass sie sich auf eine Rivalität mit der Literatur auf keinen Fall einlassen wollte. Der Anspruch auf Selbstbegründung und wissenschaftliche Autonomie wäre sonst für die Philosophie nicht aufrechtzuerhalten gewesen.

Seit Descartes dient die radikale Rückbesinnung auf das Ich – „cogito ergo sum" – der Letztbegründung der Philosophie. Was den Menschen von Grund auf bestimmen und seine Vorrangstellung im Universum sichern soll, ist das neuzeitliche Ich, das als eine Art Relais zwischen Existenz und Essenz, zwischen Vernunft und Gefühl, Geist und Geschichte vermittelt. Von solcher Zweideutigkeit konnte Kant das Ich noch einmal dadurch freihalten, dass er ihm eine ebenso elementare wie grundsätzliche Funktion zuwies. „Das *Ich denke*, das alle meine Vorstellungen muss begleiten können",[94] ist der Konstitution empirischer Gegenständlichkeit vorgeschaltet. Über diesem Fundament errichtet Kant die Architektur seiner Erkenntnislehre so, dass alle daran mitwirkenden Begriffe logisch zwingend ineinandergreifen. Wie kein anderer entfaltet und exponiert Kant noch einmal das logische Kalkül.

---

94 Immanuel Kant: *Kritik der reinen Vernunft I.* – In: Kant: *Werke.* A.a.O. S. 136.

Außerhalb der Philosophie hatte aber inzwischen die Perspektive und die Einsicht, dass jeder die Welt von seinem Standpunkt aus sieht, gewissermaßen die Führung in der Selbstbeschreibung des Menschen übernommen. Als eine ursprünglich mathematisch fundierte Technik war es besonders ihre Berechenbarkeit und Anschaulichkeit, die der Perspektive zu dieser Führungsrolle verhalf in einer Zeit, die den Naturwissenschaften immer größere Bedeutung einräumte. Seit der kopernikanischen Wende entsprach es auch seiner natürlichen Stellung im Universum, dass der Mensch eine perspektivische Weltsicht hat. Sie wurde uns mit der Zeit zur Natur und ist doch eine Rolle – eine Art und Weise, die Welt zu sehen und zu beschreiben wie die Logik auch.

Logische und perspektivische Weltsicht gehen so lange Hand in Hand, wie sie beide den Naturwissenschaften dienen und einer möglichst objektiven und distanzierten Beobachterrolle den Boden bereiten. Wie sich die Welt von einem bestimmten Standpunkt aus darstellt, ist ein objektiver Sachverhalt, der sich messen lässt. Wird der Standort und damit die Perspektive gewechselt, gibt eine Reihe von Vergleichsmessungen darüber Auskunft. Von Perspektive zu reden bedeutet deshalb, einen für jeden nachvollziehbaren Maßstab anzulegen und wie in einem wissenschaftlichen Experiment für dessen Überprüfung zu sorgen.

Daran ändert auch die Umkehrung der Perspektive grundsätzlich nichts. Aus Nah wird Fern, aus Groß wird Klein. Das Fernrohr, das sich zu Zwecken der Verkleinerung umdrehen lässt, bringt die gleichen optischen Gesetze zur Anwendung, die auch der Vergrößerung dienen. Erst wenn dadurch die Vergleichbarkeit des Einen mit dem Anderen ausdrücklich zum Thema wird, verschiebt sich die Bedeutung. Die Welt des Mannes und die Welt der Frau, als unterschiedliche Perspektiven verstanden, fordern zu einem Vergleich heraus, der es sogar fraglich erscheinen lassen kann, ob da der gleiche Maßstab angelegt wird. Auf diesem Weg setzt die Umkehrung der Perspektive ein revolutionäres Potential frei, das seit der Aufklärung die Geschichte vorantreibt. Herr und Knecht, Gott und Mensch werden zu austauschbaren Rollen.

Die Austauschbarkeit von Rollen wird freilich nicht nur dazu benutzt, solche Umwälzungen anzustoßen. Sie dient auch der Herstellung von Symmetrien. Sich auch nur in die Perspektive des Anderen versetzen zu können, diese Reziprozität der Perspektiven ist deshalb schon als gegenseitige Anerkennung gedeutet worden. Räumt sie doch jeder Seite ein, sich mit den eigenen Augen wie mit den Augen des Anderen zu sehen. Symmetrisch sollen auch solche Bezüge sein, wie sie allgemein jeder Kommunikation zugrunde liegen: Wer Verständigung sucht, unterstellt immer schon, dass Verständigung möglich sei.

In all diesen Fällen von Anwendung wird Gebrauch gemacht von der Außenperspektive. Auch wenn ich mich in mein Gegenüber so hineinversetze, dass ich mich mit dessen Augen sehen kann, geschieht das nicht in der Binnensicht, sondern in der Außenperspektive. Denn ich nehme mich in der Perspektive des Anderen gerade so wahr, wie mir das von außen, in objektiver Distanzierung von mir selbst, möglich ist. Nur die Bühne hin- und herlaufenden Vergleichens schafft Berechenbarkeit. Hier messe ich mich an und mit den Anderen.

Daneben gibt es aber auch eine Innensicht, die sich nicht von außen *als* Innensicht darstellt, sondern diese selbst ist. Es gibt sie zugleich mit der Außenperspektive. Diese zieht jene nach sich. Aber nicht nur deshalb, weil es sonst keinen Sinn hätte, die Unterscheidung zu treffen. Sondern auch und vor allem deswegen, weil mit dem Außen ein Innen in der Welt ist und noch dazu seine eigene Welt hervorbringt.

Der Sache nach ist das längst erkannt, aber selten mit voller Konsequenz weiterverfolgt worden. So ist das Subjekt sowohl mit Bezug auf das Objekt definiert wie auch durch das, was man seine Selbstbeziehung nennt – mit einem Ausdruck, der so tautologisch wie irreführend ist. Dagegen hat von Perspektive zu sprechen den Vorzug größerer Anschaulichkeit. Die Perspektive ist Mathematik zum Hingucken und Anfassen. Sie ist geradewegs dafür erfunden, das logische Kalkül sinnfällig und praktikabel zu machen. Dazu gehört auch die Unterscheidung von Innen und Außen und dass sich die Welt verdoppelt: in eine Welt in der Außensicht und in eine Welt in der Innensicht. Nur dass diese nicht die Umkehrung jener ist, sondern etwas davon Abgehobenes. Die Binnensicht ist die Welt noch einmal, aber so, wie sie ungeteilt nur in jeweils dieser Perspektive erscheint. Dadurch wird das logisch-mathematische Verhältnis um eine neue Dimension erweitert: um die von Teil und Ganzem.

Wieder ist es ein Sonderfall der Geometrie, der das anschaulich macht. Wenn die Perspektive das Maß für denjenigen Weltausschnitt ist, den jeder von seinem Standpunkt aus einsehen kann, dann ist vor allen anderen Figuren der Kreis privilegiert, das besondere Verhältnis zwischen Zentrum und Peripherie, zwischen Umfang und Mittelpunkt zur Darstellung zu bringen. Nur in diesem Fall zieht die Mitte einen Horizont um sich herum, der sie zum gemeinsamen Schnittpunkt aller radialen Linien macht. Die Mitte dehnt sich gleichermaßen über den sich konzentrisch erweiternden Horizont aus. Sie vervielfältigt sich, indem sich gleich bleibt. Das ist das Prinzip der Partizipation. Teil und Ganzes sind gesondert, aber ungeschieden. Jedes Teil ist ein Spiegel des Ganzen. Weil die Negation draußen vor bleibt und Gegensätze sich gar nicht erst bilden, übersteigt es das rein logische Verhältnis, das sich in einzelnen Schritten nacheinander entfaltet.

Dementsprechend kann jede Perspektive zum Mittelpunkt einer Welt werden. Sie muss sich nur so über den Horizont legen, dass sie diesen ganz ausfüllt. Sie hört dann auf, eine Perspektive – nur *eine* Perspektive – zu sein. Sie ist nicht länger ein Ausschnitt der Welt, sondern diese selbst. Sie verkörpert eine Welt, was besonders dann der Fall ist, wenn die leibzentrische Perspektive vorherrschend wird. Einen Standpunkt außerhalb davon zu gewinnen, ist so lange unmöglich, wie die konzentrischen Kräfte überwiegen.

Der Untergang der Perspektive zählt zu ihren Möglichkeiten, ohne dass er deshalb eine Perspektive unter anderen wäre. Welt ist nicht länger ein Objekt der Beobachtung, sondern wird zum Subjekt und ist als solches so einnehmend, dass keine andere Welt Platz hat. Die Totalisierung der Perspektive schließt das aus. Sie macht sich selbst zu der einzig möglichen Welt. Sie ist das mit einer Ausschließlichkeit, die sie von sich aus mit allen anderen Welten unvereinbar erscheinen lässt.

Unvereinbarkeit korrespondiert mit einem sich zur Totalität abschließenden Welt-Begriff. Wenn alles Mitte ist und selbst die Peripherie in all ihren Punkten gleichermaßen daran partizipiert, gibt es außerhalb dieser Welt, solange sie sich behaupten kann, nichts anderes. Ihr gegenüber ist kein Standpunkt zu beziehen. Höchstens eine andere Welt bietet sich zum Vergleich an. Aber da diese ihrerseits aus einer verabsolutierten Perspektive hervorgegangen und eine Totalität für sich geworden ist, stellt sich gar nicht erst die Frage, womit sie vereinbar sein sollte. Sie ist unvergleichlich, und zwar in dem Sinne, wie der Ausdruck auch umgangssprachlich benutzt wird: einzigartig, absolut einzigartig.

Um solche unvergleichlichen, sich jeweils zu einer Totalität abschließenden Welten überhaupt denken zu können, bedarf es der Perspektive, der Sache und dem Begriff nach. Wie auch immer sich eine Perspektive verallgemeinern und über den ganzen Horizont ziehen lässt, so dass es nichts außer dieser Perspektive und folglich auch sie selbst als Perspektive nicht mehr gibt – eine Einschränkung bleibt: die auf den einzelnen Fall, der jeweils zu einem besonderen wird und das vor allem in zeitlicher Hinsicht. Denn jede dieser Unendlichkeiten dauert immer nur eine Zeit lang. Was wir die „Jeweiligkeit" nennen, bezieht sich darauf. Als ließe sich die Zeit nicht auf Dauer hintergehen, sondern jedes Mal nur für eine Weile, kann von solchen zu einer Totalität verselbstständigten Welten nur so lange die Rede sein, wie sie dauern. Mit der Zeit hören sie auf, eine Welt zu sein, und kehren in ihren Anfang zurück; dorthin, wo sie eine Perspektive auf die Welt sind, eine Perspektive unter anderen.

Aber solange die Perspektive darin aufgeht, eine Welt zu verkörpern, setzt die Zeit aus. Die Zeit im Sinne unerbittlich verrinnender Verlaufszeit steht still. Rein subjektiv fällt sie unter die Wahrnehmungsschwelle. Das führt in den Rücken des Subjekts, das aufgehört hat, sich der Welt gegenüber zu positionieren, und das nun seinerseits eine Welt hervorbringt – eine sich augenblicklich in der Zeit erfüllende Welt.

Was sich mit den Mitteln der Logik nicht darstellen lässt, erschließt sich dem partizipatorischen Verhältnis. Teil und Ganzes sind darüber miteinander verbunden, dass die Zeit draußen vor bleibt, als gäbe es so etwas wie die Zeit gar nicht. Deshalb kann eines für das andere eintreten. In jedem Einzelnen zeigt sich das Ganze, aber auf je besondere Weise.

Die Logik sieht auch von der Zeit ab und gelangt sogar zu allgemeinen Gesetzmäßigkeiten, die zeitlos gültig sein sollen, also über der Zeit zu stehen kommen. Aber das ist das Ergebnis und die Folge von separat zu vollziehenden Einzelschritten, die ihrerseits Zeit kosten, wie die moderne Computertechnik weiß, die an der Beschleunigung ihrer Prozessoren arbeitet.

Für die Logik steht Zeitlosigkeit am Ende eines Prozesses der Verallgemeinerung. Das partizipatorische Verhältnis setzt dagegen voraus, dass die Zeit sich verlieren kann und zeitweilig aussetzt. Beide sehen von der Zeit ab, aber darin, wie sie vorgehen – vom Anfang bzw. vom Ende her –, sind sie spiegelbildlich aufeinander bezogen.

Und auch darin, wie die Zeit zurückkehrt und sich auf Dauer nicht überlisten lässt, bilden sie eine umgekehrte Spiegelung. Als eine Kunst, die nach festen Regeln Schlussfolgerungen zieht, unterstellt die Logik, dass im Zuge endloser Wiederholung die Zeit aufgehoben sei. Solche Voraussetzungen macht das partizipatorische Modell nicht. Im Gegenteil – von Seiten des besonderen, einmaligen und einzigartigen Falles stellt sie sich so dar, als ließe sich die Zeit aktualiter – im Moment völliger Vergegenwärtigung – zum Verschwinden bringen. Weil das jedoch immer nur für den Augenblick gelingen kann, ist es *jeweils* eine Spanne Zeit, in der es den Anschein hat, als verlöre sich die Zeit.

Die logische wie die partizipatorische Weltsicht – beide sind zirkelhaft strukturiert, wie sich besonders am Beispiel der Zeit erweist. Aber sie durchlaufen den Zirkel aus verschiedenen Richtungen. Sie nehmen den Charakter einer je einseitigen Darstellung an. Solche Vereinseitigungen ergänzen sich, indem sie sich gegenseitig abstoßen. Im Wechsel überwiegt mal die eine, mal die andere Seite – in einem Prozess, der jedenfalls endlos erscheint.

Es ist ein Prozess, in dem der Perspektive eine Rolle zufällt, die in der frühen Neuzeit noch auf das optische Instrument beschränkt war, aber bald auf die Künste übergriff und heute aus unserem Weltverständnis nicht mehr wegzudenken ist. Solange die Perspektive ein geometrisch-mathematisches Verfahren war, funktionierte sie rein logisch. Erst als sich ihre anschaulichen, eidetischen Vorzüge immer weiter entfalten konnten, als die Perspektive sich auch als eine je eigene Welt zu verstehen begann, trat ihre partizipatorische Bedeutung hervor.

Seitdem steht sie mit unserer logischen Weltkonstitution in Konkurrenz. Ja, sie scheint besonders dafür gemacht, mit ihr zu konkurrieren, weil sie beides ist: logisch-mathematisch und partizipatorisch. Die Perspektive ergänzt und erweitert die Logik, indem sie erst in ihrem Fahrwasser Karriere macht, um dann über sie hinauszugehen und nach Maßgabe von Teil und Ganzem eine eigene, ebenso mögliche Welt hervorzubringen.

Das Perspektivische unserer Weltsicht macht das Auge wieder stark, das vergegenwärtigende Sehen, und stellt es dem logischen Prozedere gegenüber. Es wertet die Simultaneität einer in allen Teilen gleich präsentischen Welt auf; woraus dem analytischen Verfahren, das sich sukzessive in Einzelschritten vollzieht, ein Gegenspieler erwächst. Die Zukunft wird einer Kombination aus beiden gehören.

Wie sich Welle und Teilchen nicht gegenseitig verrechnen und aufeinander reduzieren lassen, so auch die partizipatorische und die logische Konstruktion von Welt. Dafür sorgt ihre inverse Ähnlichkeit, ihre spiegelverkehrte Gegenüberstellung. Innensicht und Außensicht sind – vor dem Hintergrund aktualer und potentieller Unendlichkeit – unvereinbar.

Weil die sich verabsolutierende Binnensicht gleichbedeutend mit dem Untergang der Perspektive ist und eine Außensicht gar nicht mehr zulässt, befinde ich mich mit diesem Teil meiner selbst im toten Winkel. Das Eine entzieht sich der Darstellung durch das Andere. Dieser Fall ist ebenso gewöhnlich, wie dass der blinde Fleck auf der Karte wieder verschwindet und die objektivierende Sicht auf die Dinge zurückkehrt. Beide Einstellungen wechseln sich im Laufe eines Tages ab, und zwar häufiger, als wir wahrhaben wollen, schließen sie sich doch gegenseitig aus.

Gäbe es nicht die Zeit – die höchst unterschiedliche Wahrnehmung der Zeit –, wir hätten keinen Sinn dafür. Einzig die Zeit als innerer Sinn verschafft uns einen Zugang zu dem, was sonst außerhalb bewusster Wahrnehmung bliebe. Erst mit ihren Pausen erschließt sich die in Intervallen verlaufende Zeit auch wieder der Sprache.

Zeit ist der Inbegriff eines Lebens, das nicht nur von der Zeit abhängig ist, sondern diese zum Maß alles Irdischen macht. Denn alles ist vergänglich. Mit Blick auf den Tod hat sie absolute Gewalt über uns. Deshalb ist es auch ein fast schon triebhaftes Bedürfnis, die Zeit immer einmal wieder vergessen und sogar ungeschehen zu machen – die Zeit im Sinne zu erbringender Arbeit, die Zeit im Sinne uns zugemessener Lebenszeit, die Zeit im Sinne unwiderruflichen Vergehens. Dieser uns bedrängenden Zeit entziehen wir uns immer einmal wieder für eine Weile.

Früher war das Heraustreten aus der Zeit für die gehobenen Augenblicke reserviert, für die orgiastische Verschmelzung oder ekstatischen Festlichkeiten, bzw. es sublimierte sich im Osten wie im Westen zu speziellen Kulturtechniken. Heute sind es lauter trivial erscheinende Anlässe, die uns die Zeit vergessen lassen: die Routine in Alltag und Beruf, die Konzentration bei der Arbeit oder im Sport der tote Punkt, den es zu überwinden gilt, und die Spannung, die die Zuschauer ergreift. Die Anlässe mehren sich auch mit der Verbreitung der digitalen Technik, die in vielen Fällen einen geradezu Zeit verschlingenden Sog auf ihre Benutzer ausübt.

Auch dazu ist die Perspektive gut: Im Wechsel der Einstellungen legt sie die Spur aus, der wir bis in unsere Tage und bis hierher gefolgt sind.

I.11 Zu einer Theorie der Unvereinbarkeit

Das Zentrum des Universums ist überall. Keine noch so abseitige Existenz, die nicht im Zentrum wäre und nicht diese Weltmittelpunktsstellung lebte – mit jener Ausschließlichkeit und Selbstverständlichkeit, die vor aller Reflexion liegt. Sie ist eigentlich das Signum der individuellen – einzigartigen – Existenz.

Die Literatur hebt das bisweilen erstaunt hervor. Erstaunt deshalb, weil es sich von selbst versteht und doch zwischen den Deckeln eines Buches die wenigste Beachtung findet. Gibt es doch in jeder Literatur Haupt- und Nebenfiguren, was ja immer schon eine Vorentscheidung darüber bedeutet, dass nicht alle Perspektiven gleich gewichtet oder gar zentral sind. Der Leser kann überhaupt nur im Falle der Hauptfiguren erwarten, die Welt mit ihren Augen zu sehen. Als wäre nicht auch jede Nebenfigur ihr eigener Weltmittelpunkt. Denn im Gegensatz zur Literatur ist die Wirklichkeit draußen von lauter Egos bevölkert. Jeder ist der Nabel der Welt, und auch wenn er sich gerade nicht so fühlt, bleibt das für ihn maßgeblich.

Aber die Nebenrollen sind deshalb noch lange nichts Ausgedachtes und bloße Fiktion. Es gibt sie tatsächlich, nämlich dann, wenn wir uns perspektivisch wahrnehmen, mit den Augen der Anderen. Aus deren Sicht spielen wir eine gewisse Rolle in Zusammenhängen, die in den seltensten Fällen uns zum Mittelpunkt haben. Wir spielen mit und nehmen teil, aber in Nebenrollen. In dieser Außenperspektive sind wir klug genug, uns zu vergleichen und zurückzunehmen. Was sich Erziehung nennt, lehrt diese Bescheidenheit. Aber sie ist uns nicht in die Wiege gelegt. Von Hause aus dreht sich alles um mich, was auf eine freilich eher abstrakte Weise auch die Gesetzgebung anerkennt, wenn schon dem Fötus keiner ungestraft nach dem Leben trachten darf.

So sind wir beides: immer im Zentrum eines ausgreifenden Universums sowie in einer Randlage, was unsere planetarische Stellung in der Milchstraße am Rand eines Spiralarms angeht und was erst recht unsere Rollen in der Gesellschaft betrifft. Wir sind Haupt- und Nebenrolle, je nachdem, wie es gerade kommt, die Verkörperung der Totalen oder eine Perspektive unter anderen.

Die Philosophie hat in ihrer langen Geschichte diesen Wechsel mit vollzogen: weg von einer noch weitgehend naturalistischen Sehweise und hin zu den rationalen Erklärungen. Wenn die griechische Naturphilosophie das Kalte gegen das Warme, das Feste gegen das Flüssige stellte, waren solche Gegensätze noch elementare Naturkräfte, die miteinander rangen.

Die alten Naturphilosophen haben die Welt noch nicht wie dann Parmenides vom Denken und seinen Gesetzmäßigkeiten her verstanden. Sie sahen die Gegensätze – wiewohl sich das Ganze aus ihnen zusammensetzt – noch handgreiflich im Streit miteinander.

Parmenides ist der Erste, der das als im Denken angelegt begriff, indem er die Sprache selbst und das in ihr ausdrücklich und positiv gesetzte Sein zum Schiedsrichter aufwarf. Dagegen verfällt das in der Sprache Verneinte – die Negation – dem Verdikt des Nicht-seienden und hat uns als solches gar nicht zu interessieren, wie wenn es nicht von dieser Welt wäre. Der Abwertung steht die Hypostasierung des durch die Sprache beglaubigten Seins unvermittelt gegenüber. Es wird zu dem Ein und Alles, zu dem Gott der Eleaten, zu dem einen buchstäblich die Welt erhellenden Sein, in dem aktuale und potentielle Unendlichkeit noch ungeschieden beieinander sind.

Platon wird derjenige sein, der das Nicht-seiende in die Welt zurückholt und als seiend anerkennt, als ebenso seiend wie alles in der Sprache Verlautbarte. Das läuft auf ein eher versachlichtes Sprachverständnis hinaus.

Aber bevor der späte Platon auf die Sprache zu reflektieren und ihre Strukturen freizulegen beginnt, macht er sich für die eleatische Seinsphilosophie von einer Seite stark, die das Denken mit dem Sehen zusammenführt. Denn was lässt mich in dem eiförmig in den Sand gemalten Gebilde einen Kreis erkennen? Es ist die Idee von einem Kreis, die ich im Kopf habe und innerlich vor mir sehe, wenn ich die runde, aber empirisch verzogene Linie mit einem Kreis identifiziere. Die mit dem inneren Auge geschaute Idee steht höher als alles, was mich die Sinne nur näherungsweise oder verstellt sehen lassen. Platons Ideenschau ist ebenso an den regelmäßigen Figuren der Geometrie geschult wie an einem vom bloß Empirischen gereinigten Sehen, das jener panoramatischen Allgegenwärtigkeit vorgreift, die später Leibniz mit seinem Gottesbild verbinden wird. Im Aufstieg zu den höchsten Ideen bewährt sich für Platon ein Schauen, das einer über Stufen fortschreitenden Verallgemeinerung gleichkommt.

Dieser unserem Denken als inneres Sehen vorgezeichnete Weg zu den letzten Wahrheiten ist so konzipiert, dass sich Platon damit gegen die sophistischen Schulen seiner Zeit behaupten kann. Als Sophisten werden jene streitbaren Wortverdreher und Rechthaber angesprochen, in deren Namen Sokrates der Prozess gemacht wurde. Von Parmenides angestoßen, hat das Nicht-seiende in der Argumentation der Sophisten einen Stellenwert bekommen, der es ihnen ermöglichte, für das Eine wie für das Andere eine unwiderlegliche Beweisführung zu ersinnen, so dass auch das Gegenteil immer genauso richtig erschien. Die erste Entdeckung einer rhetorisch versierten Logik hat – wie es häufig Erfindungen ergeht, die wie eine Bombe einschlagen – gleich zu ihrem Missbrauch geführt und die Wahrheit in den Händen der Sophisten wohlfeil gemacht.[95]

---

[95] Platon: *Der Sophist*. Einleitung, Übersetzung und Kommentar von Helmut Meinhardt. Stuttgart 2004. S. 4 ff. und S. 198 ff.

Die griechische Philosophie ist darin vorbildlich, dass sie nicht nur Antworten auf die letzten Fragen sucht, sondern dass sie das Denken selbst so zur Entfaltung bringt, dass sie im Laufe ihrer Geschichte die Vorgehensweise dieses Denkens Schritt für Schritt einer Klärung zuführt. Als ob sich dieses Denken erst selbst erfinden müsste, legt es sich nach und nach in die Elemente auseinander, die dann dafür bestimmend werden, dass Aristoteles eine Logik formulieren kann, die in ihren Grundzügen bis heute verbindlich bleibt, wie auch immer sie zu einer mehrwertigen oder auch mathematischen Logik weiterentwickelt wurde.[96]

In diesem Selbstfindungsprozess, dem sich das griechische Denken unterzieht, geht mit jeder neu gemachten Entdeckung die übertriebene Erwartung einher, nun endlich den Universalschlüssel gefunden zu haben. Den Naturphilosophen erschließt sich die Welt als in lauter Gegensätze geteilt. Parmenides entdeckt das unwandelbare Sein, indem er die mit der Sprache gegebene Möglichkeit zur Negation wortwörtlich versteht und diesen Teil der Welt zum Nicht-seienden erklärt. Den streitlustigen Sophisten stellt sich in der Gestalt des Gorgias „alles als nichts" dar. Platon hypostasiert dagegen das Sehen mit den Augen des Geistes. Diesem inneren Sehen zeigen und enthüllen sich die höchsten Ideen in einem Akt simultanen Schauens. Die disparaten Momente treten hinter der Simultaneität eines Bildes zurück, dem alles gleich gegenwärtig ist. Und tatsächlich sind es ja auch solche das Einzelne und Besondere wägenden Vergleichungen, die dem Aufstieg zu immer höherer Allgemeinheit zugrunde liegen.

Erst unter dem Druck seines Schülers Aristoteles dürfte Platon von dieser dem aktual Unendlichen sich nähernden Ideenschau wieder abgerückt sein. Wie dem auch sei, in dem *Sophistes* betitelten Spätdialog ringt sich Platon zu einer systematischen Auseinandersetzung mit seinen philosophischen Gegnern durch.[97] Sie lässt ihn auf dem Boden der Sprache und solcher erst durch die Sprache ermöglichten Strukturen Beziehungen einsehen, die nicht eidetisch sind und ihn auf die Spur jener aristotelischen Einsichten bringen, die in das sukzessive Prozedere eines formalisierten Syllogismus einmünden. Vor dem Hintergrund des potentiell Unendlichen reformuliert Platon seine Ideenlehre.

Er durchschaut, dass in der Sprache der kopulative Gebrauch von „sein" nicht dieselbe Bedeutung hat wie das gleich lautende Vollverb. Bei Parmenides hatte diese Verwechslung dazu geführt, dass alles, was die Sprache verneint, dem Sein so gegenübergestellt wird, dass es als das Nicht-seiende ausgegrenzt und verworfen wurde. Platon kommt dagegen zu dem Schluss, dass auch das Nicht-seiende „seiend" ist,[98] nämlich dann,

---

[96] Carl Friedrich von Weizsäcker: *Gestaltkreis und Komplementarität*. – In: Weizsäcker: *Zum Weltbild der Physik*. 10. Aufl. Stuttgart 1963. S. 360 ff.
[97] Platon: *Sophistes*. Hrsg. von Ursula Wolf. Kommentar von Christian Iber. Frankfurt a.M. 2007. S. 213 ff.
[98] Ebenda S. 129–147.

wenn die durch die Sprache gestifteten Beziehungen nicht existentiell missverstanden, sondern als eine Ordnung eigener Art begriffen werden. Er rückt von dem schroffen Gegensatz ab und führt das Andere („hetero") als das Verschiedene ein. Das Verschiedene ist doppelt bestimmt: durch sich selbst, seine Selbigkeit, und in Relation zu dem, wovon es verschieden ist. So wird die Sprache und die mit der Sprache gegebene Vernetzung zu derjenigen Bühne, auf der sich entscheidet, was als „wirklich" und „seiend" gelten soll. Die Welt aus Gegensätzen verwandelt sich in eine Welt, in der es lauter Verschiedenes gibt, was den Tatsachen schon näher kommt, insofern sie relational – durcheinander und in Beziehung auf sich selbst – bestimmt sind.[99]

Es ist diese aus der Sprache und ihren Strukturen sich ergebende doppelte Perspektive, die der Formalisierung einer Logik vorgreift, die aus dem Urteil – dem Aussagesatz – hervorgeht. Dass ein jedes nicht nur durch sich selbst, sondern im Umkehrschluss auch durch anderes definiert ist, kommt fast einem Widerruf gleich, mit dem Platon seine parmenideischen Wurzeln kappt und Anschluss an Aristoteles sucht. War die Ideenschau ein das innere Sehen bündelnder Akt der Simultaneität, so erfolgt das logische Schließen in sukzessiven Schritten. Nur die Zeit bleibt in beiden Fällen ausgespart. Die Zeit, die Veränderung bedeutet, wird entweder dadurch unterlaufen, dass sich alles zumal mit einem Blick zeigt. Oder sie wird der Gesetzmäßigkeit sukzessiv aufeinander erfolgender Einzelschritte geopfert. Die Verallgemeinerungen, die sich daraus ergeben, zielen entweder auf das aktual Unendliche oder auf jene Art von Unendlichkeit, die, weil sie die Wiederholung desselben ist, an kein Ende gelangt und deshalb mit Aristoteles die negative Unendlichkeit genannt wird. Letztere hat den Vorteil, dass sie nicht sich selbst Zweck ist, sondern als Mittel, als logisches Werkzeug einen schier unbegrenzten Gebrauch verspricht. Sie ist das Bindemittel schlechthin, das Verbindende überhaupt, die Probe aufs Exempel, die keinen Widerspruch duldet.

Tautologie und Unvereinbarkeit sind die beiden Pole, zwischen denen die Logik ihrem Geschäft nachgeht. Beide Extreme muss sie meiden, weil sie dort ihre Verbindlichkeit einbüßt. Dass die kühnsten Operationen wieder nur in Tautologien einmünden und alles sich im Kreis dreht, ist die äußerste Konsequenz aus der negativen Unendlichkeit. Der kontrastsymmetrische Gegenpol dazu ist das aktual Unendliche, das dem Individuellen und dem Einzigartigen im Sinne des Unvergleichlichen bis in dessen Unvereinbarkeit mit allem anderen folgt. An diesen extremen Rändern greift die Logik nicht mehr – dieselbe Logik des Besonderen und Allgemeinen, die das weite Feld dazwischen beherrscht und sich bis heute als Universalschlüssel bewährt hat. Sie geht auf Aristoteles zurück, der zu einer sprachgestützten Form der Verallgemeinerung vordringt, die nicht mehr – wie bei seinem Lehrer Platon – die Simultaneität ideengelei-

---

[99] Ebenda S. 446 ff.

teten Schauens zum Vorbild hat, sondern ein Beweis führendes Erkennen. Aristoteles formalisiert dieses schrittweise Erkennen und gelangt mit dem Syllogismus zu einer Lehre folgerechten Schließens.

Auf beiden Wegen der Verallgemeinerung wird die Zeit still gestellt, entweder in der Ideenschau oder im Auffinden ewig gültiger Gesetzmäßigkeiten. Der aristotelische Weg führt in die Wissenschaften und wird zum Erfolgsweg des abendländischen Menschen. Aber gemessen daran, dass sich das Unendliche über zwei Pole verteilt, stellt er auch eine Einseitigkeit und Vereinseitigung dar. Der Verweis auf seinen Gegenpol – auf das platonische Auge des Geistes – bleibt ihm als Desiderat eingeschrieben; als ein Mangel, den erst wieder die europäische Neuzeit mit dem Begriff der Perspektive zu kompensieren sucht.

Mit der Perspektive kehrt das Sehen in den Kreis mentaler Tätigkeiten zurück. In Anlehnung an die wissenschaftliche Optik wird die Perspektive zu einem Vorgang, der prinzipiell messbar ist und, ausgehend von einem bestimmten Standort und einem gegebenen Blickwinkel, Berechenbarkeit garantiert. Diese Perspektive ist auch umkehrbar, was die Verhältnisse auf den Kopf stellt. Darüber hinaus lässt sich eine Perspektive aber auch überziehen, d.h. über ihren beschränkten Standpunkt hinaus verallgemeinern. Sie hört dann auf, eine Perspektive zu sein, und indem sie sich der Totalen annähert, reicht solch eine verabsolutierte Perspektive ihrerseits wieder an das platonische Vorbild einer simultan gesteuerten Gesamtschau heran.

Auf die Weise geht der platonische Ansatz für das eher wissenschaftliche Selbstverständnis der Neuzeit nicht verloren. Unabgegolten, wie er bis heute ist, gehört er mit zu der Grundausstattung gerade auch des modernen Menschen, der von Perspektive zu reden und die einzelnen Perspektiven zu unterscheiden nicht umhinkann. Aber vor allem ist es dank der Perspektive wieder möglich, der unter Führung der Naturwissenschaften logifizierten Allgemeinheit eine andere Art von Verallgemeinerung an die Seite zu stellen, die ihr Zentrum in jedem Einzelnen hat. Wie er auch diesen seinen Standpunkt überzieht und zu verallgemeinern trachtet, die Berechtigung dazu ist grundsätzlich erteilt. Denn jeder sieht sich als Mittelpunkt des Universums; und es ist das ihm in seiner Einzigartigkeit zugemessene Leben, das ihn immer wieder dazu verpflichtet. Geradeso wie es ihn eh schon dazu angehalten hat, sich auch als eine Perspektive unter anderen wahrzuhaben und überhaupt die verschiedenen Perspektiven auseinanderzuhalten.

Durch die ihr inhärente Begrifflichkeit tendiert Sprache zu einer Konstruktion von Wirklichkeit, genauer: zu einem zwischen den Gegensätzen des Besonderen und Allgemeinen ausgespannten Netz systematischer Bezüge.

Schlüssigkeit und Rückbezüglichkeit sind mit der Sprache gegeben. Wesentlichen Anteil daran hat die Fähigkeit zur Negation. Die Negation sieht von der Zeit ab. Sie kann das, weil sie nicht auf die Sache selbst geht, sondern auf den Sachverhalt, also auf das, was der Fall ist oder nicht der Fall ist. „Ist Peter da?" – „Peter ist nicht da." Was nicht heißt, dass es Peter gar nicht gibt.

Die Negation kommt deshalb in der Natur nirgends vor, nur in der zur Konstruktion und Rekonstruktion ausdifferenzierten Sprache. In diesem Rahmen erlaubt sie, allgemeine Gesetzmäßigkeiten zu formulieren, die für alle Zeiten gültig sein sollen.

Das Gegensatzverhältnis ist ein ebenso grundlegendes wie typisches Ordnungsschema in der sprachverfassten Welt. Alles Denken und Erkennen erfolgt in gebahnten Begriffen. Je allgemeiner die Begriffe werden, desto deutlicher zeigt sich, dass sie in Relation zueinander gebildet sind. Sie treten zu Gegensätzen auseinander – zu Gegensätzen deshalb, weil jeder Begriff seinen Gegensatz zitiert, mit dem er sich zu einem Ganzen findet. Solche Ganzheiten sind zusammen mit den Gegensätzen, aus denen sie hergestellt sind, leitend für unser Denken: Himmel und Erde, Tag und Nacht, Geist und Körper, Kultur und Zivilisation.

Gegensätze sind sowohl trennend als auch verbindend. Mit anderen Worten: Was sie trennt, bindet sie zugleich aneinander. Ein Standpunkt außerhalb ihrer scheint nicht möglich. Es sei denn, das durch Gegensätzlichkeit abgesteckte Feld wird zu einem dynamischen Raum erweitert, in dem sich nicht nur zwei, sondern vier und mehr Größen begegnen. Eine solche stereometrische Erweiterung erfolgt, wenn jede Seite noch einmal in sich polarisiert erscheint, wie es immer dann der Fall ist, wenn zusätzlich eine Perspektivierung vorgenommen wird. Denn mit jeder Verdoppelung vervielfachen sich die Standpunkte, die einzunehmen möglich wird.

Darunter fallen auch solche Standpunkte, die in extremis keine Standpunkte mehr sind, sondern als deren einseitige Totalisierungen sich für das Ganze ausgeben und sich so lange an dessen statt behaupten, bis eine Verschiebung in den konfigurierenden Positionen den Blick auf die nicht länger zu übersehende Einseitigkeit freigibt.

Eine aus Gegensätzen gewirkte Welt ist von Fall zu Fall einseitig. Dagegen geht eine aus wechselnden Perspektiven gesehene Welt dazu über, Einseitigkeiten als solche wieder aufzulösen und in ein Verhältnis auf Gegenseitigkeit zu überführen. Diese Gegenseitigkeit besagt aber nicht, dass sich beide Seiten – wie in einer mathematischen Gleichung – aufheben. Stattdessen wird gerade das Gegen und Gegeneinander...über dadurch stark gemacht, dass jede Seite sich ihrer Eigenart entsprechend ganz entfalten kann. Ja, sie geht darin auf. Wie auch immer sie dabei übertreibt und die Extreme sucht, wird sie doch im Spiel gehalten und durch die Gegenseite gleichsam austariert.

Solch einen Raum wechselseitigen Austauschs bilden die Gegenbegriffe der aktualen und negativen (potentiellen) Unendlichkeit. Auf das Absolute und Unbedingte stoßen wir immer dann, wenn wir für das viele Einzelne, das es zu unterscheiden gilt, einen umfassenden Ausdruck brauchen, eben den Inbegriff all dessen, was sich zeigt. Das Universum, die Welt, das

Ganze sind solche allgemeinen Ausdrücke, die es jedoch an sich haben, dass sie ihrem universellen Anspruch zum Trotz das System „Sprache" nicht hinter sich lassen können. So generieren sie noch einmal dieselben Unterscheidungen und Gegensätzlichkeiten, die schon die Reihe der Begriffe in aufsteigender Folge charakterisiert. Nur dass auf ihrem höchsten Punkt die Perspektive den Ausschlag gibt.

Das Feld teilt sich in doppelter und zweierlei Hinsicht. Entweder fügt sich das Ganze – gleichsam sukzessive – aus seinen Teilen zusammen. Oder es zeigt sich von einem Standpunkt aus, der immer gleich das Ganze im Blick hat, sei es aus einer fundierenden Mitte heraus oder in einer panoramatischen Überschau. Standpunkt und Perspektive entscheiden, wie sich die Welt darstellt: als aus Teilen immer weiter ergänzt oder in sich rund und ganz, gleichsam auf einen Blick. Als negative, d.h. endlos zu komplettierende Unendlichkeit oder als die aktuale Unendlichkeit des Allzumal.

Fragen wir, wie es zu dieser Doppelung kommt. Sie ist in den Begriffen „Perspektive" und „Welt" angelegt, die sich seit ihrem neuzeitlichen Gebrauch sowohl zusammen als auch auseinander entwickelt haben. Von Perspektive reden heißt nämlich, die Welt in einer Hinsicht darstellen. Ohne Perspektive keine Welt, insofern sie sich zeigen muss und erst von einem Standpunkt aus erscheint. Das ist der von Seiten der Naturwissenschaften ins Feld geführte Begriff der Perspektive, der sich sogar mathematisch berechnen lässt und, von der Bildenden Kunst frühzeitig aufgegriffen, eine breite Popularisierung erfahren hat. Es gibt so viele Bilder von der Welt, wie es Perspektiven gibt.

Damit hat sich aber unter der Hand der Welt-Begriff gewandelt. Aus der einen Welt, die Gott an mehreren Schöpfungstagen geschaffen hat, sind Welten im Plural geworden. Die wechselnden Perspektiven bescheren uns nicht nur lauter Welten, sie existieren auch mit- und nebeneinander. Ja, jede Perspektive tendiert dahin, ihre eigene Welt hervorzubringen und sie als solche zu behaupten. Ihrer eidetischen Intention folgend und gleichsam abgerundet zu einem Bild wird sie zu einer Welt für sich, wie schon Leibniz in seiner Monadenlehre betont hat.

Nur dass wir im Gegensatz zu Leibniz ihre Unvereinbarkeit hervorheben. Denn die zu einer Welt totalisierte Perspektive ist gleichbedeutend mit ihrem Untergang. Als Perspektive hört sie da auf, wo sie, zu einer eigenen Welt überdehnt, alle anderen Perspektiven ausschließt und sich in einem Akt der Übergeneralisierung an deren statt breitmacht.

Indessen ist die Verabsolutierung ausschließlich einer Perspektive auch kein Unglück und nicht der Sündenfall schlechthin. Sie liegt – wie gesagt – in der Sache selbst; darin, dass mit einer in unterschiedliche Perspektiven geteilten Welt ebenso viele Welten gegeben sind, wie es Perspektiven gibt. Beides gehört zusammen, und, obwohl offensichtlich unvereinbar, muss das keinen Widerspruch bilden, besonders dann nicht, wenn die Hintergründe in Betracht gezogen werden.

Denn in der Perspektive – in dem, was die Neuzeit damit so überaus erfolgreich in Umlauf gebracht hat – sind zwei Prinzipien verbunden, die ursprünglich zwei Weisen der Wahrnehmung und der Verarbeitung von Wahrnehmungen darstellen: das Auge mit seinen Fähigkeiten zur vergegenwärtigenden Überschau und die sukzessiven Leistungen einer in Sprache und Zahl erfassten Welt.

Simultaneität aller Momente, wie sie im Bild gegeben ist, und die Sukzession einer ihre Begrifflichkeit schrittweise entfaltenden Ausdifferenzierung stehen einander gegenüber. Beide Prinzipien sagen das Gleiche, nur aus verschiedenen Richtungen: aus der Sicht des Ganzen und hinsichtlich der Teile bzw. ihrer Teilbarkeit.

Aktuale und potentielle Unendlichkeit – beide entspringen demselben Gehirn. Und es ist dieses Gehirn, das sich in den Fähigkeiten des Auges und in den Leistungen der Sprache bis in die formalisierte Logik hinein gewissermaßen verdoppelt. Das wird noch dadurch unterstrichen, dass es – wie frühzeitig in dieser Studie hervorgehoben – das Auge ist, das ursprünglich als Wahrnehmungsorgan dem sich herausbildenden Gehirn zu arbeiten gegeben hat. Das Auge ist aus einer Ausstülpung des Gehirns entstanden. Und so ist es auch das Gehirn, das sich auf dem Weg vom parallaktischen Sehen zum binökulären bzw. fokussierenden Sehen weiterentwickelt hat.[100] Das Fokussieren eines Gegenstands mit beiden Augen geht der begrifflichen Distinktion voraus. Aber wie so häufig werden dadurch die evolutionsgeschichtlich älteren Formen nicht völlig verdrängt und außer Kraft gesetzt. Als leibzentrische Wahrnehmung muss es freilich erst wieder – wie hier geschehen – aus der Übermacht begrifflichen Denkens geborgen und gleichsam gegen die Sprache selbst zurückgewonnen werden.

Der Gegensatz von Bild und Sprache, von Auge und Zahl, von Ganzheit und Teilbarkeit ist also grundsätzlicher Natur. Er ist so fundamental, dass er auch im Denken und durch das Denken nicht zum Ausgleich zu bringen ist, sondern dieses strukturiert und ihm als Unvereinbarkeit eingeschrieben ist. Was die Gegensätze zusammenführen und zu einer Einheit verbinden könnte, ist nur als Verweis darauf vorhanden, aber selbst nicht Struktur. Das einträchtige Miteinander von aktualer und potentieller Unendlichkeit, deren harmonische Auflösung, gehört der Sprache und ihren Formalisierungen an. In einer dahinter zurückgreifenden Radikalität ist und bleibt beides unvereinbar.

Aber Unvereinbarkeit bedeutet nicht Schicksal, sondern Chance. Um zu verdeutlichen, was das heißen könnte, wenden wir uns wieder der Perspektive und ihren durch sie eröffneten Möglichkeiten zu. Schon im Altertum war bekannt, was die Perspektive leistet. In der naturwissenschaftlich inspirierten Neuzeit ist sie gleichsam wieder neu erfunden worden, und zwar in einem Sinne, der über das Bautechnische hinausgeht

---

100 Siehe auch S. 44 ff.

und – wenn man so will – ihre philosophische Dimension freilegt. Nicht auf Anhieb und nicht für alle sogleich einsichtig, aber doch so, dass sie mit der Zeit in diese Rolle hineingewachsen ist und dem ursprünglichen Terminus technicus zu einer bis heute ungebrochenen geistesgeschichtlichen Karriere verholfen hat.

Denn wie sich zeigen sollte, trägt der Begriff der Perspektive in sich einen Doppelcharakter aus. Als Perspektive gibt sie die Welt in einem definierbaren Ausschnitt wieder. Zugleich heißt von Perspektive reden aber auch die mit ihr gegebenen weiteren Möglichkeiten einbeziehen, insbesondere den in jeder Perspektive angelegten Impuls realisieren und sie – wie vorübergehend auch immer – zu einer eigenen Welt ausweiten und totalisieren. Indem sie sich unmittelbar selbst Zweck wird, gelangt sie freilich auch an ihr Ende und hört auf, eine Perspektive zu sein. Sie dehnt sich über den ganzen Horizont aus und bringt eine Welt hervor, aus deren Mitte heraus diese sich selbst genug ist. Im rhythmischen Wechsel von leibzentrischer Sicht und perspektivisch geordneter Welt vollzieht sich unser Leben – im Turnus von Selbstbeschränkung und erfülltem Augenblick.

Weil miteinander unvereinbar, ist beides zusammen nicht zu haben. Aber das Instrument der Perspektive und des Weiteren ihr Begriff machen es möglich, so etwas wie Unvereinbarkeit zu denken und in die Reflexion einzubeziehen. Auf die Weise ist die Perspektive diejenige historisch überfällige Erfindung, die es uns erlaubt, den engen Kreis ausschließlich sprachgestützter Logik zu verlassen und zu überschreiten. Mit der Perspektive – mit der Entdeckung der Perspektive – kehren das Bild und die Simultaneität des Auges in das abendländische Denken zurück. Die Perspektive ist dazu besonders geeignet, weil sie auf der Grenze von Naturwissenschaft und Technik, von Mathematik und Geometrie wieder Bild und Sprache ins Verhältnis setzt und dieses Verhältnis – letztlich das von aktualer und potentieller Unendlichkeit – überhaupt erst neu zu thematisieren erlaubt.

Um eine Entdeckung und Wiederentdeckung handelt es sich auch deshalb, weil mit der Simultaneität des Auges und ihrer leibzentrischen Auslegung etwas in den Diskurs zurückkehrt, was die Logik an den Rand zu drängen und zu vernachlässigen drohte: das Individuelle, Einmalige und Einzigartige. Dieses wieder in den Blick zu bekommen und ausdrücklich zum Thema zu machen ist ein Reflex auf die Einführung der Perspektive und darauf, dass sie – wortwörtlich – den Blick auch umzuwenden einräumt. Historisch gesehen folgt daraus die Entdeckung des Individuums mit dem Beginn der Neuzeit und das, was man die Ausgestaltung der Subjektivität nennt.

Seitdem stellt sich immer neu die Frage, wie sich Individualität und Allgemeinheit vertragen und ob sie überhaupt miteinander vereinbar sind. Gemessen am Anspruch der Logik und nach Maßgabe dessen, was ihr als objektiv gesicherte, von Subjektivität gereinigte Wahrheit gilt, ist das zu verneinen. Aber das ist nicht das letzte Wort, seitdem mit der Perspektive das Auge und mit dem Auge neben der potentiellen auch die mit ihr konkurrierende aktuale Unendlichkeit wieder die historische Bühne betreten hat.

Beide – Auge wie Zahl, Bild wie Sprache – sind eine Konstruktion von Wirklichkeit, die jede auf ihre Weise entweder das Prinzip „Simultaneität" oder das Prinzip „Sukzessivität" übergeneralisieren. Das wird – wie in dieser Studie früh angezeigt – am Beispiel der Zeit deutlich, mit der sie eine je einseitige Idealisierung vornehmen. Das Simultaneität wahrende Auge betont und überbetont eine Gleichzeitigkeit, die es laut Relativitätstheorie im universellen Maßstab so nicht geben kann. Die Zeit wird gleichsam ausgesetzt und still gestellt. Die Sukzessivität bzw. das Prinzip „Teilbarkeit" sucht das andere Extrem und wälzt eine nicht endende Dauer vor sich her. Beides sind – hier mit Bezug auf die Zeit – extreme Positionen, die, wenn sie sich nicht ein für allemal ausschließen sollen, nur dadurch in Bewegung kommen, dass sie in ein Verhältnis auf Gegenseitigkeit überführt werden. Ineinander gespiegelt ist das Verhältnis beider Seiten derart, dass sie nie vollkommen zur Deckung gelangen, höchstens in umgekehrter Gestalt, und dass sie durch diese Spannung in einen Umlauf gelangen, der in sich ablösende Konfigurationen jeder Seite abwechselnd Recht gibt, aber nie einer Seite ausschließlich.

Im Modell der zum Quadrupel erweiterten Gegensatzstellung ist die Wahrheit nur gegenbildlich – im Übergang – zu haben, was dem von uns exponierten Begriff der „Jeweiligkeit" entspricht. Wahrheit mit dem von der Logik vertretenen Anspruch einer wohl unterschiedenen Trennung in „richtig" und „falsch" wie in den traditionellen Wissenschaften kann es nicht länger geben. An deren Stelle tritt ein *Wahrheitsgeschehen*, das auch der Unwahrheit ihre konstruktive Rolle einräumt, so dass besser von überzogenen Verallgemeinerungen und Idealisierungen, am besten von jeweils extremen Vereinseitigungen die Rede ist. Im Durchlauf des Wahrheitsgeschehens bleibt deren relative Berechtigung gewahrt.

So gesehen wird Unvereinbarkeit zum Motor eines dynamischen Wahrheitsgeschehens, das aus Positionen relativer Wahrheitsferne immer wieder neu angefacht wird.

Zwei spiegelbildlich aufeinander bezogene Konstruktionsmuster von Wirklichkeit, deren jedes sich zu verabsolutieren und das andere auszuschließen trachtet, arbeiten sich unablässig aneinander ab. Auf die Weise erscheint Wahrheit immer nur im Gegenzug zu ihrer jeweiligen Vereinseitigung bzw. einseitigen Totalisierung. Jedenfalls gibt es nicht „die" Wahrheit, und sie liegt auch nicht in der Mitte.

Das Wechselverhältnis, von dem hier die Rede ist, hat auch eine weltgeschichtliche Dimension und ist dort vielleicht am besten abzulesen. Es gibt Zeiten, in denen das Bild dominiert, und Zeiten, in denen der Geist auf Kosten der Bilder einseitig aufgewertet wird. So ist im Übergang zum Monotheismus von den großen Weltreligionen ausdrücklich ein Bilderverbot ausgesprochen worden: „Du sollst dir kein Bildnis machen ..." Im Gegenzug entwickelte sich die Vorstellung von einem einzigen und unsichtbaren Gott, in dem jene Vernunft Gestalt anzunehmen begann, die dann zu einer Sache der Philosophie wurde.

Das griechische Altertum trägt den Gegensatz „Bild" und „Sprache" in ihren großen Philosophen Platon und Aristoteles so aus, dass der Lehrer von seiner mythischen Ideenschau abrückt und der von seinem Schüler eingeforderten Eigengesetzlichkeit der Sprache stattgibt.

Das europäische Mittelalter fußt überwiegend auf Aristoteles. Die daraus hervorgehende Neuzeit wird den Naturwissenschaften einen Platz einräumen, der der Aussagelogik ein Übergewicht verschafft und die Empirie darauf verpflichtet, sich kausal schlüssig herleiten zu lassen. Kant zieht der erkennbaren Welt eigens solche Strukturen ein, deren Transzendentalität einen strikt logischen Aufbau garantiert.

Diese Hypostasierung der Logik, die nicht in jeder, aber in einer Hinsicht ihren Höhepunkt in der Computertechnologie erreicht, wird konterkariert durch den Erfolg, der die Perspektive seit über sechshundert Jahren in Theorie und Praxis bei uns eingebürgert hat. Obwohl sie in Leibniz und später in Nietzsche namhafte Entdecker und Fürsprecher fand, hat sie sich eher im Rücken der Schulphilosophie durchgesetzt. Von Perspektive auch nur umgangssprachlich reden heißt vielen und vor allem verschiedenen Welten Platz einräumen, und zwar lange bevor Sciencefiction das Thema für sich entdeckte. Dagegen vollzieht sich die Logik stets unter Voraussetzungen der einen Welt, die sie ihrem Zusammenwirken zufolge schlüssig erklären will.

Nun kann es nicht darum gehen, Perspektive und Logik gegeneinander auszuspielen. Aber mit der Perspektive ergibt sich die Möglichkeit, der Logik eine Rolle zuzuweisen. Ja, sie ist längst in einer Reihe mit anderen operativen Verfahren zu einem Mittel von begrenzter Reichweite geworden. „Ein Mittel werden" bedeutet: speziellen Funktionen dienen, nicht alles selbst können und nicht die ganze Wahrheit allein aus sich schöpfen wie in der analytischen Wahrheitstheorie: „praedicatum inest subjecto". Vor allem bedeutet es: sich in einen größeren, darüber hinausgreifenden Zusammenhang einordnen und darin mitwirken.

Das leistet vorbildhaft die Perspektive. Sie hat das Auge und mit dem parallaktischen Sehen die Gestaltwahrnehmung und die Simultaneität des Bildes in das abendländische Denken zurückgebracht. Aber unter Bedingungen, die auch der naturwissenschaftlichen Ausrichtung der Neuzeit gerecht werden. Neben Maßgeblichkeit und Berechenbarkeit, die ihre logischen Funktionen darstellen, tritt – als eine ihrer zusätzlichen Möglichkeiten – die Verabsolutierung der Perspektive, d.h. ihre die Perspektive, wenigstens zeitweilig, aussetzende Übergeneralisierung. Die Perspektive macht beides möglich. Auf die Weise führt sie zwei sich widersprechende Prinzipien – Auge und Zahl, Totalität und Teilbarkeit – zusammen und verknüpft sie so, dass es für die Moderne wegweisend wird.

Im Wechsel – mal sich selbst Zweck und mal Mittel zum Zweck – entfaltet die Perspektive ihre Stärke. Dafür wurde sie seinerzeit erfunden, um eine doppelte Leistung zu erbringen: als praktikables Instrument sowie als metaphorischer Begriff. In diese Doppelrolle ist, wenn auch widerstrebend, inzwischen die Logik hineingewachsen. Sie hat aufgehört, sich selbst nur und absolut Zweck zu sein.

Das System ist eine solche neuzeitliche Entwicklung, für die es in der Antike noch kein Erfordernis gab. Erst die Moderne lernte, in Systemen zu denken. Systeme entstanden, als es galt, Gesetzmäßigkeiten in sich wiederholenden Abläufen zu erforschen. Diese Abläufe setzen sich aus diskontinuierlichen Einzelschritten zusammen, die erst zyklisch wieder an die Ausgangslage anschließen. Ein System wie den Kreislauf stellen wir uns als einen um ein prekäres Gleichgewicht schwankenden, auf- und absteigenden Prozess vor.

Mit anderen Worten: Systeme bildeten sich, als sich die Zeit und mit ihr die Kräfte, die eine Veränderung bewirken, nicht mehr mit derselben Rigorosität ausblenden ließen, wie das in der Logik geschieht. Logik ist folgerechtes Schließen unter Absehen von der Zeit. Die für die Logik notwendige Formalisierung einer schrittweisen Abfolge ist nur möglich, wenn die veränderliche Zeit kassiert wird und keine Rolle mehr spielt; was der Logik den Charakter einer Konstruktion von Wirklichkeit gibt.

Als die Logik begann, sich mit der Verlaufszeit zu arrangieren, hörte sie auf, sich selbst Zweck zu sein. Sie wurde immer mehr zu einem Mittel mit begrenzter Reichweite, wie daran abzulesen ist, dass Widerspruchsfreiheit nicht mehr für den Prozess insgesamt und seine logische Einbettung erforderlich war. Widerspruchsfreiheit, wie sie das Verhältnis des Besonderen zum Allgemeinen definiert, ist nur mehr auf die direkt aufeinander folgenden Einzelschritte beschränkt. Sie müssen sich kausal verknüpfen lassen, also in einem Ursache-Wirkungszusammenhang stehen, während für die Rückkoppelungsprozesse und das Funktionieren im Ganzen auch nichtlogische Erklärungsmuster gelten. So bringt zum Beispiel die Natur in einem einzigen Kreislauf Leben hervor, um es wieder zu vernichten und daraus neues Leben zu schaffen. Mit Logik hat das wenig zu tun (und ruft entsprechend bei Werther, der die Argumentation sophistisch zuspitzt, Unmut und Überdruss hervor: „Ich sehe nichts, als ein ewig verschlingendes, ewig wiederkäuendes Ungeheuer.") Das der Logik zugrunde liegende Modell der Zeitenthobenheit kehrt wieder als das sinnlose In-sich-Kreisen von Zeit und Natur.

Der gegenüber dem System machtlos gewordene Einzelne hat Methode. Er droht selbst zu demjenigen Mittel zu werden, durch das sich das verkehrte Ganze am Laufen erhält. Mit demselben Recht lässt sich freilich sagen: Systeme helfen das anthropozentrische Weltbild auflösen. Das allseits überforderte Subjekt wird entlastet und kann das System für sich arbeiten lassen.

Systeme entwickeln sich auch weiter und teilen sich in offene und geschlossene. Sie lernen sogar, den in der Logik verpönten Widerspruch zum Motor einer Entwicklung umzudeuten. Logik wird – wie bei Hegel und Marx – zu derjenigen „Wissenschaft", die dafür die Handhabe liefert.

Aus der Enttäuschung, dass es mit der Logik so wenig wie ohne die Logik geht, hilft ehestens noch die unermüdlich in den einzelnen Wissenschaften geleistete Arbeit heraus. Sie hat vollzogen und selbstkritisch registriert, dass die Logik ihres jeweiligen Fachs immer stärker in Abhängigkeit von den Prämissen geraten ist, die axiomatisch den Ausgangspunkt für logische Operationen festlegen. Das folgerechte Wenn...dann zieht sich auf einen immer engeren Zirkel zurück. Letztlich ist Logik den frei gewählten Voraussetzungen verpflichtet. Aber diese lassen sich ihrerseits von keiner Logik einholen.

Fraglich ist auch, ob eigens neue Logiken erfunden werden müssen, die sich wiederum nur dadurch unterscheiden, dass die Prämissen anders manipuliert sind.[101] Stattdessen sollte die Unvereinbarkeit in die Logik einbezogen und zu einer Sache der Logik gemacht werden. Wie es aussieht, ist das eine der zentralen Leistungen der Quantentheorie. Sie macht mit der Logik, was seinen Anfang mit der Perspektive genommen und ihren Erfolgsweg vorgezeichnet hat. Diese hat sich solchen miteinander unvereinbaren Voraussetzungen wie Bild und Sprache, Totalität und Teilbarkeit geöffnet, indem sie statt von einer Welt von vielen Welten ausgeht und vom sprunghaften Wechsel der einen in die andere Welt. Denn mit dem erweiterten Welt-Begriff ist ein Verständnis für Simultaneität in die Logik eingekehrt, das ihr von Hause aus fremd und zuwider ist.

Logik und Perspektive haben sich die längste Zeit ausgeschlossen. Die Logik hat sich nicht als eine Perspektive auf die Welt verstanden. Sie kennt nur die eine Welt. Unvereinbarkeit ist das, was es vom Standpunkt der Logik nicht geben dürfte und was als Widerspruch auszugrenzen ist.

Aber seit der Quantenmechanik und dem Dualismus von Welle und Teilchen kommt auch die Logik nicht umhin, sich aufgeschlossen zu zeigen für die aktuale Unendlichkeit und dafür, dass neben den zeitgereinigten Formalismus sukzessiven Schließens die simultan sich einstellende Totalität als ein eigenständiges Prinzip getreten ist.

Das aber heißt für die Logik: Sie macht Konzessionen an die Zeit – an die Zeit, die in den von ihr angestrebten ewig gültigen Gesetzmäßigkeiten gerade negiert worden war. Sie konzediert der Zeit, im Sinne der dem Auge eigenen Simultaneität eine entscheidende Rolle mitzuspielen.

Da aber die negierte ebenso wie die stillgestellte Zeit nur einseitige Ausformulierungen der Zeit sind, die es selbst nicht gibt, bilden die Quantenmechanik und die ihr zugrunde liegende Logik der Unvereinbarkeit

---

101 Carl Friedrich von Weizsäcker: *Komplementarität und Logik*. – In: Weizsäcker a.a.O. S. 314 ff.

den Boden dafür, dass beide – aktuale und potentielle Unendlichkeit – sich begegnen und aneinander abarbeiten können. Mit der Folge, dass einerseits die angeblich Wissenschaftlichkeit garantierende objektive Distanz entfällt und andererseits die Perspektive des in das subatomare Geschehen eingreifenden Experimentators aufgewertet wird. Aus der distanzierten Beobachterrolle wird der Realisator eines Geschehens, der augenblicklich entscheidet, welche der miteinander unvereinbaren Welten verwirklicht wird. Fest steht nur, dass es jedes Mal eine Welt ist.

Auf die Weise wird die Zeit im Scheitelpunkt ihrer Ereignishaftigkeit aufgesucht. Wie die intensiv erfahrene Zeit ist das eine Realisation von Zeit, die keine Zeit im herkömmlichen messbaren Sinne mehr ist, sondern jedes Mal eine Welt heraufführt. Alles gerät augenblicklich in den Sog dieses Schöpfungsaktes. Mit anderen Worten: Die Welt wäre eine andere ohne das Eingreifen des wissenschaftlichen Agitators. Sie ist einem Bild vergleichbar, das in einer Perspektive spontan aufspringend die Welt mit einem Blick erfasst. Es ist der Augen-Blick, der – um im Bild zu bleiben – entscheidet, was ist. In diesem Sinne rückt die Quantentheorie näher an das Jetzt und seine Unwiederholbarkeit heran – eben daran, *dass* es sich vollzieht.

Denn das Ganze ist genauso gut seine über die Zeit verteilte Geschichte, wie es auch jeden Augenblick geschieht und einmalig, ja einzigartig ist.

Diese Dimension ist schwer zu erfassen wie die der intensiv erfahrenen Zeit. Wenn es aus Gründen der Darstellbarkeit ohne Sprache und Logik nicht geht, dann kann das nur heißen: neben der einen Welt maßgeblicher Verbindlichkeit auch andere Welten einzuräumen, eine Welt aus lauter Welten. Die Physik hat diesen Schritt längst vollzogen, und wir folgen ihr darin nur nach.

Das Instrument der Perspektive scheint am besten geeignet, die sich daraus ergebende Rationalität zu erhellen. Führt doch die Perspektive auf ein doppeltes Phänomen – darauf, dass es eine Außen- und eine Binnenperspektive gibt und dass diese beiden nicht kongruent sind. Die Innensicht nennen wir zwar eine Perspektive, weil wir sie von außen als eine solche ansehen können, als eine Perspektive neben weiteren Perspektiven. Aber sie ist anders gepolt. Aus ihrer Sicht tendiert sie zur Totalen, indem sie sich über den ganzen Horizont dehnt und zu einer Welt wird, die so einnehmend ist, dass sich daneben keine andere Perspektive behaupten kann. Die Binnensicht verkörpert die in ihrer Einzigartigkeit sich zeigende, vollauf vergegenwärtigte Welt. Sie ist – wie wir zu wiederholen nicht müde werden – der Untergang der Perspektive.

Aber wie gelangen wir von der einen in die andere Welt? Perspektiven können wechseln. Je nach Standort verändert sich die Perspektive. Doch wie werden uns miteinander unvereinbare Welten zugänglich, insbesondere dann, wenn sie als je einseitige Verabsolutierungen einander ausschließen? Wie finden wir da wieder heraus, wenn eine Welt so einnehmend wie die andere ist?

Der Wechsel zwischen den Welten ist das Umspringen von einer Totalität in die nächste. Als Ganze stehen sie jeweils für einander ein. Das fällt ihnen umso leichter, als sie spiegelbildlich aufeinander bezogen sind. Es ist ihre seitenverkehrte Spiegelung, die sie füreinander aufschließt und jedes Mal wieder gegenseitig zum Austausch bringt.

Mehr als wir wissen oder auch nur ahnen können, springen wir zwischen den Welten hin und her. Zeit, Selbst, Sprache, alle Identität stiftenden Muster, die uns eben noch definiert haben, können im nächsten Moment aussetzen. Die leibzentrische Perspektive lässt sie hinter dem Horizont verschwinden – für eine Weile, bis sie sich ebenso schlagartig und übergangslos wieder einstellen als diejenige Welt, die für uns in der Außenperspektive verbindlich ist.

Es gibt eine Metapher, die dieses Umschlagen und Umspringen sprechend machen kann. Das sind die so genannten Kippbilder, die uns als Kinder schon fasziniert haben und denen Ernst Mach[102] und Wittgenstein[103] ihr besonderes Interesse zuwandten, weil sie darin etwas sahen, was über die Mehrdeutigkeit der Sprache hinausgeht. Wo diese sich abhängig von Kontexten vollzieht, springen die Bilder spontan ineinander um. Auf einen Schlag stellt sich das Gegenbild ein, ohne dass es sich über Zwischenstufen aufgebaut hätte. Geradeso wie sich Welten übergangslos ablösen. Es ist die Simultaneität des Bildes, die uns jede dieser Totalitäten jeweils als Ganze sehen lässt – wie auf einem Blick in panoramatischer Überschau. Platon hat dem in seiner Ideenschau zu höchster Wahrheit verhelfen wollen und darüber Mathematik, Erkenntnislehre und anamnetische Rückbesinnung zu einer Einheit verschmolzen. Freilich kannte Platon das Fernrohr noch nicht.

Wir switchen zwischen den Welten hin und her, diesseits und jenseits der Sprache, als wäre es ein und dieselbe Welt. Denn entweder ist es die Welt in der Außenperspektive, die eine Welt des Vergleichens ist: die *eine* Welt der Sprache und Logik. Oder es ist Welt in der Totalen, die jeweils und jeweilig eine Welt ist, diese aber ganz und gar ausfüllend. Jedes Mal erscheint uns die Welt komplett und gleichsam mit allem, was dazu gehört. Sie sind aber unterschiedlich gepolt – je nachdem. Sie gehen nicht ineinander auf und lassen sich nicht wie eine Ordnung auf der anderen abtragen. Sie sind unvereinbar. Nur weil sie sich – zum Ver-wechseln ähnlich – von Fall zu Fall den Anschein erfüllter Totalitäten geben, können sie übergangslos ineinander umspringen.

102 Ernst Mach: *Die Analyse der Empfindungen und das Verhältnis des Physischen zum Psychischen.* Darmstadt 1991. S. 148 ff., bes. 173.
103 Ludwig Wittgenstein: *Philosophische Untersuchungen.* – In: Wittgenstein: *Werkausgabe.* Frankfurt a.M. 1960. Bd. 1. S. 504 ff.
Vgl. auch Gunter Gebauer: *Wittgensteins anthropologisches Denken.* München 2009. S. 208 ff.

Goethe ist der Meister des Paradoxons. Im Paradoxon stößt die Sprache an ihre Grenze. Mehr kann Dichtung nicht leisten. Mehr kann auch die Welt der Bilder nicht leisten, wenn sie uns – wie Horst Janssen – den Augenblick, die Unschuld des ersten Augen-Blicks, wieder sehen macht.

I.12 Fazit

Was heißen nun all diese sich immer auf der Grenze zum Unsagbaren bewegenden Formulierungen? Etwas Raunendes und Beschwörendes ist ihnen nicht abzusprechen, weil sie, jeweils eine Perspektive ausschöpfend, beharrlich ein Paradoxon umkreisen: die „Ewigkeit im Augenblick".

Als Topos und als geflügeltes Wort überliefert und aus verschiedenen Traditionen gespeist, wissen wir nicht, was das heißt. Was wir mit Ewigkeit meinen, ist bekannt: eine Ausdehnung der Zeit über alle Grenzen hinaus. Aber dass es auch in die entgegengesetzte Richtung erfolgen kann, sozusagen in das Jetzt hinein, ohne dass es dafür ein Ende gibt, ist weniger selbstverständlich. Denn wie haben wir uns das vorzustellen: jetziger als jetzt? Die Sprache steht sich da selbst im Weg. Wir reden einer Ausgedehntheit das Wort, die doch die eines Punktes sein müsste.

In dieser heiklen Situation, in der die Maßstäbe fehlen, haben wir uns auf eine Beobachtung zurückgezogen, die sich auch der Sprache mitgeteilt hat. Dieselbe Sprache, die uns gleichsam straucheln lässt, bildet in besonderen Redewendungen ein Gedächtnis dafür aus, was nicht ungesagt bleiben soll. Zum Beispiel, wenn ich, wie es vorkommt, gar nicht merke, wie die Zeit vergeht, und das nachträglich verwundert feststelle.

Die Zeit kann also auch einmal aussetzen – als würde es sie für eine Weile gar nicht geben. Das heißt: Obwohl wir wissen, dass die Uhr weitertickt, hat sich der Eindruck aufgedrängt, soeben außerhalb der Zeit gewesen zu sein. Noch im Nachhinein ist damit eine gewisse Erleichterung verbunden, als ob sich vorübergehend eine Art Verjüngung eingestellt hätte. So wie wir als Kinder unter dem Spielen völlig die Zeit – die Zeit zum Zubettgehen – vergessen haben, geht mit dem Glücksmoment eine Erfüllung einher, die Lust bereitet und wiederholt zu werden verlangt.

Aus der ursprünglich in der Umgangssprache ausgelegten Spur ist eine Beobachtung und des Weiteren ein empirischer Befund geworden, der sich durchaus in Strukturen einfügt, die dafür erarbeitet worden sind. Ja, wie sich zeigt, ist das Phänomen weitaus verbreiteter, als die umwegige Annäherung daran verhieß. Zwischendurch auch wieder die Zeit vergessen können – offenbar wird die Gelegenheit dazu auf allen Feldern des Lebens gesucht: in den Routinen des Alltags ebenso wie im Sport, wenn es den toten Punkt zu überwinden gilt, so wie in allen Formen fesselnder Unterhaltung, wie auch bei der Arbeit, wenn die dafür aufgewendete Lebenszeit heruntergespielt werden soll. Und wer hätte es nicht nötig, auf die eine oder andere Weise aus seiner Arbeit einen Zeitvertreib zu machen!

Warum gerade die Zeit? Warum nicht der Raum oder der Ort oder das mit sich identische Ich? Die Zeit ist der Inbegriff all dessen, was mein

Existieren messbar und überprüfbar macht. Der Raum leiste das erst recht, möchte man meinen. Tatsächlich ist die Orientierung zu verlieren weitaus bedrohlicher. Der gleiche Schwindel, der uns dabei den Boden unter den Füßen wegzieht, ist im Falle der Zeit weniger pathogen. Geht es doch nicht darum, dass einer Morgens und Abends verwechselt oder nur noch in der Vergangenheit lebt. Es dreht sich darum, das Gespür für die Zeit, ja, die Zeit selbst zeitweilig einzubüßen.

Die Selbstvergessenheit, in der alle Außenbezüge wie abgeschnitten sind, bildet das Oberthema. Und was es am besten orchestriert, ist das Unterthema „Zeit". Als gäbe es so etwas wie die Zeit gar nicht, ist jeder von uns schon einmal jenseits der Zeit zu stehen gekommen. Ja – wie jeder sich eingestehen muss, ist es geradezu ein Bedürfnis, ihrer zeitweise auch einmal überhoben zu sein. Daraus schöpfen wir Kraft und jene blinde Zuversicht, die es möglich macht, sich immer wieder neu auf das Tagesgeschäft einzulassen. Aber es ist nicht die regenerative Wirkung, die hier interessiert, sondern das Phänomen als solches: das jeweilige Aussetzen der Zeit und das gerade insofern, als es keinen Gegensatz zur Verlaufszeit darstellt. Die Zeit zurückdrehen können wir nicht. Aber was hier die „Jeweiligkeit" genannt wird, ist das Absehen von der Zeit – wenigstens für eine Weile, zeitweilig. Es ist eine Einstellung, in der immer einmal wieder die Zeit wie nicht vorhanden erscheint – als wäre sie nicht. Dadurch wird ein Fenster geöffnet, ein Fenster, das gleichsam aus dem Haus herausführt, das wir bewohnen und das uns durch alle Etagen und Räume zu einer – unserer – Welt geworden ist.

Als würde ein Fenster aufgestoßen, führt uns das Aussetzen der Zeit in den Rücken einer Welt, die in ihren Ausmessungen einem System gleicht, das mit seiner Berechenbarkeit für Rückhalt und Erfolg steht. Wie ist es überhaupt möglich, in den Rücken von etwas zu gelangen, das kein Außen darbietet, dem nicht ein Innen korrespondieren würde und das deshalb das Andere seiner selbst gar nicht zu erfassen erlaubt? Wie ist da in den Rücken zu gelangen?

Wir meinen, dass das im Zuge der Neuzeit entwickelte Instrumentarium der Perspektive dafür eine Handhabe bietet. Die Perspektive und im weitesten Sinne das Perspektivische greift weiter, als die ursprünglich unter Führung der Naturwissenschaften eingebürgerte Opposition von Subjekt und Objekt sprechend machen kann. Die Perspektive ist einerseits ein Kind der zu einer geometrisch-mathematischen Wissenschaft weiterentwickelten Optik. Sie fußt auf der Fähigkeit, in einiger Entfernung einen Gegenstand fokussieren zu können. Zu diesem Zweck wird das Auge als ein Apparat verstanden, der das zu leisten imstande ist, und zwar von jedem möglichen Standort aus nach festgelegten Regeln. Darin kann sich zum ersten Mal jeder Einzelne – als eine nach Ort und Zeit besondere Perspektive auf die Welt – wiedererkennen. Nie zuvor ist die Regelhaftigkeit und Verallgemeinerbarkeit eines Vorgangs dergestalt augenfällig und überzeugend beweiskräftig auf den speziellen Einzelfall zurückzuverfolgen gewesen. Was zählt, ist der jeweils besondere Fall sowohl im Unterschied zu den anderen als auch bezogen auf den speziellen Standort und den einmaligen Zeitpunkt. Wir stehen an der Wiege des Individuums, wie es die Neuzeit, ohne dabei Halt zu machen, hervorgebracht hat.

Die Entwicklung führt darüber hinaus, indem jeder Perspektive ein besonderes Bild von der Welt, kurz: eine besondere Welt zugeordnet wird. Damit gelangen zum ersten Mal alle möglichen Welten in den Blick – nicht als Ausgeburten einer überschwänglichen Phantasie, sondern als etwas, womit zu rechnen ist. Das setzt mit der Infinitesimalrechnung nicht nur eine neue Mathematik frei,[104] es bringt auch die Negation zurück ins Spiel und gibt ihr eine für das Ganze konstitutive Rolle. Der Widerspruch, den die Logik um jeden Preis meiden muss, erhält eine relative Berechtigung. Mit anderen Worten: Die Perspektive lässt sich auch umdrehen. Es ist diese Umkehrung der Perspektive, die unser Weltbild wieder und wieder – im Wortsinne – revolutionieren wird.

Damit ist jedoch noch nicht alles über die Perspektive gesagt. Einerseits lässt sie uns von einem zum anderen Standpunkt wechseln und verschafft uns eine nie da gewesene Beweglichkeit. Andererseits geht jede Perspektive darin auf, sich zu einer eigenen Welt auszuweiten. Aus einer Mitte heraus verbreitet sie sich so über den Horizont, dass sie uns vollkommen für sich einnimmt. Die Fähigkeit, aus sich heraus eine Welt hervorbringen zu können, schließt tendenziell ein, eben diese Perspektive auch zu verabsolutieren. Die in einer Perspektive totalisierte Welt ist genau so eine Realität, wie dass in der Außenperspektive die Welt uns so erscheint, als wäre sie nicht nur die eine uns gegebene Welt, sondern als könnten wir uns auf dem Wege forschenden Vergleichens dieser Welt völlig bemächtigen. Dabei ist sie auch nur ausgedacht. Die Geschichte, die wir ihr zuschreiben, die Evolution, die sich uns in allen Erscheinungen empirisch aufdrängt, so dass wir ihrer Vergangenheit und Zukunft wie eines aufgeblätterten Buches sicher sind, ist eine Konstruktion. Als eine solche Konstruktion ist sie freilich nicht bloß erfunden und nicht entbehrlich. Sie ist notwendig einseitig und gehört ergänzt durch die Innensicht.

Wie in der Außensicht alles zu einem Maß und Medium – zu Zahl und Sprache – wird, so verschließt sich umgekehrt die Binnensicht solchen Verbindlichkeiten völlig. Die Innenperspektive tendiert dazu, alle anderen Perspektiven auszuschließen. Sie wird zum Untergang der Perspektive und ist – nicht weniger einseitig als ihre Gegenspielerin – sich selbst genug. Mit einem Wort: Außensicht und Binnensicht lassen sich nicht vergleichen. Sie sind spiegelverkehrt aufeinander bezogen und als solche im Endeffekt unvergleichlich; oder wie es hier heißt: unvereinbar, weil jede eine Welt für sich ist und das so ausschließlich, dass kein Gegensatz und keine zwei Seiten einer Medaille darüber hinweg eine Brücke zu schlagen vermögen. Die Verabsolutierung ist nicht das Gegenteil von

---

104 Paolo Zellini: *Eine kurze Geschichte der Zeit*. A.a.O. S. 143 ff.

einer Perspektive, sondern deren Untergang – so wie das Teilchen-Bild der Untergang der Wellenfunktion ist.

„Durch Welten getrennt" – diese Redewendung will gerade sagen, dass in einem solchen Fall nicht einfach Gegensätze vorliegen, die wie auch immer zum Ausgleich zu bringen wären. Es ist höchstens so, dass Welten einander ablösen und Welt auf Welt folgt. Grenzenlos einnehmend, wie jede von ihnen ist, füllt sie uns immer ganz aus. Das ist auch der Grund, weshalb die eine immer im toten Winkel der anderen liegt. Sie können nicht voneinander wissen. In diesem kotrastsymmetrischen Verhältnis steht die individuelle Existenz eines jeden zu der durch die maßgebenden Identitäten gebildeten Welt.

Die historischen Gründe für diesen Dualismus sind wohl evolutionsgeschichtlicher Art. Nicht zufällig sind die Erkenntnisleistungen unseres Gehirns an einer Form der Wahrnehmung orientiert, der vor anderen der Vorzug gegeben wird, wenn es darum geht, das Denken zu erklären. Zwar sprechen wir von „Begreifen" und „Begriff". Aber der Vorgang im engeren Sinne heißt „Einsehen", wie überhaupt das Auge zum besseren Verständnis kognitiver Fähigkeiten die Bilder liefert: zum Beispiel für das, was „Erkennen" genannt wird.

Für die evolutionsgeschichtliche Entwicklung dieses speziellen Organs zur Wahrnehmung werden zwei Stufen unterschieden: das parallaktische und das binokuläre Sehen. Beim parallaktischen Sehen wird der ganze Körper so hinter das Auge gebracht, dass Sehen und Reagieren ein und dieselbe Bewegung sind. Diese Einheit wird durch das binokuläre Sehen aufgetrennt. Die Augen wandern nach vorn im Kopf und werden zum Gesicht. Sie können nun einen Gegenstand in den Blick nehmen, und zwar weitgehend unabhängig davon, welche Stellung der Körper dazu einnimmt. Die Fähigkeit zum Nachdenken und zum Probehandeln im Geiste ist die Folge jener Entkoppelung des Sehens vom Körper.[105]

Wie in vielen anderen Fällen gehen frühere Stufen der Entwicklung nicht vollständig verloren. Beides hat sich bis heute erhalten. In welche Erfolgsgeschichte auch immer das perspektivische Sehen eingemündet ist, am Rande lebt die evolutionsgeschichtlich ältere Form weiter oder kehrt in abgewandelter Weise wieder. Das parallaktische Mit-dem-ganzen-Körper-sehen setzt sich fort als Totalisierung der Perspektive – als jenes ganzheitliche Erkennen, das den eigenen Leib zur Mitte hat, um die sich wie um ein pulsierendes Zentrum jeweils wieder Horizonte öffnen. Was wir die „Jeweiligkeit" nannten, das zeitweise Aussetzen von Zeit, Sprache und allen Identität stiftenden Mustern, folgt dem Rhythmus einer Erneuerung, die von solcher Mitte ausgeht.

Früher schon hat sich dafür der Begriff der Gestaltwahrnehmung eingebürgert, der als eine zweite Säule des Erkennens neben die einschlägig kognitiven Leistungen trat. Wie sich beide zueinander verhalten, war un-

---

[105] Vgl. S. 56 ff.

klar. Nur dass sie einen Gegensatz bilden, stand fest, nicht aber, wie diese Gegensätzlichkeit zu verstehen sei. In jüngerer Zeit hat Konrad Lorenz diese beiden Erkenntnisstämme zurückverfolgt. Obwohl Verhaltensforscher und wie kein anderer mit der Evolutionsgeschichte vertraut, hat er sich seinem Vorbild Kant allzu eng angeschlossen. Lorenz hat auch für die Gestaltwahrnehmung nicht auf jene Abstraktionsleistungen verzichten wollen, die er in Bezug auf jegliches Erkennen für so fundamental hielt, dass sie den Anfang auch für das ganzheitliche Wahrnehmen bilden sollen. Dagegen wird hier die These vertreten und weitläufig ausgeführt, dass beide Formen des Erkennens eine „Differenz ums Ganze" trennt.

Als Folge davon haben wir zwei Arten von Totalität ausgemacht – zwei zu unterscheidende Unendlichkeiten, deren jede sich spiegelbildlich zu der anderen verhält, d.h. gerade so, dass sie beide, indem sie sich in jeder Hinsicht aufeinander beziehen, in einer Hinsicht *nicht* ineinander aufgehen. Um im Bild zu bleiben: Es ist die Spiegelverkehrtheit, die dem Individuellen im Sinne des Einzigartigen seine Berechtigung einräumt.

Die eine – die aktuale – Unendlichkeit geht von einer Mitte aus und erfüllt sich in wechselnden Horizonten, die rhythmisch einander ablösen. Dem trägt die „Jeweiligkeit" Rechnung. Die andere, die negative oder potentielle Unendlichkeit geht davon aus, dass das Ganze immer schon vollbracht und dem Umfang nach vollzogen ist und deshalb in geordneten Teilen verfügbar. Aber wenn diese Teile ein Ganzes ergeben sollen, stellt sich heraus, dass sie es wieder und wieder schuldig bleiben. Teil-sein versus Teilhabe.

Jede der beiden Unendlichkeiten bleibt also hinter dem zurück, wofür sie steht bzw. wofür sie genommen wird. Füreinander stellen sie einen blinden Fleck dar. Umso wichtiger ist, dass sich uns ein Fenster geöffnet hat, in dem beide Unendlichkeiten in Erscheinung treten und sich so zeigen, dass sie unterscheidbar werden. Eben immer dann, wenn für eine Weile die Zeit auszusetzen scheint. Wenn sich quer zur Verlaufszeit meine leibliche Existenz so über den Horizont erstreckt, dass sie ihn wie aus einer Mitte heraus ganz ausfüllt, steht die Zeit still. In solchen Momenten *bin* ich, ohne in Abgrenzung gegen andere ein Ich zu sein, ohne Zeit und Sprache.

Daraus haben wir geschlossen, dass mein Körper ursprünglich keine eigene Sprache hat. Was man Körpersprache nennt und für einen Ausdruck von Unmittelbarkeit hält, erfolgt immer schon im Zeichen von Sprache überhaupt und der für sie charakteristischen Übersetzbarkeit von einer in die andere Sprache. *Dass ich bin*, ist grundsätzlich damit unvereinbar und liegt jenseits von dem der Sprache eigenen Horizont. Beide sind durch Welten voneinander getrennt.

Was diese miteinander prinzipiell unvereinbaren Welten denn doch verbindet, ist gerade das, was jeder zu der ihr eigenen Art von Unendlichkeit verhilft. Denn nur als solche können sie ineinander umschlagen und das so spontan und so übergangslos, wie wir es von den Kippbildern Machs und Wittgensteins kennen. Es ist ein Wechsel, wie wenn konfigurierende Bilder umspringen. Jedes Bild ist zugleich ganz da und nicht da. Und das funktioniert nur, weil sie sich als für einander unvereinbare Totalitäten anders nicht abwechseln können.

Darin ist denn auch der Grund zu suchen, dass wir in verschiedenen Welten leben, in bis zur Unvereinbarkeit verschiedenen Welten, und gleichwohl aufeinander bezogen bleiben. Sprache, Zeit und Identität gehen uns nicht verloren, wie auch wir ihnen zeitweilig verloren gehen.

II. Kant und die Perspektive

„Die transzendentale Dialektik" ist in der Kritik der reinen Vernunft die zweite Abteilung überschrieben, die Kant auf die erste folgen lässt, der er im Rahmen einer Elementarlehre den Titel „Die transzendentale Analytik" gegeben hat. Erst die analytische Grundlegung der reinen Verstandesbegriffe, dann die Vernunft selbst im Vollzug der ihr eigenen Souveränität. Mit Recht ist die Architektur gerühmt worden, mit der Kant ein Fundament so legt, dass es das darüber errichtete Gebäude nicht nur trägt, sondern dieses seinerseits die tragenden Teile in ihrer besonderen Beschaffenheit bestätigt und erst recht sinnvoll angeordnet erscheinen lässt.

„Die transzendentale Dialektik" ist die Krönung und das Siegel auf die wohlerwogene Begriffsklauberei, mit der Kant zuvor die synthetisierenden Leistungen des Verstandes in lauter Paragraphen und Abschnitte, in Hauptstücke und Grundsätze zergliedert hat. Das Band, das er schlingt und immer fester anziehen kann, ist deshalb so zwingend, weil Kant in Form von logisch schlüssigen Beweisen das Rätsel um Jahrtausende alte Antinomien „aufzulösen" vermag. Um die Erkenntnis nicht ziellos im Kreis herumzuführen, ist sie an die Anschauung zurückzubinden und in den Grenzen der Erfahrung zu halten. Synthetische Urteile a priori sind nicht nur möglich – wir haben sie auch nötig, wenn wir nicht der sich selbst überlassenen Vernunft und den daraus entspringenden Missdeutungen aufsitzen wollen. Es ist diese Beweisführung, die aus Immanuel Kant eine Autorität gemacht hat.

Aber Kant ist nicht nur eine bis heute durchschlagende Autorität. Er hat auch Antworten auf Fragen gegeben, die der gesunde Menschenverstand kaum abweisen kann. Überhaupt liegt er fast immer richtig, wenn er grundsätzlich wird. Wo andere den Kopf wiegen, kann er seine Skepsis begründen: Gott lässt sich nicht beweisen. Vieles lässt sich denken und ist sogar denknotwendig, aber deshalb ist es noch lange nicht erkennbar und als Erkenntnis auszugeben. Denn dazu gehört, dass es sich in Raum und Zeit als ein Gegenstand der Erfahrung zeigt. Gott ist empirisch nicht auszumachen – genauso wenig wie die Existenz einer alles umfassenden Welt. Es sei denn, sie wäre uns als Gegenstand der Anschauung gegeben, was aber nicht der Fall sein kann, weil sich die Welt im Ganzen nicht anschauen lässt. Sie ist und bleibt ein freilich für das Denken unverzichtbarer Begriff.

Viele fühlen sich zum Anwalt der Vernunft berufen, die wenigsten sind dabei wie Kant vernünftig geblieben. Ohne empirische Rückversicherung neigt die Vernunft zur Selbstüberschätzung oder – wie Kant sagt – zur Hypostasierung ihrer selbst, die sie kurzschlüssig zur Wirklichkeit erhebt. Kant legt den logischen Verallgemeinerungen gleichsam Zügel an, er nimmt sie in die Regie, indem er sie auf einem eingegrenzten Feld nun allerdings uneingeschränkt wirksam sein lässt. Es ist ein durch die apriorischen Formen der Anschauung und die Transzendentalität der Verstandesbegriffe abgestecktes Feld. Im Rahmen dieser durch das erkennende Subjekt vorgegebenen Eigengesetzlichkeit sind alle einzelnen Stufen und Schritte logisch strikt aufeinander aufbauend. Das Apriorische und die Transzendentalität dienen überhaupt dazu, um der Logik einen Anker zu geben, d. h. um nicht immer wieder neue, womöglich unvordenkliche Anfangsgründe zu diskutieren.

Kant macht das Subjekt mit seinen eigengesetzlichen Strukturen stark und er rückt die Dinge so, wie sie an sich selbst sind, in eine uneinholbare Ferne. Indem er eine Grenze zieht, indem er die empirisch fundierte Erkenntnis und das Ding an sich trennt, indem er das Erkennbare vom Unerkennbaren scheidet, kommt Kant immer auf der richtigen Seite zu stehen. Er kann den Nachweis stets so führen, dass im Sinne seiner Grenzziehung von Fall zu Fall uneinlösbare Voraussetzungen gemacht werden. Er kann die durch die längste Zeit der Philosophie mitgeschleppten Paralogismen und Antinomien aufdecken.

Mit seiner Unterscheidung von transzendent und transzendental ist Kant so überaus erfolgreich gewesen, dass sich die Ausdifferenzierung der Wissenschaften in die einzelnen Fächer hinfort danach ausgerichtet hat. Das Übersinnliche, das, was die Grenzen der sinnlich erkennbaren Welt überschreitet – transzendiert –, bleibt Sache des Glaubens und der Religion; während die Wissenschaft und mit ihr die Philosophie danach fragen, was die Erkenntnis ihres Gegenstands erst ermöglicht und ihm als Regel und Gesetzmäßigkeit so vorgeschaltet ist, dass es noch jeder subjektiven Erfahrung vorhergeht und sie eigens mitbegründet. Die Frage nach den Bedingungen der Möglichkeit der Erkenntnis hat dazu geführt, dass die einzelnen Fächer Methodologien entwickelt haben, in denen sie nachzuweisen suchen, was gerade für ihren Gegenstand konstitutiv, d. h. so grundlegend ist, dass damit der Grund für eine eigene Forschungsrichtung gegeben ist.

Was die verschiedenen Wissenschaften verbindet, ist die Logik – der von Kant geprägte Gestus einer Logik, die im Rückgang auf die ihren Gegenstand konstituierenden Bedingungen sich ihrer künftigen Wirksamkeit vergewissert. Ursache und Wirkung greifen so ineinander, dass sie zum Inbegriff logisch folgerichtigen Schließens geworden sind.

Darüber hinaus ist die Logik längst im Alltag angekommen. Und es ist nicht zuletzt Kants Verdienst, ihrer apodiktisch zugespitzten Form eine Zukunft eröffnet zu haben, die verlangt, dass ein Argument schlagend und ein Beweis stichhaltig ist. Der Automatismus, mit dem eine Schlussfolgerung Schritt für Schritt zwingend notwendig vollzogen wird, weckt eine ähnliche Zustimmung, ja Begeisterung wie eine Maschine, die uns die Arbeit abnimmt. Wie Räder ineinander verzahnt sind und Kräfte von

Treibriemen übertragen werden, wie aufgeheizter Dampf ein kolossales Eisenungetüm wie die Lokomotive zum Rollen bringen kann, so wächst uns aus dem Funktionieren der Mechanik eine schier grenzenlose Stärke zu. Und was die Zuversicht vollends beflügelt: Alles läst sich bis ins einzelne nachvollziehen, ist überprüfbar und unter Kontrolle. Es ist dieses Selbstbewusstsein eines neuen Zeitalters, das sich mit einer eigenen Verfassung die Regeln vorgibt und sie immer wieder kritisch zu hinterfragen vornimmt, das aus der Kritik der reinen Vernunft spricht. Nur ist es nicht die Vernunft selbst, die solche Erwartungen erfüllen kann, sondern das logische Prozedere, das die Last der Verantwortung übertragen bekommt.

Die Vernunft ist in Antinomien verstrickt. Doch auf die Logik lässt Kant nichts, aber auch gar nichts kommen. Sie hält das Ganze zusammen, wie dieses auch gerade als Ganzes von Widersprüchen bedrängt wird.

Wie ist es überhaupt möglich, dass ein Projekt wie die menschliche Vernunft, das bis heute unser Überleben sichert, von Antinomien heimgesucht sein kann? Ist die Vernunft nicht die Quelle aller logischen Verfahren? Wenn der Logik die Vernunft zugrunde liegt, wie kann diese dann irren und sich zu Verwechslungen und Täuschungen hinreißen lassen? Lauter Fragen, die sogleich weitere auf den Plan rufen: Denn kann es des Guten zuviel geben? Ausgerechnet die Vernunft, die das Beste ist, was wir haben, soll der Unvernunft Tür und Tor offen halten? Wie kann das möglich sein?

Kant beantwortet es so, dass er der Möglichkeit Raum gibt, dass im Rahmen der Vernunft Verwechslungen und Irrtümern Vorschub geleistet wird. Als letzte Instanz kann die Vernunft nicht irren; aber sie kann Wege nehmen, auf denen sich das Geschäft der Vernunft verzweigt und sie ihr Ziel anders nicht erreicht als auf dem Umweg über die Gegenposition. Kant führt an dieser Stelle die „Dialektik"[106] ins Feld, die er, weil sie unter dem Dach der Vernunft tätig werden soll, stark macht und ihr konzediert, dass sie sogar eine „Logik" ist, wenn auch eine „Logik des Scheins".[107]

Aber als solche kann sie Transzendentalität beanspruchen, so dass aus dem Schein – dem bloß Scheinhaften – ein „transzendentaler Schein"[108] wird.

Die Absicht, die dahinter steckt, ist durchsichtig und folgt einem kühnen Plan. Die Welt des Scheins wird wie nie zuvor in der platonischen Tradition aufgewertet, ihr wird eine Folgerichtigkeit und innere Notwendigkeit zugesprochen, die ihr einen Platz im Rahmen der Vernunft sichert. Aber so, dass die Entscheidung darüber, was Schein ist, welche Rolle er spielt und wie er zu durchschauen sei, im engeren und eigentlichen Sinne dem Verstand zufällt.

---

106 Immanuel Kant: *Kritik der reinen Vernunft II.* – In: Kant: *Werke III*: Hrsg. von Wilhelm Weischedel. Wiesbaden 1956. S. 308.
107 Ebenda.
108 Ebenda S. 309.

„Daher sind Wahrheit sowohl als Irrtum, mithin auch der Schein, als die Verleitung zum letzteren, nur im Urteile, d. i. nur in dem Verhältnisse des Gegenstandes zu unserm Verstand anzutreffen. In einem Erkenntnis, das mit den Verstandesgesetzen durchgängig zusammenstimmt, ist kein Irrtum."[109]

Kant stellt das fest in Abgrenzung gegen die Welt der Sinne. Rigoros und auf eine schockierende Weise macht er klar: „In den Sinnen ist gar kein Urteil, weder ein wahres noch ein falsches."[110]

Aber die Vernunft hat im Sinne des Verstandesgebrauchs auch kein Urteil und urteilt nicht kritisch, wie sich noch zeigen wird. Das bleibt dem Verstand im Verhältnis zu seinem Gegenstand vorbehalten. Wenn er nur nach den Gesetzen verfährt, die Kant in der „Transzendentalen Analytik" formuliert hat, dann kann sich kein Irrtum einstellen. Im engeren Sinne ist es die ihren Grundsätzen strikt folgende Logik, die auf diese Weise allein ermächtigt wird zu entscheiden, was richtig und falsch ist. So kommt es, dass auch in Fällen, die erklärtermaßen unentscheidbar sind, wie die, in denen danach gefragt wird, ob die Welt einen Anfang habe oder nicht und ob der Raum begrenzt oder unbegrenzt sei, die Logik dazwischen einschreitet und folgerecht exekutiert, warum dieses Argument zutreffend, aber jenes verkehrt sei.

Außer von Mathematikern ist kein Buch geschrieben worden, das sich ebenso rastlos in Beweisen ergeht und bis in die Verkettung sich gegenseitig stützender Gründe ebenso dem logischen Kalkül huldigt.

Dahinter bleibt die Vernunft zurück, die sich als für die „Dialektik", für die „Logik des Scheins", für Scheinlösungen und Antinomien anfällig erwiesen hat. Aber Kant ist nicht nur der Baumeister einer sich verselbständigenden Maschine, er ist auch ein großer Erfinder. Für die Vernunft erfindet er eine neue Funktion, die eines „regulativen Prinzips".[111]

Ein Prinzip ist kein Grundsatz, der in regelhafter Weise zu verfahren vorschreibt. Ein Prinzip verpflichtet nicht, es leitet an und folgt daraus, dass die Vernunft immer „die Richtung auf eine gewisse Einheit"[112] nimmt. Sie bildet höherstufige Einheiten bloß aus Begriffen ungeachtet dessen, dass diese gar nicht empirisch abgesichert und in der Anschauung begründet sind.

So kommt es, dass die Vernunft nicht anders kann, als zu den Ideen aufzusteigen, die deshalb nicht aus der Luft gegriffen und rein erdichtet sind, auch wenn ihnen „kein kongruierender Gegenstand in den Sinnen gegeben werden kann".[113]

Solche Ideen gibt es wirklich und sie entfalten überall dort ihre Wirksamkeit, wo – wie im Forschungsprozess – erst einmal heuristisch vor-

---

109 Ebenda S. 308.
110 Ebenda.
111 Kant: Werke IV, S. 472.
112 Kant: Werke III, S. 331.
113 Ebenda.

läufige Annahmen gemacht werden, die dem Wissenschaftler als Ideen vorschweben, um in einem darauf folgenden Arbeitsschritt im einzelnen überprüft und mit dem faktisch Gegebenen – den empirischen Tatsachen – abgeglichen zu werden.

Kant erfindet für die reinen Vernunftideen eine Praxis, eine Funktion in lebenspraktischen Zusammenhängen, die sie vorher nicht hatte. Seit Platon waren die Ideen abgehoben von der Sinnenwelt und durch diese Abgehobenheit definiert. Es war höchstens die Frage, ob sie angeboren oder erworben seien. Davon profitiert auf sehr praktische Weise zunächst einmal Kant selbst, der zur Abrundung seines Systems den letzten Beweis liefert, dass es synthetische Urteile a priori gibt – geben muss, weil das die Arbeitsteilung zwischen Verstand und Vernunft sowohl begründet wie auch notwendig macht. Denn die Vernunft braucht, gerade wenn sie sich zu den höchsten Ideen aufschwingt, den Verstand als Korrektiv, der in der Anschauung fußend nach Grundsätzen verfährt, die der Logik zu einem kritischen und objektiven Urteil verhelfen.

In der von Kant systematisch entfalteten Arbeitsteilung von Verstand und Vernunft haben sich in der Folgezeit verschiedene Philosophien eingerichtet. Hegel hat den von der Praxis eröffneten Lebensraum dazu genutzt, die Weltgeschichte in die Rolle zu bringen, darüber zu richten, wie das, was Substanz war, Subjekt werden kann, Der zu sich selbst findende Weltgeist hat bei Hegel das Erbe angetreten, das Kant dadurch auf den Weg gebracht hat, dass er in den Vernunftideen zwar nur regulative Prinzipien sah, sie aber transzendental verortete.

In verkleinertem Maßstab setzt die Hermeneutik fort, was nach Kant immer mehr an Bedeutung gewann: die Aufarbeitung der Geschichte als prozessuales Geschehen. Gleichwohl gehen die philosophischen Grundlagen der Hermeneutik auch auf Kant zurück. Denn er ist es, der in das logische Prozedere die Zeit hineingetragen hat, indem er, wenn auch mit anderen Intentionen, damit begann, die Zeitmodi der Vergangenheit und Zukunft herauszupräparieren. In der nach höheren Allgemeinheiten aufstrebenden Vernunft greifen wir auf eine Zukunft vor, die Kant durchaus noch nicht im Sinn hatte, als er für die Syntheseleistung als solche hervorhob, dass sie – gewissermaßen von Natur aus und sich selbst überlassen – zu der größtmöglichen Einheit vorläuft. Daraus wurde in dem Zirkulationsgeschehen, das der Hermeneutik zugrunde liegt, der Vorgriff auf das Ganze. Wie in Kants „Logik des Scheins" ist darin aber nicht unmittelbar eine Wahrheit ausgesprochen, sondern „regulativ" dazu angeleitet, sie mittelbar zu gewinnen.

Das Mittel, auf das Kant da rekurriert, ist der Verstand. Aber nicht der aus leeren Begriffen schöpfende Verstand, sondern der empirisch untermauerte, aus Grundsätzen gefolgerte Verstandesbegriff, der im Unterschied zu den Vernunftschlüssen die Logik zu einem Instrument der Kritik schärft. Daraus macht die Hermeneutik einen Rückgriff, der das Vergangene wieder stärker zur Geltung bringt, indem er das ganzheitliche Vorverständnis im Detail und in seinen freilich immer nur vorläufig gesicherten Momenten überprüft. Verstehen geht daraus hervor, immer schon verstanden zu haben.

Es ist Heideggers nicht hoch genug zu veranschlagendes Verdienst, zur Überwindung der Bewusstseinsphilosophie eine Sprache gefunden zu haben, die statt aus dem Zirkel heraus – tiefer und überhaupt erst richtig in diesen hineinführt. Heidegger entfaltet die Zeitmodi, die bei Kant in der Unterscheidung von Verstand und Vernunft angelegt sind, und gestaltet sie aus zu einer Daseinsanalyse. Auf die Weise bleibt das sich in die Zukunft voraus entwerfende Dasein zurückgebunden an die Frage nach dem Sein, die auch eine des Ursprungs ist. Wo Kant Begründung auf Begründung statuiert, sucht Heidegger das Gründende.

Aber den letzten tragenden Grund zu finden hat nicht erst Heidegger Schwierigkeiten, wenn er – wie in *Sein und Zeit* – unserem ekstatischen Dasein die zirkelhafte Struktur des Denkens einschreibt. Schon Kant hat sich an dem Zirkel reiben müssen. Nachdem er die Verstandesbegriffe – die Kategorien – einer strengen Deduktion unterzogen hatte, um zu den reinen Vernunftbegriffen aufzusteigen und diese ebenso gründlich zu deduzieren, musste er feststellen, dass ihnen keine erfahrbaren Gegenstände und nichts Anschauliches entsprachen.[114]

Endlich zur Vernunft selbst aufschauend, war Kant dort wieder angekommen, wo er seinen Weg begonnen hatte: bei den analytischen Urteilen. Das analytische Urteil konnte ihn nicht zufrieden stellen, weil alle Prädikate schon in dem Subjekt enthalten sind und aus diesem gewissermaßen nur tautologisch gefolgert werden. Begriffe ohne Anschauung sind blind. Deshalb machte sich Kant auf die Suche nach dem synthetischen Urteil a priori, das den modernen Erfahrungswissenschaften eine gesicherte Grundlage geben sollte. Das konnte er leisten, aber die darüber hinausgreifende Systematik führte ihn an den unbefriedigenden Anfang zurück – zurück zu einem Urteil, das analytisch bloß in sich selbst kreist.

Zwar verkauft uns Kant diese Misslichkeit als einen Sieg der zu begründeter Kritik befähigten Vernunft über die leeren Worthülsen der Metaphysik. Aber die Inkonsequenzen reichen bis in den inneren Aufbau seiner Philosophie.

Inmitten der „Transzendentalen Dialektik", nachdem er die Antinomien zu Gruppen zusammengestellt, gegliedert und der Ordnung nach entfaltet hat, kommt Kant auf den springenden Punkt zurück, den er schon in der Einleitung benannt hatte[115] und auf den sich die Jahrtausende währende Problematik zurückführen lässt:

„Die ganze Antinomie der reinen Vernunft beruht auf dem dialektischen Argumente: Wenn das Bedingte gegeben ist, so ist auch die ganze Reihe aller Bedingungen desselben gegeben;"[116]

– also auch das Unbedingte![117]

Es geht um den Begriff der Reihe, wie ihn insbesondere die Mathematik versteht. Mathematisch ist die Formulierung: Ist etwas als „gegeben" vorauszusetzen, folgt daraus zwingend notwendig, dass... Die Mathematik gelangt zu ihren apodiktischen Aussagen „unter der Voraussetzung, dass alle Glieder der Reihe auf der Seite der Bedingungen gegeben sind (Totalität in der Reihe der Prämissen)".[118] Denn dann kann sie Beweise sprechen lassen und muss in gleichartigen Fällen nicht immer wieder neu zählen oder nachrechnen. Es ist diese Beweisbarkeit, die dem „Urteil a priori"[119] zugrunde liegt, eine Beweisbarkeit, die das analytische Urteil von vornherein definiert, und die Kant auch für das synthetische Urteil herzustellen versucht. Der Apriorismus und die Transzendentalität, die Kant wie einen Rahmen um das Erfahrungsurteil so zurechtschneidet, dass es einen festen Halt und sowohl in der Anschauung wie auch in der Herleitung der Verstandeskategorien einen sicheren Grund vorfindet, folgt dem Vorbild der Mathematik.

Selbst wenn Kant konzedieren muss, dass in den kategorischen Vernunftschlüssen nur der Form nach, aber nicht inhaltlich und gegenstandsbezogen gefolgert werde, hält er daran fest, dass sich darin die Vernunft ihrer inneren Natur nach beweise, die eine mathematische sei.[120]

Aber es gibt daneben die dynamische Reihe, die auch die „empirische" genannt wird. Sie unterscheidet sich von der „Synthesis des bloßen Verstandes, welcher die Dinge vorstellt, wie sie sind, ohne darauf zu achten, ob, und wie wir zur Kenntnis derselben gelangen können".[121] Die dynamische Reihe greift hingegen auf die Erscheinungen zu. „Denn die Erscheinungen sind (...) selber nichts anders, als eine empirische Synthesis (im Raume und der Zeit)".[122] Einer solchen empirischen Synthesis ist deshalb „die absolute Totalität der Reihe derselben keineswegs"[123] gegeben, sondern höchstens „aufgegeben",[124] d. h. als eine erst noch herzustellende und zu vollendende Totalität zur Aufgabe gemacht. Das muss wiederum „notwendig sukzessiv und nur in der Zeit nach einander"[125] erfolgen. Für die dynamische Reihe ist Totalität nur insofern möglich, als man sie „wirklich vollführt".[126] Was aber nicht gelingen kann, weil es in

---

114 Ebenda S. 336 f.
115 Ebenda S. 334.
116 Kant: Werke IV, S. 464.
117 Ebenda S. 465.
118 Kant: Werke III, S. 334.
119 Ebenda.
120 Ebenda S. 334 ff.
121 Kant: Werke IV, S. 465.
122 Ebenda S. 466.
123 Ebenda.
124 Ebenda.
125 Ebenda.
126 Ebenda S. 467.

der Zeit kein Ende gibt und zum Beispiel zu jeder Zahl eine noch höhere gefunden werden kann.

Beide Reihenbegriffe, der mathematische und der dynamisch-empirische, spielen eine wesentliche Rolle, wenn es um die höchsten Ideen geht, zu denen wir – wie Kant sagt – natürlicherweise aufsteigen, um uns zu vergewissern, dass die Welt unendlich und die Seele unsterblich sei und es ein Wesen aller Wesen – Gott – gebe. Was ist es, das uns auf solche Ideen bringt? Es ist die Vernunft selbst, insofern sie Schlüsse zieht, „die keine empirischen Prämissen enthalten, und vermittelst deren wir von etwas, das wir kennen, auf etwas anderes schließen, wovon wir doch keinen Begriff haben, und dem wir gleichwohl, durch einen unvermeidlichen Schein, objektive Realität geben".[127] In solchen Reihen, in denen von dem Einen auf das Andere, von dem Bedingten auf das Unbedingte geschlossen wird, ergehen sich insbesondere die kosmologischen Ideen. Sie greifen auf eine Totalität zu, die entweder dem Beispiel der mathematischen Reihe folgt oder dem Beispiel der empirisch-dynamischen Reihe. Wie Kant feststellt, wird im Obersatz „das Bedingte in transzendentaler Bedeutung einer reinen Kategorie"[128] verstanden, im Untersatz dagegen im Sinne einer empirischen Synthesis. Der Obersatz setzt Totalität voraus, die der Untersatz erst empirisch herstellen muss. Ober- und Untersatz des kosmologischen Vernunftschlusses machen nicht die gleichen Voraussetzungen.[129] Daraus ergeben sich die berühmten Antinomien, die Kant so auflöst, dass er den Nachweis führt, es sei unentscheidbar, welche Seite Recht habe. Weder die Parteinahme für die eine noch für die andere sei richtig. Dass die Welt unendlich ist, lässt sich genauso wenig beweisen, wie dass sie endlich ist.

Für diese schlüssige Beurteilung hat Kant viel Zustimmung erfahren, und bis heute gilt, dass die metaphysischen Behauptungen unbeweisbar sind. Doch so ausgewogen sein Urteil ist, für Kant selbst und seine Philosophie ist hervorzuheben, dass die mathematische und die dynamisch-empirische Reihe, obwohl sie gleichberechtigt nebeneinander bestehen, nicht auch gleich gewichtet sind. Kant gibt der mathematischen den Vorzug, weil nur sie in sich gegründet ist und einen formal bündigen Beweis zu liefern erlaubt; während die empirische Reihe auf das Nacheinander in der Zeit rekurriert – jener Zeit, von der sich die Logik gerade befreit hat. Aus dieser ungleichen Gewichtung ergeben sich für Kant Probleme.

Denn einerseits will er neben dem analytischen das synthetische Urteil so aufwerten, dass es ein wohlbegründetes Erfahrungswissen wie in den modernen Naturwissenschaften geben kann. Andererseits glaubt er das nur leisten zu können, wenn er der empirisch fundierten Synthesis apriorische und transzendentale Strukturen einzieht. Nach dem Vorbild der mathematischen Reihe, der zufolge das Unbedingte durch die Vollstän-

---
127 Ebenda.
128 Kant: Werke III, S. 339.
129 Kant: Werke IV, S. 466.

digkeit aller Bedingungen „gegeben" ist, rekonstruiert er das synthetische Urteil a priori und legt ihm ein Fundament zugrunde, das analytisch stringent ist.

Diese Bevorzugung der mathematischen Reihe vor der empirischen hält sich bei Kant durch bis in seine Herleitung des freien Willens aus einem Akt der „Spontaneität".[130] Er sieht ihn in der Vernunft selbst begründet, insofern sie mathematisch verfährt und in spontaner Setzung das Ganze als „gegeben" erachtet. Dabei weiß Kant, dass es sich um ein „dialektisches Argument" handelt, das – wie er früher sagt[131] – zweideutig und irreführend sein könne. Denn es geht von Voraussetzungen aus – von denen einer gegebenen Totalität –, die es aus sich selbst nicht begründen kann. Einzulösen wäre es nur im Rückgriff auf die empirisch-dynamische Reihe, die freilich sukzessive vorgeht und deshalb nie an ein Ende gelangt und für die Totalität nur potentiell erreichbar ist.

Vom Standpunkt der empirischen Reihe wäre der gesetzgebende Gestus der Vernunft zu kritisieren. Tatsächlich hält sich Kant auch nicht zurück, diesen Standpunkt gelegentlich einzunehmen, wenn er an prominenter Stelle gegen die Annahme, es gäbe einen leeren Raum, argumentiert. In dem „die Antizipation der Wahrnehmung" überschriebenen Kapitel bezieht Kant Stellung gegen die Naturforscher in der Nachfolge Newtons, denen er vorrechnet, dass in einem Kontinuum wie dem des Raumes immer ein Mehr oder Weniger vorherrsche, also nie der leere Raum selbst gegeben sei.

In voller Übereinstimmung mit seiner Lehre übt Kant Kritik an dem analytisch-mathematischen Vorurteil, insofern es, von jeglicher Erfahrung abgelöst, bloß aus sich selbst schöpft. Was bei Kant als „Antizipation" Anlass zu Verwechslungen gibt, geht in die Hermeneutik als produktiv zu machendes Vorurteil ein und wird von Heidegger zum Entwurfcharakter des Daseins ausgearbeitet. Es ist die Geschichte der Philosophie, die den zirkelhaften Gebrauch vollends entfalten wird, der schon bei Kant angelegt war.

Nun kann es nicht darum gehen, Kant eines Widerspruchs zu überführen, den er um jeden Preis vermeiden will. Kant widerspricht sich nicht, aber indem er die mathematische Reihe aus der Sicht der empirisch-dynamischen Reihe reformuliert und umgekehrt diese aus der Sicht jener, gerät er in die Nähe dessen, was wir als charakteristisch für die Perspektive bezeichnet haben. Die Perspektive ist mathematisch, insofern exakt berechenbar, und sie ist so empirisch geerdet, dass sie jedem seinen eigenen Standpunkt einräumt und ihn als im Hier und Jetzt verortetes Individuum stark macht. Entsprechend bedeutet die Umkehrung der Perspektive deren Reziprozität, aber auch, dass mit jedem einzelnen jedes Mal wieder eine Welt einhergeht.

130 Ebenda.
131 Ebenda S. 499.

Kant hat der Perspektive in seiner kritischen Philosophie ausdrücklich einen Platz verweigert. Als gäbe es sie nicht. Als spielte sie keine Rolle. Er setzt statt dessen auf die Logik. Alles soll beweisbar sein und aufs Engste miteinander verknüpft. Wir haben es damit erklärt, dass er dem mathematischen Reihenbegriff, der die Totalität als gegeben voraussetzt, den Vorzug gibt. Denn erst dadurch stellt sich Beweisbarkeit ein und mit ihr das System unablässig ineinander greifender Schlussfolgerungen. Selbst die Unendlichkeit verwandelt sich in Größen, mit denen sich rechnen lässt.

Der mathematische Zug setzt sich auch in den synthetischen Urteilen a priori durch, insofern sie transzendental verankert werden. Erst beim Übergang von den empirisch fundierten Verstandesurteilen zu den reinen Vernunftschlüssen kommt so etwas wie die Perspektive ins Spiel. Weniger bei Kant, der sich aus systematischen Gründen dieses Begriffs enthält, aber bei seinen Interpreten. Bei einem Autor wie Otfried Höffe, der seinem Kant in allem folgt, ist aus Anlass der Vernunftideen von der Perspektive die Rede und nicht nur das, sondern auch davon, dass eine „neue Logik"[132] damit angebahnt sei.

> „Wie bei einem Gemälde der Fluchtpunkt außerhalb des Bildes liegt und doch seine Perspektive bestimmt, so ist die wissenschaftliche Forschung auf die Vernunftideen verpflichtet, ohne zu irgendeinem Zeitpunkt die absolute Vollständigkeit des Wissens zu erreichen. Dort, wo man den Fluchtpunkt der Forschung für einen eigenen Gegenstand hält (...), dort entsteht der dialektische Schein. (...) Die Vernunftideen sind wie der Horizont, der bei jedem Vorwärtsgehen zurückweicht, so dass man nie an seinen Rand, nie endgültig zum Stehen kommt."[133]

Höffe spricht nur aus, wie nahe Kant hier dem Perspektive-Begriff kommt. In den regulativen Vernunftideen wird einer Vernunft das Wort geredet, die in der Perspektive immer höherstufiger Allgemeinheiten zu den letzten Wahrheiten aufzusteigen sucht. Daneben gibt es aber auch eine Vernunft, die aus der Perspektive eines sicher gegründeten und frei gesetzten Anfangs ihre unumstößlichen Schlüsse zieht. Es gibt die Vernunft zweimal. Sie hat einen doppelten Auftritt. Und das zu unterscheiden ist die Perspektive in der Lage, wie wir sie in dem doppelten Reihenbegriff vorgebildet finden, dem der mathematischen und dem der empirisch-dynamischen Reihe. Die mathematische Reihe entfaltet sich aus einer gegebenen Totalität zu der reibungslosen Schlüssigkeit stringenter Beweise. In umgekehrter Perspektive – aus entgegen gesetzter Richtung – greift die dynamische Reihe so auf die Totalität zu, dass sie ihr immer nur „aufgegeben", aber nie „gegeben" ist, wie Kant wohl zu unterscheiden weiß.

132 Otfried Höffe: *Immanuel Kant*. 2. Aufl. München 1988. S. 167.
133 Ebenda.

Das eine Mal sind wir in den sukzessiven Vollzug der Reihe praktisch involviert. Das ist die Binnensicht bzw. die Teilnehmerperspektive. Das andere Mal sind wir in der Beobachterperspektive und schauen wie von außen auf ein Ganzes – die vollständige Reihe –, das uns in all seinen Teilen vorgegeben erscheint.

Es ist die Perspektive, die Innen und Außen trennt und beide als autarke Systeme zu denken erlaubt. Ja, die Perspektive ist geradezu dafür erfunden, solchen Autarkien den Platz buchstäblich einzuräumen, den sie brauchen. Denn die eine Reihe ist die inverse Spiegelung der anderen. Sie stehen nicht in einem abbildlichen Verhältnis zueinander wie Original und Kopie. Sie sind jeweils eine Einheit für sich und behaupten, allen hin- und widerlaufenden Beziehungen zum Trotz, ihre Selbstständigkeit. Gerade was ihren Bezug zu Totalität und Unendlichkeit betrifft, sind sie überhaupt unvereinbar.

Gleichwohl führt uns die in aufsteigender und absteigender Reihe[134] polarisierte und in gegenläufigen Perspektiven thematisierte Vernunft nicht auf eine „neue Logik", wie Höffe hofft. Es gibt keine neue Logik, nur eine unterschiedlich kontextualisierte Logik.

Hingegen sind die Antinomien der Vernunft eine Realität und nicht nur dialektisch erzeugt im Sinne eines „transzendentalen Scheins", der sich logisch auflösen lässt. Der Philosoph Zenon aus dem antiken Griechenland hat mit seinen Paradoxien Recht. Achill, der die Schildkröte nicht einholen kann, und der vom Bogen schnellende Pfeil, der in der Luft ruht – diese Beispiele machen Widersprüche sichtbar, die es gibt und die grundsätzlicher Art sind. Nur für die tendenziell auf Logik verengte Vernunft, nur in der einen Welt, die sich die Logik zur Voraussetzung macht, lassen sich die Widersprüche scheinbar auflösen und ausräumen. Sobald sich aber die unterschiedlichen Standpunkte, die der Beobachter- und der Teilnehmerrolle, nicht mehr verwechseln lassen, sobald sie auch zu selbstständig sich durchhaltenden Perspektiven und also zu autarken Welten werden, bleiben die Widersprüche unaufgelöst weiter bestehen: als Antinomien der Vernunft und das nicht nur dem Anschein nach.

Aber damit gehen wir endlich über Kant hinaus.

Was hier abweichend vorzubringen ist, erscheint vor dem Hintergrund Kants, der dafür die Wege gebahnt hat, indem er mit dem von ihm ausdrücklich nicht in Anspruch genommenen, aber der Sache nach entfalteten Begriff der Perspektive die Markierungen gesetzt hat. Im Unterschied zu Kant wird hier behauptet, dass das Ganze, die Totalität, das Unbedingte eine Erfahrung sei, wenn auch nur zeitweilig und vorübergehend als eine mit mir und meinem Existieren gegebene Erfahrung. Das zu formulieren macht die Perspektive möglich. Denn die Gegenüberstellung einer Teilnehmerperspektive und einer Beobachterperspektive, das Gegeneinander von Innen- und Außensicht erlaubt es, aus beiden Autarkien zu machen,

---

134 Kant: Werke III, S. 334.

d. h. eigenständige Welten, die für sich, wenn auch nach je eigenen Bedingungen, sein können. Im erfüllten Augenblick, wie wir den sich konzentrisch über den ganzen Horizont legenden Leib nannten, hört nämlich die Perspektive auf, eine Perspektive zu sein. Sie wird zu einer eigenen Welt, der gegenüber, solange sie dauert und sei es nur diesen Erfüllungsmoment lang, kein anderer äußerer Standpunkt zu gewinnen ist.

In der Innensicht haben wir es ebenso gut mit einer Welt zu tun wie in der Außenperspektive. Nur dass sich die Zeit, die für uns alle maßgebliche Zeit, verliert, wenn auch bloß für eine Weile. Bei Kant heißt es, dass kein Gegenstand der Erfahrung und kein Objekt der Anschauung mit den im Vorgriff auf das Ganze gebildeten Ideen korrespondiere. Wir gehen darin noch weiter und sagen, dass sich zusammen mit der Zeit auch das Selbst und die Welt – das, was wir in der Außenperspektive unter Welt verstehen – verlieren und überhaupt alle Identität stiftenden Muster, die das Ich in Abgrenzung gegen anderes konturieren.

Diese weit reichende Behauptung zu wagen ist nur deshalb möglich, weil das, was einmal Metaphysik war und wogegen sich Kant mit seiner strikten Trennung von transzendent und transzendental verwahrte, inzwischen auf der Erde angekommen ist. Schon Kant gibt den Ideen nicht mehr die abgehobene Bedeutung, die sie noch bei Platon und in seiner Tradition hatte. Als „regulative Prinzipien" weist er ihnen einen Platz im Forschungsprozess zu. Was früher einmal Inspiration hieß, wird so zu einer Funktion im Rahmen der Wissenschaften. Die Profanierung ehemals metaphysischer Motive ist auf Breite fortzusetzen, und schon gelangt man zu Beobachtungen, die kaum noch erkennen lassen, dass sich in ihrer Alltäglichkeit etwas vollzieht, was einmal den Göttern, den Heiligen, den Genies vorbehalten war oder ausgezeichneten Einzelnen in herausgehobenen Momenten widerfuhr.

Auf diesem Wege sind wir einer Beobachtung gefolgt, die die Grenzen der Erfahrung strapaziert. Denn jede Form momentanen Entrücktseins, jegliche ekstatische Befindlichkeit gibt sich erst nachträglich zu erkennen – wie zum Beispiel in dem zur Redensart gewordenen Ausdruck, dass einer gar nicht gemerkt haben will, wie die Zeit vergangen ist. Um eine solche Feststellung im Nachhinein zu machen, bedarf es keines besonderen Anlasses. Es genügt, vor sich hin geträumt zu haben oder gerade – bei der Arbeit, beim Spiel, beim Sport – so konzentriert gewesen zu sein, dass alles Drumherum – wie man sagt – in Vergessenheit geraten ist. In solchen Augenblicken steht die Zeit sprichwörtlich still. Die Sprache überliefert viele solcher Idiome und spielt dabei mit dem Paradox.

Wenn Kant sagt, den reinen Vernunftschlüssen – das sind idealisierende Vorstellungen oder Ideen – korrespondiere kein anschaulicher Gegenstand, dann erweitern wir diese Art von Ungegenständlichkeit zu einer Familie ähnlicher oder verwandter Eindrücke und stellen fest, dass ihnen nicht einmal ein Begriff von Zeit, Welt oder Ich korrespondiere. In solchen Momenten sind wir selbstvergessen und für die Welt verloren. Erst wenn wir daraus – wie es heißt – wieder auftauchen, wird nachträglich eine Erfahrung daraus bzw. ein Wissen davon, dass solche Erfahrungen von Unbedingtheit und grenzenloser Totalität möglich sind.

Es ist die Perspektive, die diesen Erfahrungen einen Platz auf der Erde einräumt. Denn in der Binnensicht lässt sich die Perspektive so verabsolutieren, dass sie als Perspektive untergeht und sich zu einer Welt ausdehnt, die so einnehmend ist, dass es ihr gegenüber keinen Standpunkt mehr zu beziehen gibt. Es ist die Erfahrung einer Totalität, die in den so genannten Erfüllungsmomenten jedem zuteil werden kann. Im Unterschied zu einer krankhaften Verrücktheit oder stationärer Debilität, von denen hier ausdrücklich nicht die Rede ist, währen solche erfüllten Augenblicke nur kurz und vergehen bald wieder, wenn sie auch verbreiteter sind, als einzugestehen wäre. Denn zur Gewohnheit geworden, sinken sie unter die Wahrnehmungsschwelle.

Wie sich die Außenperspektive eine Welt des Vergleichens und generell der Vergleichbarkeit erschließt, die auf ihre Weise kein Ende hat, so hat die Binnenperspektive etwas Abschließendes und ergeht sich in dem, was wir ihre „Jeweiligkeit" nannten. Jeweils wieder sammelt sie sich um einen Punkt, um ein Zentrum, aus dem heraus sie sich gegen einen schrankenlosen Horizont öffnet. Solche leibzentrischen Erfahrungen folgen einem Rhythmus, der sich jedes Mal wieder wie aus einer Mitte heraus erneuert und diese Mitte braucht, um wie in konzentrischen Kreisen Horizont auf Horizont auszufüllen.

Es ist diese aus der Perspektive, ihrem Wechsel, aber auch ihren Verabsolutierungen sich ergebende Topografie, die den Hinweis darauf liefert, dass an die Stelle, die Kant dem „Ding an sich" vorbehält, der Leib zu setzen sei. Das „Ding an sich" hat seinen systematischen Ort dort, wo Kant der Frage nachgeht, wie denn jenseits aller Zurichtungen durch die Formen der Anschauung und die Kategorien des Verstandes die Wirklichkeit selbst beschaffen sei, und er konstatieren muss, dass das Ding, wie es an sich sei, für uns unerkennbar ist. Die Dinge sind uns nur so gegeben, wie sie als Gegenstände der Erfahrung ausgewiesen sind.

Das „Ding an sich" lässt sich nicht in Erfahrung bringen. Es sei daran erinnert, wie erfolgreich Kant mit dieser rigorosen Abgrenzung bis heute ist. In Zeiten des Telefons, Fernsehens und der Computer, in den Zeiten ausufernder medialer Kommunikation verdichtet sich der Eindruck, dass es authentische Wahrnehmungen nicht mehr zu machen gibt. Unser Weltbezug sei nach Art dazwischen geschalteter Apparate ein im höchsten Grade vermittelter. Ja, wir würden uns eine Welt konstruieren, die es so gar nicht gäbe. Kant ist für die trivialisierten Formen des Konstruktivismus nicht verantwortlich zu machen, auch wenn er den Anstoß dazu gegeben hat, unsere Erfahrung in den sie ermöglichenden Strukturen fundiert zu sehen.

In dieser Situation machen wir den Leib zur Quelle einer Authentizität, für die es keinen Platz mehr zu geben scheint und die gerade Kant mit dem „Ding an sich" außer Reichweite gebracht hat. Mit dem Leib sei Totalität als Erfahrung gegeben und mit dieser eine Erfahrung von Totalität, die jeden – wenn auch nur zeitweilig, dafür aber immer wieder – zum Mittelpunkt einer Welt macht. Es ist diese nicht auf Dauer zu haltende Weltmittelpunktsstellung, die mit einem Wechsel der Einstellungen einhergeht – damit, dass zwischen den Perspektiven, zwischen Leib-sein und Körper-haben, gependelt wird.

Leib ist, was im toten Winkel objektivierbarer Erfahrung liegt. Aber der tote Winkel wäre nicht der tote Winkel, wenn es nicht einen Standpunkt gäbe, von dem aus er als toter Winkel darzustellen wäre. So konnten wir auch sagen, dass der Leib keine Sprache hat, ohne deshalb sprachlos zu sein. Weiter stellen wir fest, dass der Leib keine Kenntnis von sich hat; weshalb er aber nicht jenseits jeglichen Erkennens zu stehen kommt (wie das „Ding an sich"), sondern sich gerade dadurch zu erkennen gibt, dass und wie er systematisch dem Erkennen entzogen bleibt.

Statt des Dinges an sich wie bei Kant wird hier der Leib zum Platzhalter der Unerkennbarkeit gemacht. Aber nicht so, dass er grundsätzlich und ein für allemal unzugänglich bleibt, für eine wie immer geartete Vernunft nicht zu erkennen. Die Perspektive unterläuft die schroffe Entgegensetzung. Sie folgt dem Bild der leibzentrischen Erfahrung, einer zentral vom Leib ausgehenden Erfahrung, die dergestalt auf das Ganze zugreift, dass sie sich von einer Mitte aus gegen einen ungemessenen Horizont ausdehnt. Es ist die Erfahrung von einer Intensität, die nicht stetig und anhaltend gleich ist, sondern mit wechselnden Horizonten mal stärker, mal schwächer wird. Sie schöpft jedes Mal die Zeit so völlig aus, dass es die Zeit im chronometrischen Sinne gar nicht zu geben scheint.

Im Zugleich und Zumal der leibzentrisch verabsolutierten Perspektive, die in dem Maße, wie sie ganz Leib ist, keine Perspektive mehr darstellt, erfüllt sich eine gesteigerte Präsenz, eine Art von Gegenwärtigkeit, in der alle Lebensvollzüge wie in einem Punkt zusammenschießen. Raum und Zeit haben aufgehört, das zu sein, was sie in der Außenperspektive sind: bestimmbare Größen, die sich dem Umfang nach und nach Vollständigkeit der Teile zählen lassen.

Das Ding an sich – wie es auf diese Weise in den Blick gelangt – ist der Leib, die intensiv erfahrene Zeit, das Hier und Jetzt, das gegenwärtige und vorgängige Geschehen: eben das aktuale Dass.

In der Perspektive des Leibes machen wir eine Erfahrung, die Totalität in doppelter Hinsicht zu beschreiben erlaubt: von innen und außen. Von innen gesehen sperrt sich die leibzentrische Erfahrung gegen ihre Auflösung in Sprache und Zahl. Sie sperrt sich dagegen, als totalisierte Binnensicht an der Außenperspektive gemessen zu werden. Aber sie schlägt auch eine Brücke zurück von der einen in die andere Welt. Denn beide entsprechen einander spiegelbildlich. Die Binnensicht ist die Außensicht, nur umgekehrt. Beide stehen für Welten, wie sie einander nicht ähnlicher, aber auch nicht unähnlicher sein können.

Die Perspektive trennt und verbindet. Das tut auch der Gegensatz. Aber im Unterschied zu diesem stellt sich die Perspektive so dazwischen, dass sie jeder Seite die volle Eigenständigkeit einräumt. Wie in einem Spiegel verdoppelt und vervielfacht sich die Welt, bzw. sie teilt sich in Welten auf, die sich spiegelbildlich, d. h. umgekehrt entsprechen. Ein Beispiel dafür liefert ausgerechnet Kant. Wir werden uns das zunutze machen, um den „Antinomien der Vernunft" auf den Grund zu gehen und aufzudecken, was dahinter steckt.

Das führt uns zurück zu dem doppelten Reihenbegriff und der Unterscheidung, die Kant zwischen einer „mathematischen Synthesis" und einer „dynamischen Synthesis" macht.[135] Mit der Reihe ist die Frage nach ihrem Anfang und Ende verbunden und danach, wie eine unendliche Reihe zu denken sei. Genaugenommen ist es die Unendlichkeit, über die mithilfe des Reihenbegriffs entschieden werden soll. Wie haben wir uns das vorzustellen: eine unendliche Reihe? Es gibt zwei Möglichkeiten. Entweder betrachten wir die Reihe von innen her, gewissermaßen unter den ihr eigenen Bedingungen; oder von außen, z. B. als einen Zählvorgang, der immer weiter geht und kein Ende hat. Letzteres führt zu einer Unendlichkeit, die es nur potentiell, also der Möglichkeit nach, geben kann und die deshalb eine negative Unendlichkeit genannt wird, deren Erfüllung noch aussteht.

Probleme anderer Art wirft die unter internen Bedingungen gebildete Reihe auf. Hier wird die unendliche Reihe als vollständig gegeben vorausgesetzt. Dass die Reihe womöglich erst noch nacheinander zu vollenden wäre, steht gar nicht zur Debatte. Das wird als schon geschehen erachtet und ersetzt durch einen Akt, der – wie in der Mathematik – die Frage nach den Axiomen als im voraus geregelt annimmt. Diese mathematische Reihe ist deshalb ein logisches Konstrukt und sieht, wie die Logik auch, von der Zeit ab. Ja, es ist dieses vorsätzliche Ausblenden der Zeit, wodurch nicht nur ein uneingeschränkter Gebrauch der Logik garantiert wird, sondern auch die überzeitlich-allgemeine Gültigkeit ihrer Schlussfolgerungen.

Wer die mathematische Reihe problematisiert, rüttelt deshalb an den Grundfesten der Logik. Am wenigsten Interesse daran hat Kant, obwohl er es ist, der wahrnimmt, dass es sich bei dem kosmologischen Vernunftschluss um ein „dialektisches Argument"[136] handelt, um eines, das auch nur dem Anschein nach richtige Lösungen hervorbringen kann. Kant führt solche Scheinlösungen darauf zurück, dass die Reihen miteinander verwechselt werden, insbesondere die in der mathematischen Reihe prozessierende Vernunft mit einer Empirie, die die dynamische Reihe dadurch einbezieht, dass in ihr sukzessive gezählt wird. So sei es möglich, dass ein rein logisch herbeigeführter Schluss wie der, dass die Welt unendlich bzw.

---

135 Kant: Werke IV, S. 486.
136 Ebenda S. 464.

endlich sei, schon für existent gehalten und mit der Wirklichkeit selbst verwechselt werde.

Was Kant darlegt, ist schlüssig. Aber im Gegensatz zu Kant sehen wir in den zwei Reihen auch so etwas wie Perspektiven angelegt. Entsprechend wäre das, was Kant eine Verwechslung nennt, ein Wechsel der Perspektive. Die Reihe kann wie die Perspektive als eine Flucht betrachtet werden, die von einem Blickpunkt ihren Anfang nimmt, der für alles darauf Folgende ebenso maßgebend ist, wie in der mathematischen Reihe die unendliche Reihe schon als gegeben vorausgesetzt wird. Darin ist die Perspektive ein Kind der Mathematik. Aber sie kann noch mehr. Die Perspektive kann auch wechseln und sich in so viele Welten teilen, wie Blickwinkel zu unterscheiden und Standpunkte einzunehmen möglich ist. Die Reihe von Welten, die sich daraus ableitet, ist unendlich und um jede sich zusätzlich einstellende Perspektive zu erweitern, was sie zu einer dynamischen Reihe macht.

Wieder stehen sich zwei Reihen gegenüber. Aber die Perspektivierung sorgt dafür, dass über den Gegensatz hinaus ihr innerer Zusammenhang in den Blick kommt. Denn die Reihen verhalten sich zueinander wie spiegelverkehrte Dubletten. Zwei Unendlichkeiten konkurrieren miteinander, die aktuale und die potentielle. In der Perspektive der aktualen Unendlichkeit hat sich die mathematische Reihe gebildet und mit ihr die Logik. Sie ist nichts anderes als die prozessuale Ausgestaltung des analytischen Urteils, demzufolge alle Prädikate schon in dem Subjekt enthalten sind. Die Logik beweist ebenso wie die mathematische Reihe immer nur, was schon vorausgesetzt wird. Sie ist zirkulär. Das ist es auch, was ihrer Schlüssigkeit im Sinne zwingender Beweisführung zugrunde liegt. Die Zirkularität des kreisförmigen Urteils findet ihre spiegelverkehrte Entsprechung in der potentiellen Unendlichkeit, die empirisch vorgeht und deshalb ebenso wenig an einen Anfang wie an ein Ende gelangt. Beide Reihen sind gleich, nur umgekehrt gespiegelt. Eine Wiederholung, aber aus entgegengesetzter Richtung.

Vor diesem Hintergrund stellt sich die Logik als eine Vereinseitigung dar. Die Logik ist eine ins Extrem getriebene Vereinseitigung des analytischen Urteils, insofern sie die Zeit völlig ausblendet und sich nur auf den Raum stützt. Der Raum bringt allseits Symmetrien hervor. Als die sich in allen Richtungen vollziehende Vermannigfaltigung des Gleichen kommt der Raum ohne Zeit aus, auch wenn das – wie im analytischen Urteil – schrittweise erfolgt. Der Raum steht für Quantifizierbarkeit, insofern er die Quelle symmetrischer Beziehungen ist, die erst durch die Zeit gebrochen werden. Die Zeit verläuft in einer Richtung. Sie bewegt sich entlang des Zeitpfeils. Zwar behandeln wir gewöhnlich die Zeit in Analogie zum Raum, indem wir sie in die symmetrischen Hälften einer Vergangenheit und Zukunft teilen und beide durch Kausalität verbunden sehen. Aber tatsächlich bricht die Zeit mit der Symmetrie des Raumes. Mit anderen Worten: Was wir Raum nennen, ist ebenso gut von Seiten der Zeit und aus Richtung des Symmetriebruchs zu sehen wie in Einsteins Raumzeit. Es ist dieses interne Spiegelverhältnis, das auf die mathematische und die empirisch-dynamische Reihe ein neues Licht wirft. Beide Reihen sind unvereinbar. Und sie sind nur insofern unvereinbar, als sie Reihen darstellen. Jedes Ding, wie verschieden es auch von allen anderen sei, ist mit allen anderen Dingen wenigstens dadurch vergleichbar, dass es als Ding – sei es auch nur der Zahl nach als ein Ding – genommen wird. Dagegen ist mit der Reihe die Möglichkeit der Unvereinbarkeit gegeben, und zwar dann und nur dann, wenn zwei Reihen spiegelverkehrt aufeinander bezogen sind. Die Spiegelung lässt Bild und Gegenbild so auseinander treten, dass sie nicht bruchlos aufeinander abzutragen sind. Ein gemeinsames Drittes gibt es nicht. Es ist die Perspektive, die das leistet, die sich in lauter Welten teilende Perspektive. Sie lässt sich von hier nach da, aber auch von da nach hier richten und überhaupt mit dem Blickwinkel wechseln. Jedes Mal entfaltet sie ihre eigene Totalität und ist gerade deshalb mit allen anderen unvereinbar.

Gegenüber dem Spiegel, vor dem wir uns die Haare kämmen, hat die Perspektive auch den Vorteil, kein Verhältnis von Original und Abbild zu schaffen. Mit der Perspektive kehrt die Welt als in viele Welten gespiegelt so wieder, dass sie sich nicht aufeinander reduzieren lassen und jede von ihnen ihre Berechtigung in sich hat.

Die Kehrseite davon ist ihre Unvereinbarkeit, wie sie sich beispielhaft an der Verdoppelung der Reihe in eine mathematische und eine empirische zeigt. Kant geht von einem doppelten Reihenbegriff aus und er sieht darin die „Antinomien der Vernunft" begründet, weil die Reihen sich verwechseln lassen und auch tatsächlich so miteinander verwechselt werden, dass der rein aus der Vernunft gezogene Schluss schon für wirklich und empirisch bestätigt gehalten wird. Umso wichtiger – sagt Kant – sei es deshalb, beide Reihen zu unterscheiden, gerade so wie er mit seiner kritischen Philosophie ein analytisches und ein synthetisches Urteil unterschieden habe. Jedes für sich sollte auf eigenen Füßen zu stehen kommen. Um nun das synthetische Urteil nicht weniger beweiskräftig auftreten zu lassen, passte er es dem analytischen Urteil an und machte daraus ein synthetisches Urteil a priori. Nur im Rahmen der Transzendentalität glaubte Kant, dem synthetischen, die Empirie einbeziehenden Urteil jene logische Stringenz mitgeben zu können, die er im analytischen Urteil vorbildlich gegeben sah. Nichts war ihm so wichtig wie diese beweisführende Logik.

Dabei haben wir die Logik als eine von der Zeit abstrahierende Vereinseitigung kennen gelernt. Die Zeit kehrt erst mit der empirischen Reihe wieder zurück, die sich aufs Zählen verlegt, aber nie ans Ende gelangen kann, weshalb sie ebenso gut wie die auf der mathematischen Reihe gegründete Logik eine Einseitigkeit darstellt. Als solche gehen sie beide auf Totalität aus. Wo wir Welten voneinander getrennt sehen, schlägt sich Kant auf die Seite der Logik. Zwar hält er für unentscheidbar, welche

Antwort auf die Frage, ob die Welt endlich oder unendlich sei, die richtige ist. Aber er weiß genau und stellt auch schlüssig unter Beweis, dass jede Entscheidung für das eine oder das andere Urteil nur falsch sein kann.

Indem er zwischen der mathematischen und der empirischen Synthesis unterscheidet und zeigt, wie die eine als die andere missverstanden und diese mit jener verwechselt werden kann, klagt er den richtigen Gebrauch der Logik ein.

Doch wo die Logik die Voraussetzung macht, dass es nur diese eine Welt gibt, eröffnen die Perspektive und der Wechsel der Perspektiven den Blick auf viele Welten. Deshalb muss es nicht für jede Welt eine besondere Logik geben. Aber es relativiert die Logik und lässt sie ihrerseits als eine Perspektive erscheinen, die eine einseitige Totalisierung darstellt. In der Perspektive vieler miteinander konkurrierender Totalitäten muss es deshalb heißen, dass die Welt sowohl endlich als auch unendlich ist. Das eine ist so richtig wie das andere. Genauer gesagt: Die „Antinomien der Vernunft" gibt es nicht nur dem Anschein nach, nicht nur als zwar denknotwendige, aber mithilfe der Logik wieder aufzulösende Widersprüche: Es gibt sie tatsächlich. Damit müssen wir leben. Und das tun wir auch, seitdem Zenon die nach ihm benannten Paradoxien formuliert hat, die Unvereinbarkeit im Bild des ruhenden Pfeils besonders drastisch illustrieren. Denn so urteilt auch heute wieder die Quantentheorie, wenn sie einem Dualismus von Welle und Teilchen das Wort redet und beide koexistieren lässt.

Eine andere Frage ist, ob es klug sei, weiter von den „Antinomien der Vernunft" zu sprechen – davon, dass es eine „Logik des Scheins" gebe und eine „transzendentale Dialektik".[137] Als wäre die Vernunft gelegentlich so unvernünftig, das Ziel mit dem Weg zu verwechseln, so dass es einer kritischen Philosophie bedarf, um sie wieder auf den rechten – logischen – Pfad zu bringen.

Was Kant die „Antinomien der Vernunft" nennt, sind Unvereinbarkeiten, die sich bis in die Logik hinein verfolgen lassen; bis dorthin, wo sich am Beispiel der mathematischen und der dynamischen Reihe gezeigt hat, dass sie von zweierlei Totalität ausgehen – von solchen Totalitäten, wie sie das eine Mal mit der aktualen und das andere Mal mit der potentiellen Unendlichkeit gegeben sind. Beide sind unvereinbar, weil sie als inverse Spiegelung auseinander hervorgegangen sind. Wollte man nach dem Ursprung solcher Unvereinbarkeiten fragen, müsste man – wie an früherer Stelle geschehen[138] – evolutionsgeschichtlich zurückgreifen auf die doppelte Quelle unseres Erkennens: auf das parallaktische Sehen, das gleichsam den ganzen Körper hinter sich bringt, und auf das binokuläre oder fokussierende Sehen, das sich als Sehvorgang vom Körper getrennt und als beweisführendes Denken verselbstständigt hat.

---

137 Kant: Werke III, S. 308.
138 Vgl. Kap. I. 4. S. 44 ff.

Unvereinbarkeit ist eine Struktur und hat mit Beliebigkeit nichts zu tun. Sie entspringt aus einer spiegelbildlichen Verdoppelung – gerade so, wie der Körper mit dem Auge sich ein Organ geschaffen hat, das ihn sehen lässt und sogar der Sonne gleich macht, ohne dass Körper und Sonne deshalb je das Gleiche wären.

Unvereinbar sind der Leib und das Sprachvermögen. Der Leib – dass ich nun einmal bin, leibhaftig bin – ist ebenso unhintergehbar wie die Sprache, die das universellste Organ bzw. Werkzeug des Menschen ist, durch das er sich mit allem und jedem gleich machen kann. Wir leben in einer sprachverfassten Welt, zu der auch die Vernunft gehört, die Kant zum Thema erhoben hat. Im weitesten Sinne ist die Sprache die Welt in der Außenperspektive. Dem Leib ist es gegeben, die Binnensicht zu verkörpern. Welt öffnet sich ihm in den wechselnden Horizonten leibzentrischer Erfahrung.

Innen- und Außensicht verhalten sich nicht nur gegensätzlich zueinander. Sie sind vielmehr dadurch unvereinbar, dass sie sich – jede aus ihrer Richtung – eine Totalität geben, die die jeweils andere Perspektive ausschließt. Die Sprache ist das Medium schlechthin und als solches garantiert sie die Übersetzbarkeit von einer in die andere Sprache. Sie ist im höchsten Grade formalisierbar wie in der Logik, aber sie ist auch – in der Dimension ihrer Bildlichkeit – sprunghaft und anarchisch. Sie ist unser Universalschlüssel, um eine Welt zu menschengerechter Abbildung zu bringen. Sie ist das Mittel in Abgrenzung zur Unmittelbarkeit des Leibes, der seine Wurzeln im Hier und Jetzt – in seiner augenblicklichen Befindlichkeit – hat.

Der Leib hat keine Sprache. Vom Standpunkt der Sprache soll der Leib als das mit ihr Unvereinbare gelten. Er muss erst zum Körper werden, um für die Sprache fassbar zu sein. In beiden Perspektiven – in der des Leibes und der einer versprachlichten Welt – leben wir. Im Hin und Her zwischen den Perspektiven zeigt sich der Mensch. Nur er ist fähig, zwischen den Perspektiven hin- und herwechseln zu können.[139] Sein Leben vollzieht sich auf einer elliptischen Bahn um zwei Pole herum, die unvereinbar sind: um den des Leibes und den der Sprache. Aber nicht, weil sie Gegensätze bilden, sondern weil sie aus einer inversen Spiegelung hervorgegangen sind und durch Gleiches wie Ungleiches sowohl getrennt als auch verbunden sind.

Wie auch immer sich Innensicht und Außensicht tendenziell als Totalitäten gegeneinander abschließen, sie bleiben spiegelbildlich aufeinander bezogen und geben durch das, was sie trennt, übereinander Auskunft.

---

[139] Diese noch einmal an das anthropologische Vokabular anknüpfende Bemerkung zeigt, wie nahe wir Plessner sind. Nur durch eine Nuance getrennt, die aber entscheidend ist. Das Tier kann unserer Meinung nach weder „zentrisch" noch „exzentrisch" sein. Es ist dem Menschen vorbehalten, auch „zentrisch" sein zu können, ohne deshalb wieder zum „Tier" zu werden.

Auf diese – spiegelinverse – Weise ist uns stets noch zugekehrt, was sich uns entzieht. Wir lernen kennen, wofür wir keine Worte und keine Sprache haben. Längst schon strecken wir die Fühler danach aus, was jenseits der Sprache im toten Winkel liegt, bzw. was durch die Sprache gerade verdeckt wird – dadurch, dass sie Welt auf ihre Weise erschließt und zu einer eigenen Totalität konvertiert. Die Perspektive ist geradezu dafür geschaffen, solche Um- und Verkehrungen „sprechend" zu machen.

Unter den Abbildungsverhältnissen, die es gibt, ist der Spiegel bzw. die Spiegelung ein besonderes. Im Spiegel verdoppelt sich die Welt. Ihre Wiederholung lässt sie wie auf die Fläche abgezogen erscheinen, aber so, dass die Seiten umgedreht sind: Der Scheitel links wird zum Scheitel auf der rechten Seite. Die Seitenverkehrtheit ist die einfachste Form der Asymmetrie und erfolgt aus der Gegenüberstellung. Abgesehen davon verhilft jede Spiegelung der Welt immer sogleich und im Ganzen zu ihrem Wiederauftritt und das nicht erst sukzessive wie auf einer Bühne, die sich nach und nach füllt. Es ist diese mit dem Bild gegebene Totalität des Zumal und Aufeinmal, die dafür sorgt, dass immer eine Totale in die andere umspringt und wir nicht in einem Film aus lauter zusammengeschnittenen Sequenzen leben.

Im Unterschied zu einem Spiegel, der traditionell dafür herhalten muss, dass eine ursprüngliche Einheit aufgetrennt und durch Reflexion hintertrieben werde, steht die Spiegelung für eine Vervielfältigung in viele Welten, wie das mit dem Wechsel der Perspektiven einhergeht. Der Spiegel, die in diverse Welten sich teilende Spiegelung und das Hologramm sind technische Instrumente, die im Laufe von Jahrhunderten entwickelt wurden und unser Bild von der Welt entscheidend ausgestaltet haben. Das Hologramm – infolge der Lasertechnik – erweitert die Möglichkeiten der Perspektive dadurch, dass in jedem Teilausschnitt das Ganze kodiert erscheint. Das Hologramm erlaubt es, den in seine Welt eingebetteten Gegenstand so zu rekonstruieren, dass der Betrachter gleichsam mit den Augen um ihn herumgehen kann. Das in jedem seiner Teile holografisch kodierte Ganze macht aus dem Bild, das uns der Spiegel gibt, und der Welt, die aus der Perspektive entspringt, ein jedes Mal wieder aktualisierbares Universum. Vergegenwärtigung – eine in ihrem Umfang und ihrer Intensität noch gar nicht abzusehende Vergegenwärtigung ist das Ziel dieser Entwicklung. Physik und Technik haben längst schon entschieden Fahrt aufgenommen in Richtung auf das Jetzt – darauf, was es heißt, im Jetzt anzukommen, da, wo das Ganze jedes Mal wieder Ereignis wird.

Solche Forschungen – unter ihnen die Quantenmechanik – helfen zu begreifen und zu formulieren, was die Tradition das aktual Unendliche nennt. Für das aktual Unendliche haben wir keine dezidierte Sprache. Seit alters her lassen wir Bilder sprechen wie „die Ewigkeit in der Ewigkeit" oder der „erfüllte Augenblick". In diesen Metaphern wird gleichnishaft thematisiert, was das Wesen des Bildes ist und warum gerade diese Bilder für das aktual Unendliche stehen. Im Bild sind die unterschiedlichen Momente im Hier und Jetzt so versammelt, dass sie zumal gegeben erscheinen. Die Zeit spielt dabei keine Rolle – als gäbe es so etwas wie die Zeit gar nicht. Das aktual Unendliche im Sinne des Allzumal funktioniert wie ein Bild, weshalb es auch immer wieder Bilder sind, die für das stehen, was wir im Gegensatz zur potentiellen Unendlichkeit die aktuale Unendlichkeit nennen.

Der Leib und die Sprache – das sind die invers gespiegelten Pole, um die wir wie auf einer elliptischen Bahn so kreisen, dass wir im äußersten Falle entweder ganz Sprache oder ganz Leib sind. Für gewöhnlich halten wir uns aber dazwischen in unterschiedlicher Nähe und Ferne mal zu dem einen, mal zu dem anderen Extrem. Die gleiche Unvereinbarkeit, die gewissermaßen der Motor dieser gegenstrebigen Bewegung ist, wiederholt sich auch auf Seiten der Sprache. Sprache – so sagten wir – sei das Medium schlechthin, ein universelles Mittel, das sich nicht nur überall einschaltet und „dazwischen" vermittelt, sondern dieses Dazwischen eigens verkörpert. Als solches wiederholt sich in der Sprache das, was mit ihr unvereinbar ist. Sprache ist uneingeschränkt formalisierbar wie in allen Zeichensystemen und sie ist auf eine anarchische Weise sprunghaft; weshalb auf der Ebene ihrer Bildlichkeit ein Bild in das andere so umschlägt, dass – wie in den Kippbildern – jede Ansicht spontan und total erfolgt, ohne dass das Umspringen der Bilder im Einzelnen zu kontrollieren wäre.

Nicht genug damit, dass die gleiche Polarisierung, mit der wir leben müssen, auch in der Sprache wiederkehrt. Sie ist ebenso auf Seiten der Sprache dort bestimmend, wo wir sie zuletzt vermutet hätten: in der Logik, in der am stärksten disziplinierten Form der Sprache.

Die Logik ist die prozessuale Ausgestaltung des analytischen Urteils. Der Nachweis, dass die Prädikate schon im Subjekt enthalten sind, erfolgt in einzelnen Schritten, die als Subsumption des Besonderen unter das Allgemeine bezeichnet werden. In dem regelgeleiteten Prozedere ist die Zeit eliminiert. An ihre Stelle tritt eine Gesetzmäßigkeit, die sich über die Zeit stellt und ewig und unter allen Umständen gelten soll. Die Logik ist das Organ zwingender Beweisführung.

Ja und Nein sind eindeutig und zweifelsfrei geschieden. Um das zu erwirken, manipuliert die Logik die für die Sprache charakteristische Negation. Sie macht aus der Negation den Widerspruch – den Satz vom Widerspruch – und erhebt ihn zum Ordnungshüter der Logik. Die Negation, die mit der Sprache gegeben ist und wesentlich teil an ihr hat, ja, in einer Hinsicht die Sprache selbst ist, hat in dem analytischen Urteil gleichsam keinen Platz mehr, weil dieses sich in einem Zirkel andauernder Selbstbejahung bewegt. Die Negation wird aus dem Kreis dergestalt herausgehalten, dass sie, zum Widerspruch verschärft, die schiedsrichterliche Aufsicht über das schrittweise Prozedere übernehmen kann. Der Widerspruch ist das, was mit der Logik und einer im Zeichen der Logik formalisierten Sprache absolut unverträglich ist.

Nirgends ist die Logik so gefordert wie in der Mathematik. Aber auch die Mathematik bedarf einer Grundlegung. Geht sie besser von der Zahl oder vom Zählen aus? Dieses ist ein Tun, das in der Wiederholung Stetigkeit gewinnt, jenes eine Setzung, die vorgibt, was ein für allemal gelten soll. Diese grundlegende Unterscheidung führt uns zurück zu der mathematischen und der dynamisch-empirischen Reihe, woran sich für Kant das Antinomienproblem entzündet hatte. Das Zählen kommt nie an ein Ende, so dass die Unendlichkeit immer nur der Möglichkeit nach erreichbar bleibt. Wenn dagegen die Reihe als Ganzes – Bedingtes wie Unbedingtes, Anfang wie Ende – als gegeben vorausgesetzt wird, kann wie in der Mathematik mit der Unendlichkeit im Sinne gesicherter Größen gerechnet werden. Damit macht die mathematische Reihe von der aktualen Unendlichkeit Gebrauch. Die aktuale Unendlichkeit ist die Erfahrung einer Totalität, der gegenüber kein Standpunkt zu gewinnen ist. Ausgehend von einer leibzentrischen Mitte, füllt sie den Horizont ganz aus. Ebenso verfährt die mathematische Logik: Wie in einem konstitutiven Gründungsakt gibt sie ein für allemal vor, was gelten soll. Sie zieht den denkbar weitesten Horizont um sich. Davon kommt sie erst wieder los, wenn die Prämissen geändert werden. Jedes Mal sind die Voraussetzungen von Grund auf neu zu regeln. Das ist gewissermaßen der Preis, den die mathematische Logik dafür zahlt, dass sie sich innerhalb ihres jeweiligen Horizontes absolute Geltung verschafft. Das Muster übernimmt sie von der leibzentrischen Erfahrung aktualer Unendlichkeit, wie es über viele Stufen der Evolution aus dem parallaktischen Sehen hervorgegangen ist.

Nun muss es verwundern, dass ausgerechnet die mathematische Logik diese genealogische Herkunft aufweist. Es ist nur dann nicht weiter überraschend, wenn wir der Meinung stattgeben, die hier verfolgt wird: dass nämlich selbst in der am höchsten formalisierten Logik beide Erkenntnisstämme – der des Leibes und der der Sprache – am Werk sind, und zwar so, dass sie gleich erscheinen, aber invers gespiegelt sind. Bis auf ihren jeweiligen Gründungsakt vollzieht sich die mathematische Reihe nicht anders als die physikalisch-empirische Reihe; nur dass diese die Unendlichkeit dort negativ – bloß der Möglichkeit nach – erfasst, wo jene sie positiv begreift und als solche voraussetzt. Diese muss der Zeit wieder einräumen, was jene – die aktuale Unendlichkeit – der Zeit jedes Mal wieder abzusprechen vorgibt. Die negative Unendlichkeit ist eine umgekehrte Spiegelung der aktualen. Als solche sind sie unvereinbar. Das ist es, was den „Antinomien der Vernunft" zugrunde liegt – ebenso wie dem in entgegengesetzten Richtungen polarisierten Leben überhaupt.

Im Rahmen der Kritik der reinen Vernunft glaubte Kant, alles logisch entscheiden zu können. Dazu reformulierte er das synthetische Urteil im Sinne des analytischen Urteils, so dass daraus ein synthetisches Urteil a priori wurde. Was sich der analytisch begründeten Erfahrung entzog, schloss er aus und machte daraus das, was durch keine Anschauung belegt und deshalb unerkennbar ist, wie das „Ding an sich".

Wo die Vernunft mit sich selbst in Widerspruch gerät, da sollte das nur dem Anschein nach der Fall sein, gewissermaßen aus Versehen, so dass Kant solche „Verwechslungen" vor dem Richterstuhl einer unbeirrbaren Logik ihres „dialektischen Scheins" überführen konnte. Dagegen sind wir den Widersprüchen auf den Grund gegangen. Wir führen sie zurück auf zwei auch evolutionsgeschichtlich nachvollziehbare Erkenntnisstämme, von denen der eine in der Nachfolge des parallaktischen Sehens leibzentrisch ist, während das binoluläre Sehen im Medium der Sprache seine Fortsetzung fand und sich zu wissenschaftlicher Objektivität weiterentwickelt hat. Historisch greifbar wird diese Zweipoligkeit des Erkennens schon bei den Griechen, die inmitten eines zur Logik verengten Denkens solche Unverträglichkeiten aufkommen sahen, wie sie Zenon nicht zufällig bildhaft in Szene setzen konnte. Aber erst die Neuzeit kehrt entschieden die Bildhaftigkeit heraus und entwickelt mit dem modernen Begriff der Perspektive ein Instrumentarium, das beide Erkenntnisstämme wieder nebeneinander wirksam werden lässt: den formalisiert logischen und den bildsinnigen. Neben den Wissenschaften und in Konkurrenz zu ihnen entsteht die Gestaltwahrnehmung.

Mit der Perspektive wurde es möglich, Außen- und Innensicht zu unterscheiden. Lange wurde überwiegend die Außensicht favorisiert wie noch von Leibniz, der mit seiner Monadologie zum Vorläufer der Viele-Welten-Theorie geworden ist und bis heute für Anregungen sorgt. Kunst und Literatur brachten die Innensicht zu voller Entfaltung. Dagegen stemmte sich Kant, der aber ausgerechnet mit dem doppelten Begriff der mathematischen und der dynamisch-empirischen Reihe den Vorwand liefert, um der perspektivischen Vervielfältigung der Welt insofern auf die Spur zu kommen, als sich zeigt, dass die in jeder Hinsicht und auf allen Stufen sich wiederholende Polarisierung bis in die von Kant privilegierte mathematische Logik reicht. Um zu ihren zwingenden Schlussfolgerungen zu gelangen, setzt die Logik als gegeben voraus, was sich erst zu bewähren hätte: dass nämlich von der Zeit abzusehen sei. Aber gerade das polarisiert die Zeit in eine aktuale und eine negative Unendlichkeit. Die aktuale Unendlichkeit will der Zeit entlaufen, indem sie den Augenblick über den ganzen Horizont ausdehnt. Die negative Unendlichkeit versucht sich vergeblich mit der Zeit zu vergleichen. Beide sind als Polarisierungen auseinander hervorgegangen. Beide sind unvereinbar.

Die Logik stellt die Zeit künstlich still, während der Leib – umgekehrt – in der Zeit aufzugehen sucht. Um die Schlüssigkeit und Beweisfähigkeit ihres Verfahrens zu sichern, muss die mathematische Logik in einem konstitutiven Akt die Vorzüge parallaktischen Erkennens in Anspruch nehmen und sich auf Voraussetzungen gründen, die ihrerseits nicht beweisbar sind. Wohingegen die über den ganzen Horizont erweiterte Augenblicklichkeit des Leibes immer wieder daran grenzt, dass sie sich nicht auf

Dauer stellen lässt. Was auf Seiten der Logik die Prämissen sind, das ist auf Seiten des Leibes die „Jeweiligkeit" – die stets nur für eine Weile in Vergessenheit zu bringende Zeit.

Die Zeit aus der Welt zu schaffen ist uns ebenso Bedürfnis und Struktur wie sich in der Zeit zu verlieren. Um beide Pole kreisend ziehen wir unsere Bahn: im Austausch der einen mit der anderen Unvereinbarkeit. Das potentiell Unendliche ist die spiegelverkehrte Entsprechung des aktual Unendlichen. Umfang und Mitte, zählbare Zeit und anhaltende Präsenz sind in einem Verhältnis, für das die Mathematik die irrationale Zahl pi im Gebrauch hat.

Was wir den Erfolgsweg der Menschheit nennen, so ist er mit der im höchsten Grade formalisierbaren Sprache verbunden. Vom Standpunkt der Logik ist der Leib das Unvereinbare schlechthin. Er wird ihr umso inkompatibler erscheinen, als er über keine Sprache verfügt und geradezu im toten Winkel einer Perspektive liegt, die, in lauter Vergleichen sich ergehend, Übertragbarkeit zur Voraussetzung hat. Deshalb muss es uns auch vorkommen, als würden sich Zahl und Sprache so vor einen existentiellen Teil unserer selbst geschoben haben, dass es für uns ein blinder Fleck ist.

Diese Rolle spielt der Leib im Gegensatz zum Körper, den wir in jeder Hinsicht zum Gegenstand objektivierender Erkenntnis gemacht haben. Der Leib entzieht sich ins Jetzt, das wir nicht festhalten können; er entzieht sich dorthin, wo er inmitten eines ausufernd kontextualisierten Alls immer wieder Ereignis wird.

Wenn die Wissenschaften den einen Pol besetzen, denjenigen, der sich nach der Logik und ihren zeitjenseitigen Gesetzmäßigkeiten richtet, dann gibt es immer noch den anderen Pol, der die Zeit wieder ins Spiel bringt – die Zeit, in der ich ebenso augenblicklich wie leibhaftig bin. Diese Zeit des in Ewigkeit angemaßten Hier und Jetzt ist die mir angeborene Zeit. Sie hat so viele Gesichter, wie es Gelegenheiten gibt, mich als den Nabel der Welt zu erfahren. Dass ich bin, ist das, was ich so, wie ich bin, zuletzt bezweifeln sollte.

Was die Zeit ist, wissen wir nicht, wohl aber, wie sie darzustellen wäre: als Bruch mit der Symmetrie. Wie sich Einzigartigkeit und Individualität nicht ohne Unvereinbarkeit denken lassen, so auch die mit mir gleichursprüngliche Zeit. Vor dem Hintergrund einer sich in lauter Welten vervielfältigenden Welt erneuert sich auch die Zeit: jewels nach Maßgabe derjenigen leibzentrischen Erfahrung, die mich, wie vorübergehend auch immer, zum Mittelpunkt einer Welt macht.

Das stellt freilich das logische Schema auf den Kopf. Statt der perspektivischen Verengung auf den einen beweisführenden Grund haben wir es mit einer Diversifizierung von Gründen zu tun, je nachdem, welche der Welten davon erschlossen wird. Es sind Welten, die uns trennen; neu ist, dass wir im Zuge inverser Spiegelungen davon wissen können.

Was da ins Auge gefasst wird, ist nicht mehr, aber auch nicht weniger als eine Ausweitung des Untersuchungsfeldes auf denjenigen Pol unserer

Existenz, der per se der wissenschaftlichen Erforschung abgewandt war: die Entgrenzung ins Jetzt, wie sie in leibzentrischer Perspektive jedes Mal wieder zur Erfahrung wird.

Diesen Gegenstandsbereich neu auszuweisen ist deshalb prekär, weil er sich nicht erforschen lässt, ohne die Forschung gegen sich selbst zu kehren und sie für das zu gewinnen, was die längste Zeit außerhalb ihrer Möglichkeiten lag. Die Binnensicht und ihre Modalitäten sind solange der unerforschte Pol unserer Existenz geblieben, wie alles, was Wissenschaft im engeren Sinne war, sich immer nur um den anderen Pol gedreht hat, den unserer logisch und instrumentell entwickelten Fähigkeiten. Gemessen an dieser sich ihrerseits verabsolutierenden Außenperspektive ist die Binnensicht im toten Winkel zu liegen gekommen und mit ihr alles, was erst in dieser Dimension Realität hat wie die aktuale Unendlichkeit. Sie steht bis heute in dem Verdacht, eine vorbewusste Stufe auf dem Weg zum Menschen darzustellen, eine animalische Retardation bzw. einen Rückfall in Subjektivität und egozentrische Verblendung. Ehestens noch die Kunst darf sich damit schmücken wie vordem solche mystischen Traditionen, die in Gott aufzugehen trachteten.

All das gehört einem überholten Weltbild an. „Zentrisch" und „exzentrisch" bilden in Aufbau und Abfolge organischen Lebens keine Gegensätze. Der Mensch fängt nicht dort an, wo das Tier aufhört. Er bewegt sich auf einer elliptischen Bahn um zwei Pole herum, die, spiegelbildlich aufeinander bezogen, unvereinbar sind – so unvereinbar, dass der Kursus nicht zum Stillstand kommt, sondern in wechselnder Näherung immer wieder an Schwung gewinnt. Deshalb sind beide Seiten nicht grundsätzlich geschieden. Wenn in der leibzentrischen Perspektive Erfüllung winkt, nehmen wir den Schwung gleichsam mit auf die Gegenseite, so dass auch die Arbeit schmeckt und wir in der Anspannung die Freiheit finden, die wir suchen. Intensität ist das Wort, das dafür in Umlauf ist. Dreh- und Angelpunkt ist die Zeit – je nachdem wir in ihr aufgehen oder sie uns stückweise vorrechnen.

Solange die Binnensicht im Schatten bleibt und nur als defizitäre Form einer Objektivität verbürgenden Außenperspektive gilt, lässt sich nicht erkennen, in welchen Rollen sie unser Leben mitgestaltet. Sie ist der Schlüssel für jede im Hier und Jetzt ankommende Welt, der Schlüssel zu Individualität und Einzigartigkeit, ein Schlüssel zur intensiv erfahrenen Zeit und zur Unhintergehbarkeit des Leibes. Sie ist es, die mich immer wieder so umpolt, dass ich aus allen Globalisierungen in meine Welt zurückfinde.

Dabei ist sie nicht exklusiv und nicht isolationistisch und erst recht nicht sprachlos. Auch in der leibzentrischen Einstellung ist der Mensch im Vollbesitz seiner Fähigkeiten, nur dass sie anders strukturiert sind, von innen statt von außen, d. h. je nach Maßgabe der Welt, die mich gerade ganz für sich eingenommen hat. Zwischen solchen Welten jedes Mal wieder wechseln zu können, von der einen in die andere überzutreten, ist dem Menschen vorbehalten. Er ist umso beweglicher, als es immer die Welt im Ganzen ist, die umspringt, wie Bilder einander ablösen, ohne dass wir sie Pixel für Pixel neu zusammensetzen müssten. Welt auf Welt, Welt aus lauter Welten – das ist die Formel für eine sich jeweils aus der Mitte heraus spontan erneuernde Simultaneität aller Momente.

Wie es – beispielhaft im Bild – eine Logik des Allzumal und der grenzenlosen Vergegenwärtigung gibt, so gibt es auch eine Logik der Sukzession und des zur Ordnung sich entfaltenden Nacheinander. Was wir traditionell die Logik nennen, ist eine Verbindung aus beiden: ein Amalgam zweier spiegelverkehrt auseinander hervorgegangener Autarkien. Der innere Sinn genügt sich darin, dass er das Ganze als zeitlos gegeben voraussetzt, während der äußere Sinn Zeit und immer mehr Zeit braucht, um sich zu vergewissern. In der uns durch die Anschauung eröffneten Welt müssen wir gleichsam immer noch einmal nachgucken, wie es sich wirklich da draußen verhält. Der Zeitsinn hat das so verinnerlicht, als sei davon auszugehen, dass er immer schon an das Ende aller Zeiten vorgelaufen wäre.

Es ist Kants bleibender Verdienst, durch seine Unterscheidung zwischen einer mathematischen und einer empirisch-dynamischen Reihe nachdrücklich auf solche Diskrepanzen nicht nur hingewiesen, sondern auch schon teilweise ihre inwendige Spiegelstruktur entfaltet zu haben. Für Kant spitzte sich in diesem Punkt das Antinomienproblem entscheidend zu: „Die ganze Antinomie der reinen Vernunft beruht auf dem dialektischen Argumente: Wenn das Bedingte gegeben ist, so ist auch die ganze Reihe aller Bedingungen desselben gegeben; nun sind uns Gegenstände der Sinne als bedingt gegeben, folglich etc."[140] Um das Antinomienproblem besser zu verstehen, geht Kant der mathematischen Reihe auf den Grund. Ober- und Untersatz – so glaubt er gefunden zu haben – entsprechen einander nur dem Anschein nach, so dass die daraus gezogenen Schlussfolgerungen logisch nicht korrekt sind. Auf diese Weise macht Kant die „Antinomien der reinen Vernunft" zu einer Frage des richtigen – eben des folgerechten – Schließens. So kann man es auch verstehen und argumentativ vertreten. Aber was dahinter steckt, ist nicht der regelrechte, weil empirisch fundierte Gebrauch der Logik. Es ist das Gegeneinander von Bild und Sprache, von Simultaneität und Sukzession, das im Gründungsakt der mathematischen Reihe kurzgeschlossen wird. Was da „als gegeben" vorausgesetzt wird – Anfang wie Ende, Bedingtes wie Unbedingtes –, das geht aus einem Akt hervor, der ebenso spontan wie simultan die Zeit aussetzt – geradeso wie im Bild alle Momente gleichzeitig im Hier und jetzt versammelt werden.

Auf diese konstitutive Weise zum Verschwinden gebracht, kehrt die Zeit in das mathematische Prozedere dadurch zurück, dass sie, zu einer Reihe regelgeleiteter Schritte formalisiert, die Abfolge beweisführenden

---

140 Kant: Werke IV, S. 464.

Schließens bestimmt. Das ist eine Handlung, die – wie in der empirischen Reihe – wiederum Zeit kostet. Was wir Logik nennen, insbesondere die von Kant favorisierte mathematische Logik, geht zurück auf eine in sich gedoppelte, zweipolige Synthesis: auf die Synthesis des Bildes, wie das in absoluter Setzung vollzogene Allzumal, und auf die Synthesis der Sprache, die eine des zeitlichen Nacheinander ist.

Das ist es auch, was sich in den „Antinomien der Vernunft" widerspiegelt. Bis hinein in die „regulativen Ideen", die keine vom kritischen Gebrauch der Logik freigestellten „Vernünfteleien" ohne empirischen Rückhalt sind. Das sind sie auch. Aber mehr noch sind die „regulativen Ideen", also solche auf das Ganze vorgreifenden Totalisierungen, Bilder, die einer Synthesis entspringen, die spontan und leibzentrisch noch einen jeden Horizont wieder ausfüllt.

In dieser Rolle wird die in der Entstehung begriffene Hermeneutik die „regulativen Ideen" aufgreifen und für ihr dialogisch-prozessuales Geschehen in die Regie nehmen. Dem hat Kant vorgearbeitet, indem er die Dialektik von Teil und Ganzem am Beispiel des Reihenbegriffs aufgerollt und im Anschluss daran die „Antinomien der reinen Vernunft" aufgedeckt hat. Die mathematische und die empirisch-dynamische Reihe finden ihre Entsprechung in solchen Leistungen, die – der Sache und dem Begriff nach – mit der Perspektive verknüpft sind, die eine instrumentelle Errungenschaft der Neuzeit ist. Implizite generiert jede Perspektive ihre eigene Welt und ist doch zugleich je nach Blickwinkel punktgenau verortet – geerdet, wie es an früherer Stelle hieß. Auf ihre Weise bringt die Perspektive zur Entfaltung, was unvereinbar ist: Welten im Plural und die eine Welt, die wir als in sich zusammenhängend begreifen wollen. Beide Konzeptionen lassen sich nur zusammenführen, wenn ihre Unvereinbarkeit ausdrücklich eingeräumt und nicht wie bei Kant durch das logische Kalkül wieder ausgeräumt wird.

Kant ist bis zu den „Antinomien der reinen Vernunft" vorgestoßen. Die Logik selbst, insbesondere die beweisführende mathematische Logik, die er privilegiert und dem synthetischen Urteil als Struktur einzieht, hat er nicht der Kritik unterzogen. Dazu hätte er sich dem öffnen müssen, was der Perspektivebegriff schon zu seinen Zeiten geleistet hat: die Auftrennung von Innen- und Außensicht und dass beide, von Grund auf irreduzibel, eine inverse Spiegelung darstellen: eine um zwei getrennte Zentren sich drehende Polarisierung.

Als Zenon seine Paradoxien in Szene setzte und zu Bildern ausformulierte, wie den ruhenden Pfeil und die uneinholbare Schildkröte, die es unmöglich geben konnte, da war die griechische Philosophie in ihre erste große Krise gestürzt. Weder die Sprache noch die ihr inhärente Logik konnten weiterhin als absolut und die Wahrheit selbst gelten. Der Riss ging mitten hindurch. Als man gewahr wurde, dass die Logik Voraussetzungen macht ... je nachdem – das ist die eigentliche Geburtsstunde der Perspektive –, da wurde sie zum Spielball in den Händen der Sophisten.

Diesen Ball versuchten Platon und Aristoteles wieder einzufangen und jene Einheit zurückzugewinnen, die, aber einmal verloren, für immer problematisch bleiben sollte. Platon zog – von Seiten des Bildes – mit der Ideenschau die aktuale Unendlichkeit vor, Aristoteles die potentielle Unendlichkeit, indem er, ausgehend von der materialen Welt, die Logik formalisierte und in einer geregelten Abfolge einzelner Schritte sukzessiv begründete.

Seitdem stehen sich Bild und Sprache gegenüber. Die auf Aristoteles zurückgehende episteme – die Wissenschaft – wird immer versuchen, der Sprache die Bildlichkeit auszutreiben und ihre von Totalität zu Totalität wechselnde Sprunghaftigkeit zu verdrängen. Aber auch auf den Höhen der Abstraktion kehrt sie zu den Bildern zurück, zurück zu ihren leibzentrischen Quellen. Denn was anderes als ein Bild ist die Symmetrie, mit der die heutige Physik, im Dunkeln tastend, der Materie eine Antimaterie und der positiven Energie eine dunkle Energie entgegenstellt. Symmetrie ist das ins Bildhafte verschobene Zumal. Was es bedeutet, wissen wir erst, wenn es sukzessive aufgelöst wird.

Bild und Sprache, Simultaneität und das regelgeleitete Nacheinander sind unvereinbar. Die Unvereinbarkeit ist so grundlegend, dass sie sowohl auf Seiten des Bildes als auch auf Seiten der Sprache wiederkehrt, ja, bis in die Logik selbst hineinreicht, wie wir gesehen haben. Unvereinbarkeit ist kein Dilemma, sondern eine Struktur, mit der sich arbeiten lässt, so wie in der Quantenmechanik mit der Komplementarität von Welle und Teilchen gerechnet wird.

Es ist die Perspektive, die uns diesen Weg eröffnet und dem abendländischen Denken die Bilder zurückgegeben hat. Wie sich Kant auch dagegen wehren musste, aus Anlass des Antinomienproblems ist er selbst darauf gestoßen und hat die Dialektik der Reihe, die wie die Perspektive eine Flucht ist – eine Flucht zu und vor den Bildern –, zum Gegenstand der Untersuchung gemacht. Es ist erhebend, einen wie Kant in den eigenen Reihen zu haben.

Rückblick auf Goethe

Was Goethe „wiederholte Spiegelungen" nennt, ist nie hinreichend beschrieben worden. Er selbst hat sich gehütet, mehr zu geben als ein paar technische Anweisungen. Wahrscheinlich fürchtete er die Festlegung auf eine Systematik, wenn er sich auf die Begriffe einer philosophischen Kunstsprache einlassen würde. Die so genannten *Studie nach Spinoza*, die besser und mit weitaus mehr Recht „Studie nach Leibniz" heißen sollte, zeigt im Ansatz die Gefahren gedanklicher Engführung: Statt Begriff auf Begriff aufzubauen, bilden Definitionen den Anfang, die unbegründet bleiben und sich im weiteren Text nach hier und da verlaufen.

Goethe ist nicht auf den Begriff zu bringen. So hatte er für das, was in dieser Studie titelgebend „Perspektive" genannt wird, noch keinen Begriff, wiewohl er in der Sache von mehr als einer Seite völlig beschlagen war. Nur dass er – und das schon früh – lieber von „Spiegelungen" sprach. Nicht zufällig. Denn die Perspektive war für ihn ein bilderzeugendes Verfahren, und was daraus folgte, waren Bilder, Tableaus, in sich zusammenhängende Geschichten, die sich zu einem je eigenen Ganzen so entfalten, dass daraus Welt auf Welt hervorging und es Welten waren, die sich ineinander spiegelten. Bis in seine spätesten Werke bleibt das Goethes Gestaltungsprinzip.

Die Totalisierung der Perspektive – dass jede Perspektive ihre eigene Welt hervorbringt und sich so über den Horizont ausdehnen kann, dass es den Untergang der Perspektive bedeutet –, diese ins Grundsätzliche gezogenen Folgerungen bilden die Initialzündung für diese philosophisch-anthropologische Untersuchung, die deshalb von Goethe angeregt ist. Genauer: angestoßen vom *Werther*-Roman, dessen Welterfolg sich nicht zuletzt einer radikalen Anwendung der Perspektive verdankt.

Goethe hat die Perspektive nie so verstanden wie die Literatur nach ihm – nicht dezisionistisch auf die Frage zugespitzt: „Wer spricht denn da? Und mit welchem Geltungsanspruch?" Diese Frage hat immer etwas Zurücksetzendes und bestenfalls Detektivisches. Für Goethe war die Perspektive immer auf ein in sich gegründetes Ganzes bezogen. Oft ist sie als eine Perspektive kaum zu durchschauen, so einnehmend zentral, so „vorbildlich" kommt sie daher wie in den meisten Figuren seiner späteren Werke, die jede für sich ihre Welt vollkommen verkörpern. Sie bloß auf eine Perspektive zu verkürzen wird ihnen nicht gerecht. Jede ist auf ihre Weise ein Spiegel der Welt, wie denn schon Leibniz, wenn auch in charakteristischer Abwandlung, gefunden hätte.

Was Leibniz noch nicht bedacht hatte, war der zerbrochene Spiegel. Goethe war der Spiegel gleichsam unter den Händen zerbrochen, als ihm

– achtzehnjährig – klar wurde, dass er seine Freundin in Leipzig allen Versprechungen zum Trotz partout nicht heiraten wollte. Wie er die Welt mit ihren Augen sah, war sie in Scherben zersprungen – ein Bild, das ihn so gefangen nahm, dass er davon erst wieder loskam, als er sich die Gretchentragödie und den *Werther* „von der Seele" geschrieben hatte. Der junge Goethe lotete den Abgrund aus, der, so tief und trennend wie er war, nur einer zwischen Welten sein konnte.

Welten sind es dann auch, die im *Prometheus*-Fragment unversöhnlich aufeinander prallen. So ausschließlich, so „ultimativ",[141] wie jede Seite – Vater wie Sohn, Götterwelt wie Menschenwelt – ihr Recht einfordert, sollte es freilich nicht bleiben. Mit seiner Übersiedlung nach Weimar und seinen Erfolgen am Hof wollte Goethe die Welt nicht länger in Scherben sehen. Zwar ist noch jede Scherbe ein vollkommener Spiegel der Welt. Aber was darin zu sehen sein würde, bliebe doch immer nur eine Welt in Scherben. Das hat Goethes Lust am Widerspruch, so quälend und unbezähmbar sie war, letztendlich in andere Bahnen gelenkt.

An genau dieser Stelle haken wir ein. Die Welten, für die Goethe sich stark gemacht hat und denen er, so gegensätzlich sie waren, eine je eigene Berechtigung einräumte, werden hier für au fond unvereinbar erklärt. Unvereinbar deshalb, weil der Begriff der Perspektive sich historisch weiterentwickelt hat und gerade das zu folgern erlaubt. Denn wie schon der junge Goethe wusste, sind es zwar die Perspektiven, die immerfort wechseln können, aber was daraus wird, die Bilder, Panoramen, Lebenseinstellungen – sie sind jedes Mal eine Welt für sich, eine je eigene Welt, und die lässt sich nicht – eine gegen die andere – einfach verrechnen. Jede ist sich selbst genug, und sie als solche Autarkien gegeneinander auszuspielen, griffe zu kurz.

In der zur Totalität verselbstständigten Perspektive muss sich jeder so vorkommen, als wäre er der Nabel der Welt. Ob berechtigt oder nicht, ist hier nicht die Frage, sondern dass es solche „unbegründete Weltmittelpunktsstellung", wie flüchtig auch immer, gibt und dass sich dafür im Laufe der Liberalisierung und Demokratisierung ein besonderes Sensorium herausgebildet hat. Denn was dereinst den Göttern vorbehalten war, ist unter die Menschen gelangt. „Von Ewigkeit zu Ewigkeit" – das war einmal. Heute ist es der „erfüllte Augenblick" in seinen vielen Spielarten, der jeden an einer „Ewigkeit" teilhaben lässt, die zum besseren Bestand eines Menschenlebens gehört. Wie ekstatisch abgehoben auch immer solche Befindlichkeiten sind, sie bahnen den Weg in das Innere der Zeit – eine Reise, die die Physik nach Newton längst angetreten hat. Diese Zeit steht gleichsam senkrecht auf dem, was wir chronometrisch messen können. Diese ist mit jener unvereinbar, weil aus anderer Quelle gespeist. Sie ist an ihrer Wurzel das spiegelverkehrte Seitenstück zu einer auf Dauer,

---

141 Stefan Blessin: *Der ultimative Goethe*. Bremen 2009

Gesetzmäßigkeit und Logik gegründeten Welt. Als solches ist sie keine Gegenwelt, sondern Welt aus lauter Welten.

Es sind Bilder, die uns dorthin führen, Bilder, die uns vereinnahmen und wieder loslassen, Bilder, die, von Totalität zu Totalität umspringend, einer anderen Zeitrechnung folgen als die, die uns in der Außenperspektive miteinander verbindet. Auch die Perspektive ist ein Bild. Selbst ein bildgebendes Verfahren, ist sie uns zu einer Wünschelrute in unwegsames Gelände geworden, weil sie beides ist: bildsam und folgerecht. Folgerecht wie sonst nur die Mathematik ist, aber auch bildschöpferisch, mit jeder Kehrtwende unser Bild von der Welt auf den Kopf stellend.

Nein – Goethe hätte unser Verständnis von miteinander unvereinbaren Welten nicht mitgetragen. Auch dann nicht, wenn wir darin ein strukturbildendes Muster erkennen wollen. Bild und Sprache, Simultaneität und Sukzession – die Spannung zwischen diesen beiden Polen hat ihn seit Lessings wegweisender Abhandlung ein Leben lang umgetrieben. Vor allem wollte er in dem Mythos, bevor er sich in die unterschiedlichen Erzählungen verzweigt, ein Bild sehen, das immer wieder neu zu vergegenwärtigen wäre. Was seiner Literatur zugute kam, schränkte sein Bild-Verstehen thematisch ein. Dass die Bilder von sich aus eine meditative Kraft und suggestive Tiefenwirkung entfalten können wie in den romantischen Gemälden Caspar David Friedrichs, lag außerhalb seines Horizontes. Die radikale Selbsterneuerung des Bildes aus seinen ureigensten Elementen, nur aus Form und Farbe – was für uns heute auch schon eine historische Erfahrung ist, die uns wie ein sich revolutionär gebärdender Fundamentalismus vorkommt, Goethe hätte das erst recht nicht mitgemacht.

Obgleich er derjenige ist, der für solche das Extrem suchenden und zwischen den Extremen pendelnden Prozesse die Formel gefunden hat: „Polarität und Steigerung". Freilich war das weniger auf den Gang der Geschichte gemünzt als darauf, dass es ein Grundprinzip der Natur darstellt. Aus Anlass seiner *Farbenlehre* (1810) hat sich Goethe hinter diese Formel zurückgezogen, um nicht weiter nach Worten für etwas suchen zu müssen, was rein in der Erscheinung aufgeht wie die Farben. Die Phänomene für sich selbst sprechen lassen – für Goethe war das praktizierte Wissenschaft und lief einher mit einer Sprachskepsis, die mit den Jahren wuchs.

Deshalb hat er nicht absichtlich unausgesprochen gelassen, was auszuformulieren er kommenden Generationen übertragen hätte. Dennoch – wie ich mich im Laufe dieser Studie dem Bild einer um zwei Pole zirkulierenden Existenz angenähert habe, darin glaube ich wiederzuerkennen, was Goethe mit Polarisation gemeint haben könnte: weniger die Auftrennung einer ersten Einheit und schon gar nicht die Glorifizierung des Ursprungs, sondern die Überwindung von Gegensätzen, die sich darin als emergent erweisen, dass sie unvereinbar sind.

Ausblick auf Janssen

Ein Ausblick ist es deshalb, weil Janssen nicht erkannt und erst noch zu entdecken ist. Der Kosmos der Bilder ist grenzenlos, eine wahre Unendlichkeit im digitalen Zeitalter, wohingegen das Universum der Texte, wie es sich in den Bibliotheken und im Internet ausbreitet, uns einschränkt und uns die Zeit spüren lässt, die es kostet, all die Schriften zu entziffern.

Als es noch die Kunstgeschichte gab, war das eine fortlaufende Erzählung mit herbeigeredeten Revolutionen, die uns – immer an der Spitze der Zeit, immer avantgarde – mit sich fortriss. Diese Geschichte ist tot. Es lebe die Kunst! Erst seitdem sie von allen Texten und Kontexten entbunden ist, ist sie frei. Aus der Kunstwelt, aus der Weltkunst sind lauter Paralleluniversen geworden, die schleunigst auseinanderdriften.

Janssen ist in diesem grenzenlos expandierenden All das Gegengewicht – derjenige, der jedem Einerseits das Andererseits folgen lässt. Janssen ist Zeichner und Schriftsteller. In der Zeichnung sucht er die Handschriftlichkeit, in der Schrift das Bild. Was sich widerspricht, schließt er füreinander auf. Unvereinbare Welten lässt er bloß dadurch ineinander aufgehen, dass er eine „Ausschließlichkeit" an die andere reiht und in jeder dieser „Autarkien" bis an das Ende der Zeit vorläuft[142] – bis dorthin, wo aus der Nachzeichnung die Vorzeichnung einer Welt wird, die sich um zwei Pole dreht: um das Ich und immer wieder das Ich, das es in die Welt hinauszieht. Mit Augen, die – wie am ersten Tag – zum Sehen geschaffen sind.

Das unverbildete Kucken ist der Gegenpol zu einer ins Bild drängenden, das Bild verdrängenden Schrift. Die Digitalisierung macht endgültig die Hand überflüssig. Die Hand, die zum Schreiben benötigt wurde wie der Arm zum Führen des Pinsels, wie der Körper als mimetischer Resonanzboden – all das wird nicht mehr gebraucht. Reaktion erfolgt auf Tastendruck.

Janssen geht hinter die Erfindung des Buchdrucks zurück. Mit der Hand schreibt er Zeile für Zeile aus, was sich auf den großen Schrifttafeln zu Meditationen über ein Thema verdichtet: die Wiedergewinnung des Bildes im Duktus der Handschrift. Sich die Welt zu erschreiben ist ein Bedürfnis. Sie ins Bild zu holen ebenso. Es ist die Hand des Künstlers, die beides in einem Zug verbindet.

---

142 Horst Janssen: *Was man als Vielfalt apostrophiert, oder: Von Abgrund zu Abgrund.*- In: Horst Janssen: *An und für mich*. A.a.O. S. 167–173.

Wie kein anderer hat Janssen die Arbeit auf Papier vom Einkaufszettel bis zum Plakat, vom Brief bis zur Bildergeschichte durch alle Genres so weit getrieben, dass ein Imperium der Zeichnung daraus wurde, das sich dann auch noch das Schreiben und die Schrift einverleibte.

Ein riesiges Reich aus nur einer Hand. Und wenn Janssen dazu noch einem Rembrand, einem Goya, einem Caspar David Friedrich seine Hand antrug, dann geschah auch das um der Handschriftlichkeit willen. Alles und jeden in seine Handschrift überführen – für Janssen heißt das: am eigenen Leibe erlebt zu haben, was durch Welten getrennt immer neu zu gewärtigen ist.

Janssen ist die Verkörperung von Gegensätzen, die er zu je eigenen Welten verselbstständigt hat. Jedes Mal die Welt total und ausschließlich. Was uns unvereinbar vorkommt: Kunst und Natur, Abstraktion und Gegenständlichkeit, Schrift und Bild – Janssen schließt es gegenseitig und füreinander auf.

Vom Standpunkt der Malerei ist er zu reflektiert, vom Standpunkt des Schreibens zu bildverliebt, zu bildbesessen. Er ist beides und beides extrem – der „Immer-Zeichner" Horst Janssen.

> „Diese Intensität – dieses Sehnen ins Ausschließliche rein – dies sich Auflösenwollen in DEM, was alles andere ausschließt – – – also in dem EINZIGEN – DAS ist die Wurzel der Qualität überhaupt. Meine Qualität."[143]

---

143 Horst Janssen: *Svanshall verkehrt. Aufzeichnungen einer süßen Verwirrung.* 12.11.1985 bis 12.7.1986. Hamburg 1987.

Zitierte Schriften

Philosophische Lektüren

Martin Heidegger: Die Frage nach dem Ding. Zu Kants Lehre von den transzendentalen Grundsätzen. Tübingen 1962.
Martin Heidegger: Sein und Zeit. Tübingen 1960.
Immanuel Kant: Kritik der reinen Vernunft. – In: Kant: Werke III. Hrsg. von Wilhelm Weischedel. Wiesbaden 1956.
Immanuel Kant: Kritik der reinen Vernunft II. – In: Kant: Werke IV. Hrsg. von Wilhelm Weischedel. Wiesbaden 1956.
Gottfried Wilhelm Leibniz: Die Prinzipien der Philosophie oder die Monadologie. In: Leibniz: Philosophische Schriften. Hrsg. von Hans Heinz Holz. Darmstadt 1965. Bd. I.
Gottfried Wilhelm Leibniz: In der Vernunft begründete Prinzipien der Natur und Gnade. – In: Leibniz: Philosophische Schriften. Hrsg. von Hans Heinz Holz. Darmstadt 1965. Bd. I.
Gottfried Wilhelm Leibniz: Metaphysische Abhandlung. – In: Leibniz: Philosophische Schriften. Hrsg. von Hans Heinz Holz. Darmstadt 1965. Bd. I.
Konrad Lorenz: Die Rückseite des Spiegels. Versuch einer Naturgeschichte menschlichen Erkennens. München 1977.
Ernst Mach: Die Analyse der Empfindungen und das Verhältnis des Physischen zum Psychischen. Darmstadt 1991.
Friedrich Nietzsche: Nachgelassene Fragmente 1887–1889. – In: Nietzsche: Kritische Studienausgabe. Hrsg. von Colli und Montinari. München 1999. Bd. 13.
Friedrich Nietzsche: Zur Genealogie der Moral. – In: Nietzsche: Kritische Studienausgabe. Hrsg. von Colli und Montinari. München 1999. Bd. 5.
Platon: Der Sophist. Einleitung, Übersetzung und Kommentar von Helmut Meinhardt. Stuttgart 2004.
Platon: Sophistes. Hrsg. von Ursula Wolf. Kommentar von Christian Iber. Frankfurt a.M. 2007.
Helmuth Plessner: Die Stufen des Organischen und der Mensch. Einleitung in die philosophische Anthropologie. Berlin und Leipzig 1928.
Rupert Riedl: Biologie der Erkenntnis. Die stammesgeschichtlichen Grundlagen der Vernunft. Berlin 1980.
Ludwig Wittgenstein: Philosophische Untersuchungen. – In: Wittgenstein: Werkausgabe. Frankfurt a.M. 1960. Bd. 1.

Literarische Lektüren

Federico Fellini: Brief an Goerges Simenon. Rom, 3. Dez. 1980. – In: Erlebte Geschichten. Hrsg. von Daniel Keel und Daniel Kampa. Zürich 2006.
Johann Wolfgang Goethe: Brief an Auguste Gräfin zu Stolberg. Frankfurt, Offenbach 14.9.1775. – In: Der junge Goethe. Hrsg. von Karl Eibl u. a. Frankfurt 1998. Bd. 1.
Johann Wolfgang Goethe: Brief an Lavater vom 20.9.1780. – In: Goethe: Das erste Weimarer Jahrzehnt. 1775–1786. Hrsg. von Hartmut Reinhardt. Frankfurt a.M. 1997. II. Abt. Bd. 2 (29).
Johann Wolfgang Goethe: Faust. Hrsg. von Albrecht Schöne. – In: Goethe: Sämtliche Werke, Briefe, Tagebücher und Gespräche. Bd. 1/7/1. Frankfurt a.M. 1994.
Johann Wolfgang Goethe: Italienische Reise. Teil 1. Hrsg. von Christoph Michel und Hans-Georg Dewitz. – In: Goethe: Sämtliche Werke, Briefe, Tagebücher und Gespräche. Bd. 1/15/1. Frankfurt a.M. 1993.
Johann Wolfgang Goethe: Prometheus. – In: Der junge Goethe. Hrsg. von Karl Eibl. Frankfurt a.M. 1998. Bd. 1.
Hugo von Hofmannsthal: Ein Brief. – In: Hofmannsthal: Erzählungen, erfundene Gespräche und Briefe, Reisen. Hrsg. von Bernd Schoeller. Frankfurt a.M. 1979.
Horst Janssen: Zu >Svanshall<. – In: Janssen: Querbeet. Hamburg 1981.
Horst Janssen: Rede Mannheim – Zur Verleihung des Schiller-Preises. – In: Janssen: Querbeet. Hamburg 1981.
Horst Janssen: Was man als Vielfalt apostrophiert, oder: Von Abgrund zu Abgrund. – In: Janssen: An und für mich. München 1986.
Horst Janssen: Svanshall verkehrt. Aufzeichnung einer süßen Verwirrung. 12.11.1985 bis 12.7.1986. Hamburg 1987.
Horst Janssen: Hinkepott. Autobiographische Hüpferei in Briefen und Aufsätzen. Gifkendorf 1987. S. 10.
Ernst Jünger: Das abenteuerliche Herz. Zweite Fassung. Figuren und Capriccios. – In: Jünger: Sämtliche Werke. Stuttgart 1979. Bd. 9.
Heinrich von Kleist: Die Marquise von O... – In: Kleist: Werke und Briefe in vier Bänden. Hrsg. von Streller. Frankfurt a.M. 1986. Bd. 3.
Robert Musil: Der Mann ohne Eigenschaften. Hrsg. von Adolf Frisé. Hamburg 1965.
Jean Paul: Leben des vergnügten Schulmeisterlein Maria Wutz in Auenthal. – In: Jean Paul: Werke. Hrsg. von Norbert Miller. München 1981. Bd. 1.
Rainer Maria Rilke: Archaischer Torso Apollos. – In: Rilke: Sämtliche Werke. Frankfurt a.M. 1955. Bd. 1.
Friedrich Schiller: Über die ästhetische Erziehung des Menschen in einer Reihe von Briefen. – In: Schiller: Nationalausgabe. Weimar 1962. Bd. 20.

Sekundärliteratur

Stefan Blessin: Horst Janssen. Leben und Werk. 2. Aufl. Bremen 2000.
Stefan Blessin: Todesbilder in Goethes Romanen und einigen Erzählungen von Jean Paul. – In: Klassik und Antiklassik. Hrsg. von Ortrud Gutjahr und Harro Segeberg. Würzburg 2001.
Stefan Blessin: Der ultimative Goethe. Bremen 2009.
Hubertus Busche: Einführung. – In: Busche (Hrsg.): Gottfried Wilhelm Leibniz. Monadologie. Berlin 2009.
Gunter Gebauer: Wittgensteins anthropologisches Denken. München 2009.
John Gribbin: Auf der Suche nach Schrödingers Katze. Quantenphysik und Wirklichkeit. München 1991.
Otfried Höffe: Immanuel Kant, München 2. Aufl. 1988.
Rudolf Otto: Das Heilige. Breslau 1922.
Erwin Panowsky: Die Perspektive als „symbolische Form". – In: Panowsky: Aufsätze zu Grundfragen der Kunstwissenschaft. Hrsg. von Hariolf Oberer und Egon Verheyen. Berlin 1980.
Hans Poser: Gottfried Wilhelm Leibniz zur Einführung. Hamburg 2005.
Carl Friedrich von Weizsäcker: Gestaltkreis und Komplementarität. – In: Weizsäcker: Zum Weltbild der Physik. 10. Aufl. Stuttgart 1963.
Carl Friedrich von Weizsäcker: Komplementarität und Logik. – In: Weizsäcker: Zum Weltbild der Physik. 10. Aufl. Stuttgart 1963.
Norbert Christian Wolf: Kakanien als Gesellschaftskonstruktion. Robert Musils Sozioanalyse des 20. Jahrhunderts. Wien 2011.
Paolo Zellini: Eine kurze Geschichte der Unendlichkeit. München 2010.